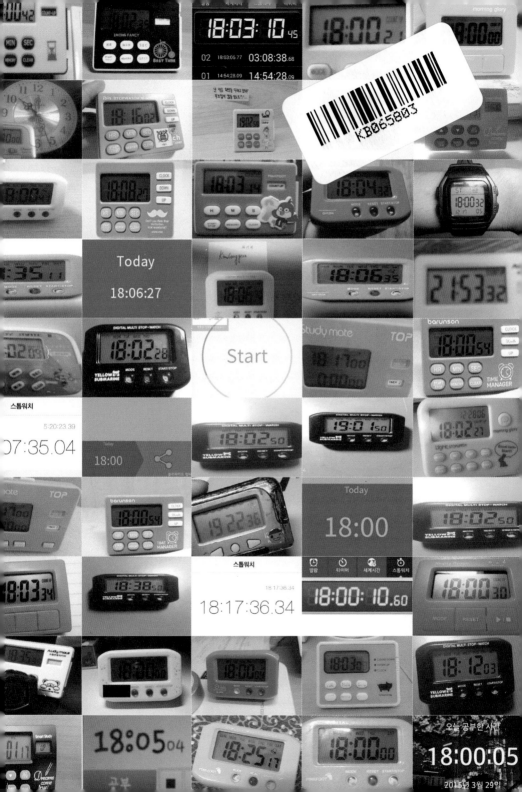

미쳐야 공부다

미쳐야 공부다

18 시간 공부 몰입의 법칙

강성태 지음

다산
에듀

18시간 공부!
나를 변화시키는 출발점

"우리 애는 도무지 공부를 잘하고 싶은 생각도 없어요."

이렇게 말씀하시는 부모님들이 많다. 절대 그렇지 않다. 단언컨대, 학생들은 누구나 하나같이 간절히 공부를 잘하고 싶어 한다. 공부를 잘해 인정받고 싶어 하고, 꿈도 이루고 싶어 한다. 심지어 동네 깡패들도 수능시험이 다가오면 독서실 이용권을 끊는다는 말이 있을 정도로 공부를 잘하고 싶은 마음은 누구에게나 있다. 다만 겉으로 드러내지 않고, 행동하지 않을 뿐이다.

물론 끊임없이 시도는 한다. 특히 중고생들의 경우 방학이 시작될 때 늘 마음을 다진다. 계획도 세운다. 어디 그뿐인가. 문방구에 가서 펜도 사고, 노트도 사고, 서점에서 교재도 산다. 불철주야 공부할 기세로 에너지 음료도 사고, 공부하다 배고플까 봐 편의점에 달려가 컵라면도 미리 먹고, 간식도 풍성하게 준비한다.

요란하게 준비한 만큼 처음에는 열심히 공부한다. '좋았어! 열공이다! 나도 공신 되는 거야!'를 외치면서.

하지만 대부분 고작 3일을 못 넘긴다. 그야말로 작심삼일이다. 아니, 요즘엔 작심삼분, 작심삼초가 유행이다.

공부를 잘하고 싶어 하면서도 왜 공부를 시작하기도 어렵고, 지속적으로 꾸준히 공부하기는 더 어려운 것일까? 그 답을 찾기 위해 오랫동안 고민했다. 학생 때는 말할 것도 없고, 평생 해야 하는 중요한 공부를 즐겁고 재미있게 꾸준히 할 수 있는 방법을 찾아 알려주고 싶었다. 이것이 이 책을 쓴 목적이기도 하다.

지겨운 공부를 재미있고, 열정적으로 할 수 있는 방법을 구체적으로 고민하게 된 계기가 있었다. 2002년부터 교육 봉사를 하기 시작했다. 나처럼 공부를 힘들어 하는 학생이 있으면 돕고 싶은 마음으로 시작했는데 그때 만난 아이들은 대부분 공부할 의욕도 없고, 공부하기를 싫어했다.

그도 그럴 것이 그 아이들은 학교에서 무시당하고, 선생님에게 혼나기만 해서 공부에 대해 안 좋은 기억만 갖고 있었다. 재미없고 힘든 학교생활을 견디다 못해 자의 혹은 타의로 학교를 그만 둔 아이들이어서 공부할 의욕이 없는 것은 어쩌면 당연한 일이었다. 하지만 역시 그 아이들 마음 깊숙한 곳에는 공부를 잘하고 싶은 마음이 있었다.

진심으로 그 아이들을 돕고 싶었다.

그러자니 효율적인 공부법을 알려 주기 전에 공부해야 할 이유와 공부의 참 의미를 알게 하고, 공부에 조금이라도 관심과 열정을 갖게 할 필요가 있었다. 그래서 교육학과 교수님들을 찾아다니고, 자기계발서를 읽으며 수많은 공부법 책들을 수험생인 양 분석하기도 했다. 그런 과정을 통해 다양한 학습법을 적용해 보면서 아이들이 변하는 모습을 볼 수 있었다.

공부에 의욕조차 없었던 아이들이 공부에 재미를 느끼고 몰입하게 만든 공부법은 한두 가지로 설명하기 어렵다.

하지만 누구나 마음만 먹으면 할 수 있고, 확실한 변화를 부르는 공부법은 단연 '18시간 공부'다.

지금까지 이 공부법을 통해 공부라면 고개를 절레절레 흔들던 학생이 공신으로 거듭난 예가 수도 없이 많다.

18시간 공부는 말 그대로 18시간 동안 공부하는 것이다. 일주일에 18시간이냐고? 아니다. 하루에 18시간 공부하는 것이다. 하루 18시간을 공부하려면 자는 시간을 제외한 모든 시간을 공부에 투자해야 한다.

"가뜩이나 공부하기 싫은데 어떻게 하루에 18시간이나 공부할 수 있나요? 전 못해요."

시작도 하기 전에 18시간이라는 무게에 질려 불가능한 일이라고, 말도 안 되는 일이라고 생각하는 사람들이 많을 것이다. 편견이다. 얼마든지 가능한 일이다. 18시간 공부는 어떤 특별한 사람들만의 전유물이 결코 아니다. 찌질이였던 내가 해냈고, 공신닷컴의 수많은 평범한 사람들이 해냈다.

믿지 못하겠다면 복잡하게 생각하지 말고 딱 한 번만이라도 해보자. 18시간 공부의 핵심은 단지 오랜 시간 동안 공부했다는 것이 아니다. 18시간 모두 공부한 것이 아니어도 괜찮다. 나도 처음에는 억지로 겨우겨우 18시간을 채웠다. 딴생각도 많이 했다. 실제로 공부한 시간은 어쩌면 10시간도 채 안 되었을 수도 있다.

처음에는 18시간의 내용보다는 18시간 자체를 견뎠다는 것이 더 중요하다. 18시간은 일종의 한계점이다. 솔직히 내로라하는 공신들도 하루 18시간 공부는 쉽지 않다. 불가능하다고 생각했던 18시간을 견뎌 냈을 때의 성취감과 자신감은 상상을 초월할 것이다. 18시간 공부를 통해 자신의 한계를 넘고 성취감과 자신감을 느껴 보는 것. 이것이 18시간 공부의 진짜 핵심이다.

단 한 번이라도 18시간 공부에 성공하면 변할 수 있다.

그렇게 어려워 보였던 공부가 조금은 만만해 보이고, 서너 시간 공부하는 것은 아무것도 아닌 것처럼 느껴지기도 한다. 그러다 어느새 18시간 공부를 의식하지 않고 공부에 몰입하는 자신을 발견할 수 있을 것이다.

강성태

차례

Part1
열등감으로 시작하고
꿈으로 미치다

열등감이야말로 최고의 원동력이다 ———————— 17
열등감 때문에 공부를 시작하다 | 부족함을 인정해야 길이 보인다 | 아들러, 사마천, 덩샤오핑, 루스벨트의 공통점은?

공부는 자신과 싸우는 과정이다 ———————— 31
너 전교 1등 아니니? | 하루 18시간 공부에 도전하다 | 자신의 한계를 넘으면 무서울 것이 없다 | 나에게 공부의 목표는 나 자신이었다

'꿈'은 공부를 춤추게 한다 ———————— 48
꿈은 공부의 이유다 | 그들은 당신의 성공을 원치 않는다 | 꿈은 곧 도전이다

Part2
공부는 노력으로 시작해 노력으로 끝난다

Part3
18시간 몰입하는 행복한 공부

Part4
공부,
당신은 할수있다

열등감이야말로 최고의 원동력이다

열등감 때문에 공부를 시작하다
부족함을 인정해야 길이 보인다
아들러, 사마천, 덩샤오핑, 루스벨트의 공통점은?

공부는 자신과 싸우는 과정이다

너 전교 1등 아니니?
하루 18시간 공부에 도전하다
자신의 한계를 넘으면 무서울 것이 없다
나에게 공부의 목표는 나 자신이었다

'꿈'은 공부를 춤추게 한다

꿈은 공부의 이유다
그들은 당신의 성공을 원치 않는다
꿈은 곧 도전이다

Part1

열등감으로 시작하고
꿈으로 미치다

열등감이야말로
최고의 원동력이다

열등감 때문에 공부를 시작하다

"공신님은 언제부터 공부를 본격적으로 시작하셨어요?"

"태어날 때부터 모의고사 문제를 풀면서 나왔다는 소문이 있던데, 정말이에요?"

공신으로 불리면서 종종 이런 질문을 받는다. 사실 처음에는 공부하게 된 이유를 이야기하는 게 썩 내키지 않았다. 나에게 좋은 기억이 아니기 때문이다. 사실 지금도 별로 생각하고 싶지 않은 기억이다.

중학교 2학년 어느 날이었다. 쉬는 시간이었는데, 평소와 마찬가지로 교실은 소란스러웠다. 그날 나는 일생일대의 실수를 하고 말았다. 지금까지도 그때의 기억이 너무도 생생하다.

우리 교실 맨 뒷자리에는 소위 일진 친구가 앉아 있었다. 키가 무척 컸고 담배를 피던 그 친구. 나는 어쩌다 뒤를 쳐다봤다. 순간 우린 눈이 마주치고 말았다. 그때 나도 모르게 정말 치명적인 실수를 했다. 그 친구를 보고 '방긋' 하고 웃어 버린 것이다. 아마 정신이 나갔었나 보다.

아차 싶었는데 순식간에 눈앞이 흐려졌고 얼굴에 끈적한 액체가 느껴졌다. 일진 친구가 바닥에 뱉으려던 침을 내게 뱉었고, 정확하게 내 눈, 얼굴 중앙으로 날아와 들러붙은 것이었다.

'그 순간 나는 의자를 집어서 그 친구에게 던졌고 순식간에 싸움이 일어났다. 친구들은 말리느라 정신이 없었다.'

이것이 일반적인 스토리였을 것이다. 하지만 나는 그러지 못했다. 언제나 그랬듯이 난 겁쟁이었다. 친구에게 대들어 싸울 용기가 없었다. 고개를 푹 숙이고 손으로 그 더러운 액체를 얼굴에서 닦아 냈을 뿐이다. 그런데 하필이면 그때 선생님께서 들어오셨다. 수업이 시작된 것이다.

최소한 그 친구한테 반항은 못하더라도 침은 닦아 내야 하지 않겠는가? 하지만 '선생님, 화장실 좀 다녀오겠습니다'라고 말할 용기조차 나에겐 없었다. 나는 그 정도로 못난 녀석이었다. 시골에서 전학 온 이후로 내 학교생활은 줄곧 그래 왔다. 나의 어느 구석을 봐도 용기라곤 도무지 찾아볼 수가 없었다.

"괜찮아……?"

짝이었던 친구가 물어봤다. 나는 아무 대답도 할 수 없었다. 대답하는 것조차 치욕적이었다. 분명 주변 친구들이 다 보았을 것이다. 여학생들까지도.

사라지고 싶었다. 그것 말고는 머릿속에 아무 생각도 들지 않았다. 손으로 대충 침을 훔쳐 내고 한 시간 동안 수업을 들었다. 아니, 들은 것이 아니었다. 나 스스로가 나를 고문하는 시간이었다. 사람의 침이 마르면 썩어 문드러지는 냄새가 난다. 그만큼 고약한 냄새도 없다.

쉬는 시간이 되자 조용히 화장실로 향했다. 씻고 또 씻었다. 피부를 벗겨 내 버리고 싶은 마음이었다.

'나 같은 병신이 세상에 또 있을까?'
'왜 살아야 하지?'
'죽어 버릴까?'

나는 경북 점촌이란 시골에 살다 초등학생 때 서울로 올라왔다. 팔꿈치에 낀 때를 보고 친구들은 나를 '더러맨'이라 부르며 놀렸고, 촌놈 취급을 했다. 안 그래도 유약하고 겁이 많고 눈물이 많던 나였다. 그런 데다 일곱 살 때 입학을 하다 보니 더더욱 다른 아이들에 비해 덩치도 작고 뭐든 느린 편이었다.

그래서였을까? 어느 순간부터 싸움 잘하는 친구 몇 명이 이유 없이 나를 때리기 시작했다. 그 친구들 눈에 띌까, 행여나 복도에서 마주칠까 조마조마 가슴을 졸이며 피해 다녔다. 화장실은 물론 가지도 못했다. 초등학교 그 시절은 그야말로 암흑이었다. 지금 기억을 떠올려 봐도 모두 잿빛뿐이다.

중학교에 와서도 상황은 똑같았다. 초등학교 때보다 조금 편해졌다 뿐이지 달라진 건 없었다. 죽고 싶었다. 창피해서 그대로 없어지고 싶은 마음뿐이었다. 어떻게 다시 제자리에 돌아가서 앉고, 학교는 또 무슨 낯짝으로 다닐 것인가?

다행히 난 겁쟁이에 끝도 없이 소심한 아이였다. 내게 용기가 좀 더 있었다면 아마도 극단적인 선택을 했을지도 모르겠다. 그럴 용기가 없었다는 게 차라리 다행이다. 엄마, 아빠도 한몫을 했다. 참을 수 없는 굴욕을 당하니 엄마, 아빠 생각이 났다. 비록 밖에서는 못난이 취급을 당하고 무시당해도 우리 부모님에게는 애지중지 귀한 자식이었다. 그분들이 불쌍해서라도 차마 극단적인 선택은 하지 못했다.

바닥에 완전히 추락한 기분이었다. 이젠 더 이상 떨어질 곳도 없을 것 같았다. 다만 마음속에 복수심은 타오르고 있었다.

'두고 보자. 난 이대로 살진 않을 거야.'

끔찍한 봉변을 당하고 주변을 둘러보니 새삼 눈에 들어오는 친구가 있었다. 바로 나만큼이나 찌질하고 못난 친구였다. 하는 행동을 보면 어리바리해 동네 바보 같고, 말도 어눌했다. 그런데도 나와는 다르게 그 친구는 누구에게도 무시당하지 않았다. 심지어 선생님도 그 친구를 존중했다. 이유는 분명했다. 그 친구는 공부를 잘했다. 그것도 전교에서 손에 꼽힐 정도로 잘하는 친구였다. 그 친구를 보면서 결론을 내렸다.

'그래, 공부다.'

나는 싸움을 잘하지도, 운동을 잘하지도 못한다. 잘생겨서 인기가 많은 학생도 아니었다. 유머 감각이 있어 다른 사람을 웃기지도 못하고, 돈이 많지도 않다. 그나마 공부는 썩 잘하지는 못하지만 적어도 바닥은 아니었다. 선생님과 부모님이 노력하면 된다고 하지 않았던가. 나는 어른들의 말을 믿고 공부를 해 보기로 다짐했다.

'공부를 해서 나도 무시당하지 않고 살아 보겠다. 만만하게 보이지 않을 것이다.'

비록 잘할 자신은 없어도 죽어라 할 자신은 있었다. 그 치욕의 순간을 떠올리면 어떻게 안 할 수가 있겠는가. 그렇게 나의 공부는 시작되었다.

부족함을 인정해야 길이 보인다

고백했듯이 나는 열등감 때문에 공부를 시작했다. 공부를 잘해서 죽어라 공부한 게 아니었다. 열등감이 한 가지도 아니었다. 촌놈이라는 열등감, 힘이 약하다는 열등감, 인기가 없다는 열등감, 덩치가 작다는 열등감 등 다양한 열등감으로 똘똘 뭉친 아이가 바로 나였다.

지금 이 책을 읽는 독자들도 나와 마찬가지로 열등감으로 괴로워할 수도 있다. 괜찮다. 오히려 잘된 것일지도 모른다. 열등감이 여러분에게 엄청난 힘을 가져다줄 것이기 때문이다.

"강성태 공신님, 저는 쓰레기인가 봐요. 머리도 나쁜 것 같고요. 친구들도 선생님도 다 저를 무시합니다. 왜 공부해야 하는지도 모르겠고 방법도 모르겠어요. 저 같은 인간은 차라리 죽는 게 낫지 않을까요?"

생각보다 많은 학생들이 이와 비슷한 말을 한다. 하지만 이런 말을 하는 학생이라면 이미 공부해야 할 멋지고도 확실한 이유를 갖고 있는 셈이다. 못나서 무시당했던 것도, 공부 때문에 차별당한 것조차도 공부를 해야 할 분명한 이유가 될 수 있기 때문이다.

나뿐만 아니라 적지 않은 공신들 또한 열등감 때문에 공부했다고 말한다. 열등감의 종류는 제각각 다르지만 열등감을 극복하기 위해 공부했다는 공신들은 수도 없이 많다. 『공부의 신, 천 개의 시크릿』이라는 책에서 1,000명의 공신을 대상으로 공부했던 이유를 분석한 결과, '지기 싫어서'가 2위를 차지한 것으로 나왔다. 17퍼센트에 해당하는 공신들이 열등감 혹은 승부욕 때문에 공부했다고 답한 것이다.

열등감의 유형은 다양하다. 공부를 잘하지 못하는 것도 열등감으로 작용할 수 있고, 집이 가난하거나 못생겨서 열등감을 느낄 수도 있다. 어떤 유형의 열등감이든 다 공부하는 데 큰 동기가 된다.

하지만 열등감을 공부하는 데 필요한 에너지로 바꾸려면 나의 부족함을 인정해야 한다. 스스로 못난 모습을 인정하는 순간부터 달라질 수 있다. 부족함을 인정하는 것과 탓하는 것은 다르다. 부족함을 탓하고 부끄러워하기만 하면 길이 보이지 않는다. 객관적으로 자신의 부족함을 보고 인정할 때 비로소 어떻게 해야 부족함을 채울 수 있을지 길이 보인다.

열등감으로 공부를 시작하고, 나름 열심히 공부를 해도 성적이 잘 나오지 않을 때 나는 나보다 공부 잘하는 친구들을 보며 무엇이 부족한지를 살폈다. 그때, 공부 잘하는 친구들은 공부한 내용을 서너 번은 복습한다는 것을 알게 되었다. 그 친구들이 서너 번 복습한다면 나는 그보다 두세 배는 더 해야 된다고 생각했다.

그래서 문제집 표지에 '바를 정(正)' 자를 두 번씩 쓰면서 공부했다. 이것이 '10회독 공부법'의 시작이다.

나의 부족함을 인정했기에 잘하는 친구들과 똑같이 공부해서는 안 된다는 것을 알 수 있었던 것이다.

질문을 많이 했던 이유도 마찬가지다. 나는 모른 채 넘어가면 다음 진도를 따라갈 수가 없었다. 늘 시간이 부족했기 때문에 모르는 것을 미뤄 놓으면 나중에 다시 물어볼 시간조차 내기가 어려웠다. 그래서 무조건 수업이 끝나면 바로바로 질문해 의문을 해결해야만 했다.

나의 못남을, 부족함을 불평할 필요가 없다. 그 자체가 공부를 시작하는 강력한 동기가 될 수 있을 뿐만 아니라 부족함을 인정하면 열등감을 극복할 수 있는 구체적인 방법이 보이기 때문이다.

아들러, 사마천, 덩샤오핑, 루스벨트의 공통점은?

프로이트, 그리고 융과 함께 심리학의 3대 거장이라는 아들러. 그는 인간이 가진 열등감에 주목했다. 그는 심리학에 '열등감'이라는 용어를 처음으로 도입한 인물이다. 그는 원래 안과 의사였는데 유독 눈이 나쁜 사람일수록 독서가가 많은 점을 발견했다. 눈이 나빠 책을 읽기 어려운 점이 오히려 책을 더 많이 읽게 하는 경향을 발견한 것이다.

그건 그 자신도 마찬가지였다. 아들러는 형과 동생에 비해 열등한 존재였다. 엄친아 형과 연년생으로 태어난 동생 사이에서 부모의 사랑을 많이 받지 못했다. 또한 어린 시절 두 번이나 죽을 고비를 넘기고 구루병을 앓아 키가 매우 작고 못생긴 데다 시력도 매우 나빴다. 폐렴에 걸려 죽기 직전까지 갔던 적도 있었다. 게다가 유태인이었던 그는 차별을 피하기 위해 유태인이란 사실을 숨기고 다녔다. 중학교 때 수학을 너무 못해 선생님이 그의 부모에게 학교를 자퇴시키고 구두수선공을 시키라고 권유하기도 했다.

이렇게 허약하고 보잘것없던 그는 늘 죽음과 질병에 대한 두려움이 있었다. 그래서 의사가 되고 싶었고, 최선을 다해 공부한 결과 당시 최고의 의과대학이 있던 비엔나 대학교에 합격한다. 수학을 못해 수모와 무시를 당했지만 오히려 그것에 자극을 받아 1등으로 졸업하게 된다.

만약 그가 처음부터 건강했고 부모님의 사랑을 듬뿍 받고 자랐다면 어떻게 됐을까? 부족함을 몰랐을 것이며, 의사가 되고자 노력하지도 않았을 것이다. 열등감이 그로 하여금 의사를 꿈꾸고, 열심히 공부하게 한 원동력이 된 셈이다.

이후 아들러는 '열등감'에 관심을 갖고 의사가 아닌 심리학자의 길을 걷게 된다. 당시 가장 유명한 프로이트를 찾아가 정신분석학을 공부하고 나중에는 모든 행위를 성에 근거하여 보는 프로이트

이론을 비판한다. 결국 프로이트와 아들러는 결별하게 된다. 후에 아들러가 유명해지자 프로이트는 키가 작은 아들러를 난쟁이라 조롱했다. 그러면서 자신이 난쟁이를 유명하게 만든 장본인이라 떠들고 다닌다. 그 말을 들은 아들러는 다음과 같은 말을 남겼다.

"거인의 어깨 위의 난쟁이는 그 거인보다 훨씬 멀리 볼 수 있다."

참으로 멋지고도 통쾌한 반박이다. 아들러뿐만 아니라 역사적으로 위대한 업적을 남긴 사람들은 대부분 열등감이 강한 사람들이었다.

사마천은 포로가 된 장군을 찬양했다는 이유로 황제로부터 궁형을 선고받았다. 남성의 성기를 잘라 내는 형벌이다. 그는 이런 열등감을 딛고 『사기』라는 인류의 문화유산을 집필한다. 그에게 벌을 내린 황제를 기억하는 사람은 많지 않다. 그러나 사마천은 동서양을 막론하고 역사를 공부하는 사람이라면 모르는 자가 없다.

정치가이자 '웅변의 표준' 혹은 '완벽한 웅변가'라 불리는 데모스테네스는 발음이 어눌한 말더듬이였다. 가난했고 몸도 허약했다. 그는 입에 조약돌을 물고 연습을 했다. 발성을 위해 일부러 가파른 비탈을 뛰어올라 숨이 차게 만든 뒤 연설 연습을 했다.

한니발과 알렉산더는 간질 환자였으며 헬렌 켈러는 보지도 듣지도 말도 못하는 장애인이었다. 나폴레옹의 키는 155센티미터에 불과했다. 중국 개혁을 이끌어 지금의 중국을 있게 한 덩샤오핑의 키도 150센티미터였다. 공산당 정책회의에서 기립투표를 할 때 덩샤오핑 혼자만이 일어서서 반대의사를 표명한 적이 있었다. 당시 권력자 마오쩌둥은 "일어난 사람의 키나 앉아 있는 사람의 키나 다를 바 없으므로 만장일치!"라며 무시하고 비웃으며 넘어가려 했다. 그는 책상 위에 올라서서 반대 뜻을 밝혔다.

축구선수 박지성, 올림픽 은메달과 아시안 게임 금메달을 두 번 수상한 마라토너 이봉주 선수는 평발로 유명하다. 심지어 이봉주 선수는 양쪽 다리 길이도 달랐다. 미국 대통령을 네 번이나 연임한 루스벨트 대통령은 소아마비였고 링컨 대통령은 심각한 안면 비대칭에 눈은 사시였다.

이처럼 역사적으로 이름을 남긴 분들은 대부분 결핍으로 인한 열등감을 가지고 있었다. 보통 열등감은 삶을 힘들게 하지만 그들은 달랐다. 열등감이 오히려 성공의 비결이 되었다. 배우지 못했기에 더 열심히 공부했고 가난했기에 더 열심히 일했다. 몸이 건강하지 않아 다른 사람들보다 몇 배 열심히 노력했다.

마쓰시타 고노스케는 일본 국민이 가장 존경하는 경영인으로 '경영의 신'이라 불리는 인물이다. 세상을 떠날 당시 그는 570개의 계열사, 13만 명의 직원을 고용한 전 세계 20위권의 대기업 총수

"거인의 어깨 위의 난쟁이는 그 거인보다 훨씬 더 멀리 볼 수 있다"

였다. 대표적인 브랜드가 파나소닉과 내쇼날이다. 하지만 그의 학력은 초등학교 중퇴가 전부다. 집안이 너무 가난하여 8남매 중 다른 형제자매들은 결핵과 전염병 등으로 모두 죽고 혼자 살아남게 된다. 그는 자신이 성공할 수 있었던 비결이 다음 세 가지라고 말한다.

"나는 하느님이 주신 세 가지 은혜 덕분에 크게 성공할 수 있었다. 첫째, 집이 몹시 가난해 어릴 적부터 구두닦이, 신문팔이 같은 고생을 통해 세상을 살아가는 데 필요한 많은 경험을 쌓을 수 있었고, 둘째, 태어났을 때부터 몸이 몹시 약해 항상 운동에 힘쓰고 소식했기 때문에 건강을 유지할 수 있었으며, 셋째, 나는 초등학교도 못 다녔기 때문에 모든 사람을 다 나의 스승으로 여기고 누구에게나 물어 가며 배우는 일에 게을리하지 않았다."

이쯤 되면 열등감은 더 이상 공부를 방해하는 장애물이 될 수 없다. 오히려 열등감이 많으면 많을수록 기뻐해야 할지도 모르겠다. 그만큼 공부를 해야 할 이유도, 최선을 다해 부족함을 채워야 할 강력한 동기가 생기니까 말이다.

30

공부는
자신과 싸우는 과정이다

너 전교 1등 아니니?

공부를 시작했다고 바로 공부가 되는 것은 아니다. 공부를 하지 않던 나와의 싸움에서 이겨야 비로소 진짜 공부를 할 수 있다. 나 자신과 싸워 이기려면 아이러니하게도 내가 아닌, 선의의 경쟁을 할 수 있는 다른 누군가가 필요하다.

중학교 때 치욕적인 사건을 겪고 공부하기로 결심한 후 나는 독서실 이용권을 끊었다. 독서실에서 공부하면 돈이 아까워서라도 집에 있을 때보다는 더 열심히 하리란 계산도 있었다.

일부러 집에서 꽤 멀리 떨어져 있는 독서실로 갔다. 우리 학교 친구들은 없었다. 그 사건 이후로 친구들 보기도 왠지 부끄러웠고, 친구가 있으면 오락실이나 만화방으로 새기 쉬워 도움이 안될 것이라 생각했다. 또한 나는 나를 잘 알았다. 집에서 가까우면 공부하기 싫을 때 바로 집에 올 게 뻔했다.

나는 아예 하루 종일 독서실에서 살기로 작정했다. 그리고 실행에 옮겼다. 아침 일찍 갔다. 다른 전략이나 방법이나 묘책은 없었다. 비법도 없었다. 아파도 독서실에서 아프고 쓰러져도 그곳에서 쓰러지자는 마음으로 무조건 하루 종일 독서실에 있었다.

집에서 멀리 떨어진 독서실을 선택한 건 잘한 일이었다. 집이 멀다 보니 지루해도 일단 쉽게 집에 가게 되진 않았다. 같이 놀 친구가 없다는 것도 도움이 되었다. 답답해서 잠시 일어나도 딱히 할 게 없었다. 왜 사람들이 공부하러 절에 가고 산속으로 들어가는지 조금 이해하게 됐다.

온갖 잡생각이 나고 좀이 쑤시고 답답해도 그냥 앉아 있었다. 죽이 되든 밥이 되든 죽치고 앉아 있는 것이 전략이라면 전략이었다. 사실 그때는 공부하는 데도 방법이 있다는 것을 몰랐다. 책상에 앉아 있으면 다 되는 건 줄 알았다.

혼자 책상에 앉아 있으려니 물론 어려웠다. 마침 좋은 방법이 생각났다. 독서실 이용권을 끊고도 안 오는 사람들이 대부분이다. 그

32

런데 내가 앉은 라인 가장 구석에는 항상 하루 종일 공부만 하는 분이 계셨다. 지금 돌이켜 보건대 두꺼운 책을 보고 책 스탠드까지 있는 걸로 봐선 고시생이었다. 정말 하루 종일 돌부처처럼 바른 자세로 공부만 했다.

'그래, 저분만큼 해 보자. 나도 한번 이겨 보자.'

지레 겁을 먹고 도전도 하지 않거나 어쩌다 도전을 해도 매번 지는 나였지만 혼자서 내기를 시작했다. 그분이 일어나기 전까지 절대로 일어나지 않기로 마음을 먹었다. 그런데 쉽지가 않았다. 이분, 장난이 아니었다. 한번 자리에 앉으면 정말 죽은 사람처럼 미동도 하지 않고 공부만 했다. 나는 지겨워서 한참을 엎드려 자고 일어나도 그분은 항상 같은 자리에 변함없이 앉아 계셨다. '정말 인조인간 아냐? 앉은 채로 돌아가신 거 아냐?'라는 생각이 들 정도였다.

쉽지는 않았지만 그분이 공부하는 시간만큼 나도 공부하려 노력했다. 공부가 안돼 딴생각을 할지라도 그분이 자리에서 일어나기 전까지는 나도 일어나지 않고 시간을 채우려고 애를 썼다. 그러면서 묘한 긴장감이 느껴지기 시작했다. 물론 나만 느끼는 긴장감이었을 것이다.

그러던 어느 날 화장실에서 우연히 그분과 마주쳤다. 딱 두 개 밖에 없는 소변기에 둘이 나란히 섰다. 당연히 같은 방향을 바라보고.

"중학생이니? 어느 학교 다니니?"

전혀 예상치 못한 질문이라 당황해서 기어들어 가는 소리로 겨우 대답했다.

"공부 정말 열심히 하는구나. 너 전교 1등 아니니?"

너무 터무니없는 소리여서 속에서 웃음이 터져 나왔지만 왠지 기분이 좋았다. 공부 잘하는 학생처럼 보이는 게 나쁘지 않았다. 전교 1등 아니냐는 소리를 듣고 나니 그분에게 더더욱 지고 싶지 않았다. 나 혼자 시작한 독서실에서의 경쟁은 더 치열해졌다. 나에겐 일종의 오래 앉기 시합과도 같았다.

지나친 경쟁은 독이 되지만 선의의 경쟁자가 있다는 것은 공부하는 데 큰 도움이 된다. 달리기도 그렇다. 혼자 달리는 경우와 여러 명이 앞서거니 뒤서거니 하며 달리는 경우를 비교해 보자. 실제로 선수들의 기록은 여럿이 달릴 때 훨씬 좋다. 아마 당시 나도 옆에서 공부하시던 이 아저씨를 경쟁 상대로 삼지 않았다면 오래 버티기 어려웠을 것이다.

34

나중에 난 아예 모든 사람이 다 독서실을 나갈 때까지 공부한다는 목표를 세워서 공부한 적도 있다. 이건 마치 마라톤을 하는 느낌이었다. 완주할 때까지 한 명 한 명이 나가떨어지고 결승선에 내가 가장 먼저 도착하는 짜릿한 기분이었다. 독서실에 혼자 남았을 때는 마치 최종 우승자라도 된 듯 뿌듯했다.

선의의 경쟁자와 함께하면 자기와의 싸움이 좀 더 쉬워진다. 친구들 중 마음이 맞는 친구가 있다면 함께 선의의 경쟁을 할 것을 권한다. 이번 주말에 그 친구에게 연락하여 같이 공부 계획을 짜고 함께 목표를 달성해 보도록 하자. 혹은 마치 달리기 시합을 하듯 서로 경쟁하며 공부해도 좋다.

선의의 경쟁자가 꼭 친구일 필요는 없다. 꼭 아는 사람이 아니어도 괜찮다. 나태해지는 자신을 다잡아 줄 수 있는 사람이라면 누구라도 좋다. 주변을 둘러보면 멀지 않은 곳에 훌륭한 경쟁자 역할을 해 줄 사람이 분명 있을 것이다.

하루 18시간 공부에 도전하다

니체는 말했다. 도전이란 다른 대상이 아닌 자기 자신과 맞서는 행위라고. 불가능이나 한계, 그것은 외부에 있지 않고 내 안에 있다. 처음 공부를 시작한 당시 나는 그 누구도 아닌 강성태라는 나 자신을 이겨 보고 싶었다. 나를 이기면 나의 태생적인 열등감을 극복할 수 있을 것 같았다.

독서실에서 고시생 아저씨와 경쟁하듯 오래 자리에 앉아 있다 보니 문득 궁금해졌다.

'내가 과연 하루에 몇 시간이나 공부할 수 있을까?'

'사람의 공부 한계가 어디까지일까? 얼마나 하면 나도 공부하다 코피가 나올까?'

얼추 계산해 보니 잠자는 시간을 최대한 줄이고 모든 시간을 공부만 한다고 했을 때 인간이 하루에 공부할 수 있는 시간이 18시간이란 답이 나왔다. 여기서 나온 것이 바로 공신닷컴에서 선풍적인 인기를 끌고 있는 '18시간 공부'의 시작이다.

과연 될까? 처음에는 의구심이 가득했지만 도전해 보기로 했다. 하루 18시간을 공부하려면 잠을 줄이는 것은 기본이다. 식사 시간도 문제다. 잠을 4~5시간으로 줄인다 해도 식사를 하는 데 시간을 많이 쓰면 18시간 공부하기가 어렵다. 그래서 점심은 바로 독서실 옆에 있는 분식집에서 햄버거와 분식으로 해결하기로 했다. 그것도 가능하면 공부를 하면서 끼니를 때우기로 했다.

18시간 공부에 도전할 날짜를 잡았다. 겨울 방학 어느 날이었다. 그때는 따로 스톱워치를 준비한 것도 아니었다. 그 당시는 공신닷컴도 없었고 공부법이란 개념 자체가 없었기에 스톱워치를 공부에 쓸 수 있다는 것도 몰랐다.

그냥 벽시계를 보면서 아침부터 밤까지 무작정 공부했다. 전날 잠을 충분히 자고, 독서실에 도착하자마자 책을 꺼내 맹렬히 보기 시작했다. 한 시간이 지나자 벌써 집중력이 떨어지기 시작했다. 두 시간, 세 시간이 지나자 책을 봐도 내용이 머릿속에 잘 들어오지 않았다. 세 시간 만에 벌써 지친 것이다.

오래 공부하는 데 어느 정도 익숙해졌다고 생각했는데, 완전히 착각이었다. 사실 하루 종일 독서실에 있다 해도 정 공부가 안될 때는 가끔 혼자 나가 게임 한 판을 하고 오곤 했다. 의지박약한 나도 문제지만 우리나라 독서실 환경도 참 문제다. 왜 독서실 주변에 PC방이나 만화방이 그렇게 많은 것인지 야속하기도 하다.

점심시간까지 겨우겨우 참고 버텼다. 식사시간이 되자 좀 살 것 같았다. 난 원래 뭘 먹으면 세상 다 잊고 '급' 행복해진다. 그땐 나름 햄버거가 보상이었다. 꿀맛 같은 점심시간이 지나고 오후가 되었다. 아직도 18시간을 채우려면 긴 시간이 남아 있었다. 하루가 그렇게 긴 지 새삼 실감했다.

중간에 결국 뛰쳐나왔다. 좀이 쑤셨기에 계단을 막 오르내렸다.

독서실은 5층이었고 내가 할 수 있는 유일한 발악이었다. 운동을 하지 않으면 못 버티겠다는 생각이 들어 그럴 수 밖에 없었다.

먹고 나면 항상 그렇듯 그분이 오셨다. 쏟아지는 졸음이다. '자면 안 된다'를 외치며 뺨을 때리고 세수를 하고 버텼다. 그러나 그날도 잠은 이길 수 없어 책상에 얼굴을 파묻었다. 단, 알람을 진동으로 맞춘 뒤 이마에 대고 자기 시작했다. 알람이 울리면 머리가 '부르르르' 떨리며 벌떡 일어나게 됐다.

한 10시간 가까이 되니까 그야말로 미칠 지경이었다. 그래도 지금까지 고생한 게 아까워서 차마 포기할 수는 없었다. 어찌나 힘들었던지 나도 모르는 사이에 연습장에 '18시간 공부라니……, 으악, 내가 미쳤지!'라는 낙서를 적기까지 했다.

포기하고 싶은 마음과 이왕 시작한 거 끝까지 해야 한다는 마음이 싸우는 동안에도 꾸역꾸역 시간은 흘러갔다. 나중에는 한 시간마다 잠깐씩이라도 일어나 물을 마시고 스트레칭을 했다. 어쩔 수 없었다. 안 그랬으면 산만한 내 성격에 돌아 버렸을 것이다.

저녁을 일찍 먹는 것으로 겨우겨우 버텼다. 역시 단순한 나는 저녁을 신나게 먹으니 그때만큼은 근심 걱정을 잊을 수 있었다. 먹으니 좋고, 좋으니 더 좋을 뿐이었다. 또 다시 졸음이 겁나게 밀려왔고, 그대로 굴복하여 책상에 무거운 머리를 얹고 잠이 들었다. 또 다시 '얼~~~~' 하는 진동에 벌떡 일어나 '난 안 잔 사람이다. 누가 갔어?'라는 표정으로 다시 공부를 시작했다.

저녁 땐 아예 책을 들고 나와 복도를 걸어 다니면서 공부했다. 고문이 따로 없었다. 1시간이 10시간처럼 느껴지는 그 기분. 어느새 주변은 벌써부터 어두워졌고, 그날도 역시나 넓은 독서실엔 고시생 아저씨와 나만 남았다.

희한하게 밤 10시가 넘어가니까 오히려 지루함이 좀 덜했다. 내몸과 마음이 모든 것을 내려놓은 기분이었다. 내가 공부를 하는 건지, 공부가 나를 하고 있는 건지, 내가 꿈을 꾸는 건지, 꿈이 나를 꾸고 있는 건지 모호하게 느껴질 정도였다.

마침내 12시가 넘어 새벽 1시로 가는 그 시간, 눈앞에 결승 테이프가 서서히 보이기 시작했다. 마지막엔 솔직히 지치기도 지쳤고 눈에 글도 잘 들어오지 않았다. 하지만 여기서 어떻게 포기할 수 있나 마음을 다잡으며 참았다.

드디어 해냈다. 18시간 공부를!

물론 엄밀하게 말하면 해냈다고 하기 어렵다. 집중력이 거의 바닥에 떨어졌기 때문에 실제로 공부한 시간은 그에 훨씬 모자랐을 것이다. 그렇지만 어쨌든 나는 해냈다.

짐을 싸는 데 기분이 좋아지기 시작했다. 집으로 돌아가는 발걸

"공부를 하지 않던 나와의 싸움에서 이겨야
비로소 진짜 공부를 할 수 있다"

음이 가벼웠다. 그렇게 힘들게 18시간을 채웠으면 지쳐 쓰러져야 정상일 것 같은데, 오히려 그 반대였다. 신기했다. 코피도 나지 않았다. 드라마에서처럼 코피 터트려 가며 공부하려면 대체 몇 시간을 해야 가능한 것인지 궁금하기까지 했다. 오히려 신이 나기 시작했다.

'뭐야? 이거 생각보다 할 만하잖아.'

사람의 마음은 정말 갈대 같다. 불과 몇 시간 전에는 미치기 일보 직전까지 갔는데, 끝나고 나니 생각이 달라졌다. 금세 별거 아니란 생각이 들었다. 자기와의 싸움에서 이겼다는 생각에 기분이 좋았고, 무엇보다 굉장히 뿌듯했다. 누구라도 붙잡고 자랑하고 싶은 마음도 들었다.

'저 오늘 18시간을 공부했다고요!'
'나도 할 수 있다고! 저 오늘 열심히 했습니다!'

아마도 나보다 더 많이 공부한 친구들은 없을 것 같았다. 찌질이 강성태가 아무리 보잘것없는 인간 같아도 오늘만큼은 아니었다. 오늘만큼은 내가 최고였다. 스스로 약속했던 18시간 공부를 해냈

다는 성취감에 무엇이든 할 수 있을 것 같은 자신감도 생기기 시작
했다.

나는 아직도 그날 그 밤을 잊을 수 없다. 집으로 돌아가는 길, 적
막한 거리, 불 꺼진 네온사인. 모두가 돌아갔지만 마지막까지 남아
공부에 매달렸던 그날의 기억. 날은 추웠지만 마음은 나도 할 수
있다는, 해냈다는 마음으로 가득 차 들떠 있었다. 내 공부에 있어
전환점이 된 날이었다.

자신의 한계를 넘으면 무서울 것이 없다

/

불가능해 보였던 18시간 공부에 성공한 후 많은 것이 달라졌다.
절대적인 공부량이 무섭긴 무서웠다. 공부의 질은 둘째 치고 그날
하루 내가 공부한 분량이 족히 문제집 한 권은 되어 보였다. 이 정
도면 내가 마음만 먹는다면 일주일에 문제집 한 권은 충분히 풀
수도 있다는 자신감이 생겼다. 무엇보다 18시간을 공부하고 나니
한두 시간 공부하는 것은 식은 죽 먹기처럼 느껴지기 시작했다. 그
러면서 자연스럽게 더 많은 시간을 공부할 수 있었고 자신감도 붙
었다.

18시간 공부? 물론 나도 안다. 그것이 거의 불가능에 가깝다는

것을. 멘토링을 하면서 18시간 공부에 도전해 보라는 나조차도 당장 내일 해 보라고 하면 쉽지 않을 것이다.

하지만 한계는 깨어지라고 존재하는 것이다. 누구라도 한계를 넘어설 수 있다. 어떤 특별한 사람만이 한계를 깨는 것이 아니다. 스스로 자신의 한계에 도전하고 한계를 극복했을 때의 느낌을 맛볼 것을 권한다. 감히 말하건대, 지금까지 경험하지 못했던 벅찬 감동과 기쁨을 느낄 수 있을 것이다. 그리고 그 감동은 자신을 더욱 높은 곳으로 갈 수 있게 하는 원동력이 된다.

딱 한 번이어도 괜찮다. 단 한 번이라도 불가능하다고 생각했던 한계를 극복하면 모든 것이 달라진다.

18시간을 채워 본 사람은 10시간은 어렵지 않게 채울 수 있다. 한 번만 한계를 넘으면 얼마든지 최고의 목표를 세울 수도 있다.

단 하루라도 최선을 다해 살아 본 적이 있는가? 하루를 보내고 나서 후회가 전혀 남지 않을, 더 이상은 움직일 힘조차 남아 있지 않을 정도로 모든 것을 쏟아 부었던 그런 날 말이다. 1년을 그렇게 보냈는지 묻는 것이 아니다. 단 하루, 아침에 눈을 떠서 눈을 감기까지 고작 15시간 남짓한 시간 동안 말이다.

지금껏 여러분들은 최소 3,000일 이상을 살았다. 그중 후회가 없을 정도로 나의 꿈을 위해 모든 것을 다 쏟아부은 날이 하루라도 있는지 묻고 싶다. 최선을 다했다는 말은 함부로 쓰는 것이 아니다. 스스로가 자기 자신을 감동시킬 수 있을 정도로 노력했을 때만 쓸 수 있는 말이다.

이젠 달라져야 한다. 지금 바로 자신의 한계에 도전하는 날을 잡아라. 지금 아래 적지 않으면 또 한 번의 변화할 기회를 놓치는 것이다. 미루지 말고 옆에 보이는 사람의 펜을 빌려서라도 적어라.

년 월 일

나의 일일 한계 :

이제 이날이 여러분들에게 도전의 하루가 될 것이다. 여러분 스스로 정한 그 한계를 스스로 이겨 내라. '공부의 신 강성태의 공부 카페'(cafe.naver.com/gongsiny)에 하루 공부 인증샷 게시판이 있다. 이곳에 인증샷을 올려 주길 바란다. 위에 적혀 있는 날짜에 말이다. 요즘도 나는 직접 일일이 댓글을 달아 주고 있다.

나에게 공부의 목표는 나 자신이었다

/

"강성태 공신님은 처음부터 서울대를 목표로 공부하신 거죠?"

44

자주 듣는 질문이다. 결론부터 말하면 그러지 않았다. 아니, 그러지 못했다. 늘 큰 목표, 최고가 되겠다는 포부를 향해 도전하길 바라는 나다. 하지만 그 시절 난 아니었다. 형도, 누나도 없고, 대학 나온 사람 한 명 없는 집안에서 감히 서울대라는 대학을 떠올리기도 어려웠다. 그때까지만 해도 서울대는, 그야말로 사람의 노력이 아닌 하늘이 내려 줘야 갈 수 있는 대학이라 생각했다.

그 당시 나에겐 그날그날의 단기 목표가 있었다. 대학도, 전공도, 점수도 아닌 바로 '나 자신, 강성태'가 나의 목표였다.

내 한계에 도전하는 것, 더 이상 아무것도 남지 않을 때까지 나의 집중력, 체력, 정신까지 모두 공부에 쏟아붓는 것이 나의 목표였다.

나의 경쟁자는 다른 사람이 아닌 바로 나 자신이었다. 공부하는 내 자신은 어느 순간에도 엄청난 라이벌이 될 수 있다. 오늘 공부의 한계치까지 도달하는 것. 내 한계가 곧 나의 경쟁자였다.

어제의 나를 경쟁자로 삼기도 했다. 어제의 나보다 오늘의 내가 더 열심히 공부하는 것을 목표로 어제보다 더 많은 시간을 공부하려 노력했다. 막연히 '오늘은 어제보다 더 공부한 것 같은데?'와 같이 두루뭉술하게 넘어가지 않기 위해 스톱워치를 활용했다. 스톱워치로 하루 종일 순수하게 공부한 시간만을 재 어제 기록한 시간을 오늘 깨는 것을 목표로 삼았다.

매일 나를 목표로 나의 한계치에 도전하다 보니 '일신우일신(日新又日新)'이 따로 없었다. 하루하루가 새롭고 또 새로웠다. 날마다 어제의 내 한계를 넘어선 새로운 하루가 펼쳐졌다.

나는 모든 어제의 나를 파괴하기를 거듭했다. 먼 곳을 보진 못했다. 하지만 마치 누가 누가 숨을 오래 참나 친구와 내기를 하듯, 나는 매일 어제의 내가 세운 기록을 깨고자 갖은 애를 썼다. 아침에 일어나 눈을 뜨면 '오늘이 후회 없는 하루가 되게 해 주소서' 이런 내 나름의 기도이자 주문을 외우며 새로운 날을 맞이했다.

그렇게 시간은 흘렀고, 나조차 믿을 수 없는 일이 일어났다. 서울대를 목표로 하지도 않았던 내가 서울대생이 된 것이다! 내 자신을 경쟁 상대로, 나를 가혹할 정도로 혹사시킨 결과 어느덧 정상에 올라온 나를 발견했다.

그저 학원 전단지에 찍혀 있던 서울대 합격 선배를 동경하던 나였다. '대체 이 선배는 세상 부러울 게 뭐가 있을까?' '하루라도 이렇게 되어 보고 싶다.' 속으로 이런 생각을 하며 다른 종류의 인간을 보듯 여기던 나였다. 서랍에 그 전단지를 넣어 두며 가끔 자극을 받곤 했다.

그랬던 내가 전단지의 주인공, 정확히 그 선배가 합격했던 서울대 기계항공공학부에 합격하게 된 것이다. 그 선배는 같은 과의 사실상 직속 선배가 되었다. 밥을 사 주는 선배에게 전단지 속의 형을 보며 부러워하고 자극을 받으며 공부했던 이야기를 털어놓을 수 있었다. 이 글을 쓰는 지금도 이런 일이 어떻게 가능했나 싶다.

우리는 늘 착각한다. 위대한 업적과 괴물 같은 성적을 내는 사람들은 마치 날아서 그곳에 도착한 줄 안다. 하지만 아무리 먼 여정도 결국 돌이켜 보면 작은 한 걸음 한 걸음이 모여 만들어지는 것이다. 어떻게 목적지에 도달할지도 중요하지만 그만큼 중요한 과제는 당장 한 발자국을 힘차게 내딛는 것이다. 우리에게 주어진 오늘 이 하루를 알차게 채워 나가는 것이 중요하다.

최소한 이 하루만큼은 여러분의 손에 달려 있다. 1년은 잘 모르겠다. 한 달도 긴 것 같다. 그러나 오늘, 그래, 오늘만큼은 나의 것으로 만들 수 있다.

이 오늘을 최고의 하루로 만들어 보자. 다시 돌아올 힘조차 남아 있지 않을 정도로. 마치 오늘이 마지막 날인 것처럼. 그렇게 자신과 싸우며 하루를 온전히 정복할 수 있다면, 그 어떤 불가능한 꿈도 결국 이룰 수 있을 것이다.

'꿈'은
공부를 춤추게 한다

꿈은 공부의 이유다

/

　고등학교 시절 나에겐 짝사랑하는 후배가 있었다. 내가 속한 요리 동아리에서 만났는데, 정말 착한 후배였다. 물론 고백은 꿈도 꿀 수 없었다. 나는 인기도 없고, 말도 잘 못하고, 숙맥인 데다가 뭐 하나 잘하는 게 없는 그저 그런 학생이었으니까. 무엇보다 용기가 없었다. 그러니 애당초 그녀에게 고백한다는 것은 생각하지도 않았다.

　그러던 어느 날, 대학에 간 학교 선배들이 동아리 후배들을 챙기겠다고 학교로 찾아왔다. 당시 대학생들에게 머리 염색과 찢어진 옷이 유행이었다. 그 선배들도 하나같이 머리를 흰색, 노란색으로 염색하고, 여기저기 찢어진 스타일의 옷을 입었다. 마치 거지를 연상케 하는 그런 모습이었다.

선배들은 대학생활을 이야기해 주었다. 대성리 새터에 MT를 가서 소주를 마시고 아침 먹은 것까지 토했다는 둥, 밤새 술을 먹고 수업 땡땡이를 쳤다는 둥, 대학에서 겪은 각종 무용담을 늘어놓았다. 우리들은 선배들의 이야기를 혼이 빠질 정도로 집중해서 들었다. 대학생활은 우리의 로망이었다. 술 먹고 토했다는 것조차도 너무 멋지고 부러웠다.

한참 선배들과의 대화에 심취해 있는데, 한 남자 선배 옆에 찰싹 달라붙어 있는 여학생이 눈에 들어왔다. 바로 내가 좋아하는 그 후배였다.

"선배님 요즘 공부가 잘 안돼요. 어떻게 해야 될까요?"
"대학생활은 재밌나요?"

순간 남자의 질투심이 발동되면서 머리털이 곤두서는 듯했다. 당장 달려가서 저 노랑머리 선배를 옆차기로 날려 버린 뒤 나의 그녀를 도깨비로부터 구해 내는 상상을 했다. 하지만 어디까지나 상상일 뿐, 상상을 실천에 옮기는 대신 나는 굳은 결심을 했다. 그 선배들은 모두가 하나같이 명문대에 합격한 선배들이었기 때문이다.

'그래, 내가 바로 저 모습이 되어야 한다. 내가 지금은 비록 찌질하지만 멋진 대학생이 되어 돌아와서 저 후배에게 정말 당당하게 고백을 해야겠다.'

그날 이후 나는 정말 열심히 공부했다. 교탁 앞 맨 앞자리는 늘 내 지정석이었다. 처음엔 공부를 잘해 보고자 스스로 그곳에 앉았다. 그곳에선 어떤 딴짓도 할 수 없다. 오직 공부만 해야 하는 자리였다. 대신 그만큼 집중도 잘되고 질문하기도 편한 자리이기도 하다.

나중엔 아무도 선생님 바로 앞자리에 앉으려고 하지 않아 그 자리 말고 다른 자리에 앉을 수가 없었다. 반 친구들은 자리를 놓고 제비뽑기를 하곤 했는데, 맨 앞자리는 성태 자리라고 따로 빼놓기 시작했다.

이랬던 나지만 어떤 시간만 되면 맨 뒷자리 창가 쪽에 있는 친구와 자리를 바꿨다. 수업 시간에 한 자도 놓치지 않기 위해 집중했지만, 이 한 시간 동안만큼은 수업을 전혀 듣지 않았다. 내가 좋아하는 그 후배는 2학년 7반이었고 난 그 반 시간표를 거의 외우고 있었다. 내가 자리를 바꾼 시간은 바로 그녀의 체육시간이었다.

좋아하는 사람이 생기면 늘 보고 싶은 법이다. 그렇다고 길거리를 가다 우연히 마주친 그 후배를 쫓아다니면서 빤히 보고 있으면 어떻게 되겠는가. 변태나 미친놈이라 여기고 도망가 버릴지도 모른다. 하지만 건물 4층에서 보는 것은 안전하다. 운동장에서 체육수업을 하는 후배가 나를 볼 가능성은 전혀 없으니까. 그 한 시간 동안은 수업도 듣는 둥 마는 둥 창가 옆에 앉아서 오로지 창밖만 쳐다봤다.

중요한 건 그 이후다. 짝사랑하는 후배의 체육시간이 끝나면 다시 제자리로 돌아왔다. 그런 날은 더 미친 듯이 공부했다. 눈에서 레이저를 쏠 기세로 하루 종일 책을 들여다봤다.

뜬금없이 왜 고등학교 시절의 짝사랑 이야기를 하는지 의아할 것이다. 내가 공부를 열심히 할 수밖에 없었던 이유를 말하고 싶었다. 나는 당시 분명한 꿈이 있었다. 명문대에 진학해 당당하게 사랑하는 후배 앞에 나타나 사랑을 고백하고 싶었다. 가슴에 사무치도록 간절한 꿈이 있었기에 치열하게 공부할 수밖에 없었다.

이제 여러분들께 묻고 싶다. 하다못해 이런 짝사랑이라도, 간절한 꿈이 있는지 말이다. 공부를 왜 하냐고 물어보면 거의 대부분 비슷한 대답을 한다. 마치 답이 정해져 있는 것처럼.

"없어요."

"잘살려고요."

"대학 가려고요."

"엄마가 시켜서요."

직업을 이유로 대답하는 사람들도 많다. 직업 중에서도 의사, 변호사, 판사, 검사, 선생님, 공무원 중 하나인 경우가 태반이다. 학생들 탓만은 아니다. 언제부터인가 우리나라에서는 '꿈=직업'이 되어 버렸다. 직업을 통해 꿈을 실현할 수도 있지만 과연 꿈이 직업이어야 할까? 꿈이 곧 직업이라면 원했던 직업을 갖게 되면 꿈은 이룬 것일까?

"엄마가 공무원 하면 안정적이고 편하다고 해서 공무원 하려고요."

이게 어떻게 꿈이란 말인가? 꿈은 간절해야 진짜 꿈이다. 공무원이 꿈이라고 말하면서 정작 공무원이 무슨 일을 하는지는 대부분 모른다. 알지도 못하면서 공무원이 꿈이라고 말한다. 그러니 간절하기가 어렵다.

진짜 꿈은 간절하고 마음을 설레게 하고 꿈을 향해 움직이도록 만든다.

만약 현재 자신의 꿈이라고 믿고 있는 꿈이 간절하지도, 설레지도, 저절로 움직이게 하지도 않는다면, 그건 진짜 꿈이 아니다. 스스로 꿈이라 속이고 거짓말을 하는 것이다.

꿈이라고 표현하니 괜히 거창해 보이는 것 같다. 굳이 꿈이라 말하지 않겠다. 여기서 말하는 꿈은 공부를 해야 할 이유로 이해하면 된다. 공부를 끝까지 포기하지 않고 열심히 할 수 있으려면 공부해야 할 분명한 이유가 있어야 한다. 아무 이유도 없이 하라고 하니까 공부하고, 혼날까 봐 공부한다면 공부가 잘될 리도, 재미있을 리도 만무하다.

공부는 힘들다. 입시는 지옥 같다. 어떤 날은 책을 찢고 싶을 때도 있다. 다 던져 버리고 포기하고 싶을 때가 한두 번이 아니다. 그렇기에 공부하는 이유가 확실히 있어야 한다. 열심히 공부한 이후의 모습이 선명히 그려져야 한다.

나는 그려졌다. 공부가 힘들어 포기하고 싶을 때, 진짜 멋진 대학생이 돼서 그 후배를 찾아가는 상상을 하곤 했다. 나도 선배처럼 빨주노초파남보 총천연색으로 염색하고 학교로 찾아가는 것이다. 옷도 다 찢어지다 못해 걸레 같은 옷을 입고, 한 손에 꽃을 들고 교문 너머에 있는 그녀에게 다가간다. 양쪽엔 후배들이 일렬로 서 있고 꽃비가 내리고 배경음악으로 캐논 변주곡이 흐른다. 그리고 그녀에게 말한다. 오빠가 너를 위해 돌아왔노라고. 이런 상상을 하면 자리에 앉아 공부를 다시 할 수밖에 없었다.

꼭 거창한 꿈이 아니어도 된다. 심지어 이런 짝사랑조차도 공부할 이유가 될 수 있다. 무엇이든 꿈이 될 수 있다. 유엔 사무총장이 되어 인류 평화와 복지를 위해 희생하는 것만이 꿈일 필요는 없다. 여러분의 가슴을 뛰게 만들고 생각만 해도 간절해지고 그래서 여러분을 행동하거나 참게 만들면 그것이 멋진 꿈이다. 그런 꿈이 있다면 공부는 자연스럽게 하게 된다.

혹시라도 공부를 하지 않아도 되는 꿈이면 어떻게 하냐고? 그런 경우는 지금껏 없었다. 세상에 배우지 않고 이룰 수 있는 꿈은 없다. 정말 눈곱만큼이라도 무언가를 이루려면 능력이 있어야 한다. 그러면 공부는 필수다.

그들은 당신의 성공을 원치 않는다

"내가 들었는데 네가 하고 싶다는 그거 무지 어렵대, 어떻게 하냐. 안될 것 같은데."

"네가? 네가 그 대학을 가면 우리 학교 전교생이 다 가겠다."

어렵게 꿈을 찾고 도전하는 과정에서 이런 소리를 한 번쯤은 들을 수 있다. 친구는 물론 선배나 심지어 선생님께 이런 말을 듣기도 한다. 특히 꿈이나 목표가 원대하거나 현재 여러분의 위치가 보잘것없다면 더 그렇다.

기껏 꿈을 이루기 위해 공부를 시작했는데, 이런 이야기를 들으면 맥이 빠질 수도 있다. 하지만 그럴 필요 없다. 이런 이야기를 하는 사람들에게는 공통점이 있다. 그들은 꿈이 없다. 자신에게 간절한 꿈이 있는 사람은 남의 꿈도 얼마나 소중한 것인지 안다. 함부로 다른 사람의 꿈을 폄하하거나 이룰 수 없을 것이라 말하지 않는다. 또한 그들은 여러분들의 성공을 바라지 않는다. 그들 자신은 꿈이 없고, 성공하지 못했기 때문이다. 자신은 못했지만 다른 사람이 잘되는 것을 보면 상대적으로 더 불행해진다. 혹여라도 여러분이 성공할까 봐, 그것이 두려워 여러분이 꿈을 갖고 도전하는 것을 경계한다.

진정 이루고 싶은 꿈을 정했고, 목표가 분명하다면 주변의 이런 소리는 무시해도 좋다. 안 되는 건지는 직접 해 보고 판단하면 될 일이다. 가능하다면 그들의 이야기를 원동력 삼아 꿈을 이룰 수 있다는 것을 보여 주면 더 좋다. 사람의 능력은 고정되어 있지 않다. 공부를 열심히 하면 얼마든지 일취월장할 수 있다. 능력이 부족해 할 수 없을 것이란 발언이 사실이 아님을 직접 보여 주면 된다.

지금 바로 행동으로 보여 줄 수 있다. 교실 맨 앞자리로 가 선생님의 말씀을 단 한 글자도 놓치지 않겠다는 기세로, 선생님이 부담을 느낄 정도로 수업에 집중해 보라. 하루도 빼놓지 않고 복습하고 질문하고 부족한 부분이 있으면 열 번이고 스무 번이고 반복하여 외워 버리면 된다.

당장 입증하기 어렵다면 소중한 나의 꿈을 부정하는 사람들을 멀리하는 것도 좋다. 대신 꿈이 있고 서로의 꿈을 존중해 주고 서로에게 자극이 될 수 있는 그런 친구들을 가까이할 것을 권한다. 열정과 긍정 또한 쉽게 전염되기에 서로가 서로에게 큰 힘이 되어 줄 수 있다.

물론 살다 보면 주변 이야기를 들어야 할 때도 있다. 주변에서 안된다고 하면 아무리 소중한 꿈이라도 다시 생각해 보고 다른 길을 찾아야 할 때도 있지만 학생은 다르다. 학생의 본분은 공부다. 공부를 열심히 해 꿈과 목표를 이루겠다는데 그게 불가능하다고 하는 사람은 분명 정상이 아니다.

나는 여러분의 꿈을 응원한다. 세상 모두가 안된다고 해도 최소한 나는 그리고 공신은 여러분의 이야길 들어줄 준비가 되어 있다. 그러니 쫄지 마라. 언제까지나, 지금까지 그래왔듯이 항상 여러분의 곁에 있을 것이다.

꿈은 곧 도전이다

/

"왜 공신을 하시는 건가요?"

"강성태 씨는 돈 벌 기회도 많았잖아요. 대체 왜 힘든 길을 갑니까?"

공신닷컴을 운영하면서 가장 많이 받은 질문 중 하나다. 나는 대학 시절 봉사 동아리로 공신을 시작해 창업했다. 지금까지 내 삶은 공신 빼고는 이야기할 것이 별로 없을 정도다.

다른 일을 할 수도 있었다. 원래 전공은 공학이다. 공대를 졸업한 후 취업을 하거나 유학을 가거나 고시 공부를 할 수도 있었다. 다른 기회들도 적지 않았다. 2008년 즈음에는 온라인 교육시장 붐이 일어났다. 메가스터디라는 회사가 코스닥에 상장되어 시가총액이 1조를 넘던 시절이 있었다. 동네 학원은 물론 외국계 자본도 너도나도 교육시장에 뛰어들 때였다.

당시 방송 덕분에 대한민국에 공신을 모르는 학생이 거의 없는 상황이었다. 그러니 시장에 진출하려는 거의 대부분의 업체가 함께 일하자는 제안을 했다. 수억 원의 금액을 제시하며 공신 사이트와 상표를 넘겨받기를 원했다. 10억 원을 제안한 곳도 있었다.

국회의원을 뽑는 총선에서 모 정당의 후보 제안을 받기도 했다.

100퍼센트 당선을 보장했다. 다른 정당에선 최고위원이라는 직책을 제안했다. 나는 이 모두를 거절했다. 이런 나를 두고 사람들은 '철부지가 세상을 모른다', '기회를 놓쳤다', '바보 같다'고 입을 모았다. '바보 CEO'란 별명도 이때쯤 붙었던 것 같다(『공부의 신, 바보 CEO 되다』라는 책의 제목은 '공부의 신, 미친 CEO 되다'가 원안이었다. '미친놈' 보다 '바보'가 낫다는 주위의 제안으로 제목을 고쳤다).

남들이 말하는 좋은 기회를 버리고 공신을 고집한 단 하나의 이유가 있다. 처음엔 그저 어렴풋했다. 소소한 재미도 있었지만 힘들다는 생각이 더 컸다. 물론 보람을 느낄 때도 있었다. 가끔씩 설레는 감정이 아지랑이가 피어나듯 나타났다가 이내 사라지기도 했다. 하지만 시간이 갈수록 분명해지기 시작했다. 그리고 어느 순간부터는 이것을 꿈이라고 말하는 나를 발견했다.

이제 나는 당당하게 말한다. 나에게는 꿈이 있다고. 그 꿈을 이루고자 지금껏 쉴 새 없이 달려왔다. 나의 청춘을 바친 하나의 꿈. 그리고 내 인생을 걸고 있는 비전이다. 이 꿈을 이루기 위해 소셜벤처 공신을 창업했다. 지금의 모든 활동이 이 꿈을 이루기 위한 시도이다.

'빈부와 지역에 상관없이 (대한민국) 모든 학생들에게 공신 멘토 한 명씩을 만들어 준다.'

바로 이것이 나의 꿈이다. 정말 멋지지 않은가? 모든 학생들에게 멘토가 있다니. 그래서 그 누구도 혼자가 아니다. 나를 지지해 주고 나의 성공을 함께해 주는 멘토가 있다는 것. 수도 없이 보고 말하고 다니는 꿈이지만 여전히 멋지다. 아직까지 이보다 더 가치 있는 일을 난 찾지 못했다.

처음 꿈을 찾은 날. 이 단 하나의 문장에 도전하기로 한 그날 이후 단 하루도 이 문장을 머릿속에서 놓아 본 적이 없다. 나의 방은 물론 노트, 컴퓨터, 이메일 서명은 물론 사무실에 들어갈 때도 액자로 붙어 있어서 안 보려야 안 볼 수가 없다. 강연을 할 때도 이 꿈을 말하고 인터뷰를 할 때도 내 꿈을 말한다. 어떤 날은 하루에 백번도 넘게 보고 듣고 말할 때도 있다.

나도 안다. 이것은 불가능에 가까운 꿈이라는 것을. 어떻게 모든 사람들에게 멘토를 만들어 주겠는가. 현실적으로 너무도 어려운 일이다. 하지만 그래도 괜찮다. 결과를 떠나 도전 자체가 내게는 큰 의미이기 때문이다. 그것을 멈추지 않는다면 나는 늘 꿈 안에 사는 사람인 것이다. 나는 내 삶의 마지막 순간에도 길지 않은 인생 멋지게 살았노라 웃음 지을 수 있을 것 같다.

간절한 꿈은 그 자체로 소중하다. 사랑에 빠져 본 적이 있는가? 진정 사랑에 빠지면 가끔 소유를 초월하기도 한다. 그와 연인이 되지 않아도 좋을 수 있다. 그저 바라만 봐도 좋다. 심지어 그냥 이 세상, 같은 시대에 같은 하늘 아래 숨을 쉬고 있는 것만으로 행복을 느낄 수 있다.

꿈도 마찬가지다. 꿈을 꾼다는 것만으로도 축복이다. 꿈이 있어 도전하고, 꿈을 이루기 위해 열심히 공부했다면 만에 하나 꿈을 이루지 못한다 해도 후회가 없다. 그러니 모두들 간절히 꿈꾸고 결과를 두려워하지 말고 도전하길 진심으로 바란다.

노력은 포기로부터 시작된다

나는 공부하는 기계다
공부를 위해 포기했던 것들
나를 버리면 천하를 얻는다
모든 성공의 제1원칙, 기회비용
세상에 공짜는 없다

당신은 왜 유혹의 노예가 되었나요?

공부하려면 유혹거리부터 없애라
서서히 끊겠다는 것은 새빨간 거짓말이다
인간다운 삶을 포기하라
당장 시작하지 않으면 절대 변하지 않는다

변명은 이제 그만!

공부 잘하는 것들은 왜 재수가 없는가
핑계 대지 말고 너 자신을 알라
내 탓임을 인정하면 삶이 바뀐다

대단한 각오보다 습관을 만드는 것이 중요하다

공부는 '그냥' 하면 될 일이다
플래너가 필요 없는 자들
몸짱이 공부보다 쉽다

공신은 실수하지 않는다

모든 것은 단 한 번의 시험으로 결정 난다
컨디션 조절도 시험 과목이다
실수로 틀렸다? 그건 아마추어란 뜻이다

Part2

공부는 노력으로 시작해 노력으로 끝난다

노력은
포기로부터 시작된다

나는 공부하는 기계다

'나는 공부하는 기계다.'

고등학교 3학년, 1년 동안의 시간을 대변할 수 있는 단 하나의
문장이다. 아직도 생각난다. 필통을 열면 이 문구가 제일 먼저 눈
에 들어왔다. 나만 볼 수 있는 공간이었다. 펜을 꺼낼 때마다 이 문
구를 보며 생각을 지우고 나를 지우고, 공부하는 기계가 되려 노력
했다.

물론 나도 남들처럼 멋있는 나만의 좌우명을 적어 보려고 노력했다. 그러나 아무리 생각해도 1년 동안 공부에 모든 에너지를 쏟기로 한 내 결심을 표현할 수 있는 더 적절한 말은 찾으려야 찾을 수가 없었다.

초중고 시절을 거치며 나는 나를 조금이나마 알게 됐다. 강성태라는 인간은 나약하기 짝이 없다. 수도 없이 유혹에 굴복당했다. 마음을 잡기도 했지만 잠깐뿐이었다. 끈기가 부족했으며 공부를 하려고 하면 머릿속에 금방 잡념이 가득하곤 했다.

나 자신을 통제하지 못해 무너지고 좌절한 날이 얼마나 많았던가? 주말 하루 날을 잡아 공부 계획을 세워도 30분을 채 못 넘기고 TV를 켜고 들락거리기 일쑤였다. 당장 내일이 시험인데도 마음은 PC방에 가 있고 게임 전략을 구상하기에 바빴다. 나 자신을 조금도 컨트롤하지 못하고, 갈대처럼 이리저리 휘둘리는 게 나였다. 유혹에 굴복하고 한껏 놀고 나면 스스로가 한심하게 느껴지고, 죄책감이 밀려왔지만 그것도 그때뿐이었다.

'이럴 바엔 차라리 생각을 없애는 게 낫다. 아무 생각도 할 수 없는 기계가 되는 것이다. 기계는 놀고 싶어 하지도 않고 심통을 부리지도 않는다!'

스스로를 통제하지 못하는 자신을 질책하다 결국 기계가 되어 생각을 하지 않기로 작정했다. 생각을 지운다면 놀고 싶다는 생각도 사라질 것이다. 뿐만 아니라 불안함도 좌절감도 결국 내 머릿속에 들어 있는 것이 아닌가? 그러니 그냥 생각 자체를 하지 말자, 혹여 나도 모르는 사이에 생각이 머릿속에 비집고 들어오려고 하면 애초에 그 싹을 지워 버리자고 결심했다.

앞으로 남은 1년간의 수험생활로 얼마나 좋은 결과를 얻을지는 솔직히 모르는 일이었다. 하지만 참을 자신은 있었다. 공부가 아무리 날 무너뜨려도 그저 묵묵히 버티는 건 할 수 있었다. 소위 일진 친구들에게 노리개처럼 맞고 다닐 때도 버텨 내지 않았던가. 그저 이 악마 같은 시간이 지나가길 바라며 참는 것은 할 수 있다고 마음을 다잡았다.

공부를 위해 포기했던 것들

/

기계가 되어 아무 생각 없이 공부만 하기로 마음먹은 후 가장 먼저 게임을 끊었다. 중3 기말고사가 끝난 이후 고등학생이 되기 직전까지 나는 게임에 완전히 정신을 놓아 버렸다. 한번 잡으면 새벽 4시가 넘어서 끝날 때가 비일비재했다. 고등학교 들어가서도 쉽게 게임을 끊지 못했다. 부모님이 나가시면 늘 컴퓨터를 켰다. 한참을 하다 현관 쪽에서 소리가 들리면 번개같이 강제 종료시키고 책상에 앉아 졸린 척 하품을 하며 공부하는 시늉을 하곤 했다. 전자동 오토매틱 시스템이었다. 이런 대회가 있었다면 나는 분명 동메달 안에는 들었을 것이다.

나같이 공상 잘하는 사람에게 게임은 쥐약이다. 게임에 등장하는 캐릭터를 가지고 이런저런 상상을 하다 보면 어느새 머릿속은 각종 공상으로 가득하다. 한번 그렇게 공상에 빠지면 마치 블랙홀에 빨려 들어간 것처럼 헤어 나오지 못했다. 눈만 뜨면 게임의 전략들이 상상의 나래를 펼치고 컴퓨터가 켜지기만을 기다렸다. 그럴 때마다 인간이 아닌 기계라 생각하며 잡념을 떨쳐 냈다.

TV도 끊었다. 만화도 접었다. 아니, 솔직히 말하면 만화는 완전히 접지 못했다. 모의고사나 학교시험이 끝나는 날 딱 하루는 만화를 봤다. 그다음 날부터는 만화는 꿈도 꾸지 않았다. 다행히 만화는 게임만큼 중독성이 강하진 않았다. 컴퓨터로 만화를 보진 않았고 주로 만화방에서 보거나 빌려 봤기 때문이다. 만화방에서 밤을 샐 수도 없고, 집으로 만화책을 빌려 오더라도 다보면 끝이 났다. 또한 만화도 나름 독서의 범주에 포함되어 공부 패턴을 크게 해친다는 생각이 들지 않았던 것도 사실이다.

말도 줄였다. 나는 원래 산만했고, 어릴 때도 말이 많았다. 대부분 영양가 없는 말들이었다. 말을 많이 하면 지치고 집중하기가 쉽지 않은 것을 전부터 느끼고 있었다. 말을 줄이고 말을 꺼낼 때마다 내가 꼭 해야 하는 말인가 한 번 더 생각해 보기로 했다.

며칠 동안 해 보니 그동안 얼마나 쓸데없는 말을 많이 하고, 남들에게 해서는 안 될 참견을 많이 하며 살았는지를 느낄 수 있었다. 말로 스트레스를 해소한다는 친구도 있었지만 내 경우는 아니었다. 말을 줄이니 오히려 스트레스를 덜 받는 것 같았다.

옛날 전쟁터에 나가는 장수들은 전투 전에 말을 하지 않았다고 한다. 집중력이 떨어지고, 에너지를 빼앗기기 때문이다. 공부도 전쟁과 다름없다. 내가 무찔러야 할 적군은 수도 없이 밀린 개념들과 문제, 교재들이었다. 나는 마치 장수처럼 말을 줄였다.

음악을 듣는 것도 줄였다. 음악을 들으며 공부하면 잘될 때도 있었다. 음악에 신경 쓰지 않으려고 하다 보면 주변의 시끄러운 소음이 차단되고 오히려 음악 말고 책만 보게 되니 집중이 잘됐다. 하지만 항상 그렇지는 않았기 때문에 되도록 가사가 없고 집중이 잘되는 클래식 음악을 듣곤 했다. 그것도 나중에는 귀마개를 활용했다. 귀마개를 꽉 줄여서 귀에 넣으면 팽창해서 거의 소리가 들리지 않아 집중하는 데 큰 도움이 되었다. 나는 요즘도 집중할 때는 귀마개를 사용한다. 글을 쓰는 지금도 귀마개를 꽂고 있다.

친구도 줄였다. 솔직히 고백하면 난 고3 시절 기억이 없다. 우리

반에 무슨 일이 있었는지도, 어떻게 시간이 흘러갔는지도 잘 모르 겠다. 그저 내 삶엔 공부 말고는 없었다. 그래도 고3이 되기 전까 지 친구들도 많이 사귀고, 동아리, 학생회 등을 비롯한 학교 활동 을 많이 해서 그런지 미련도 별로 없었다. 친구를 사귀는 것도, 학 교 활동도 대학에 간 후 해도 충분하다고 생각하며 학생회와 동아 리 활동을 모두 줄였다. 사실상 그만뒀다.

그동안 끊임없이 공부를 방해했던 잡념도 끊기로 했다. 잡념은 나의 가장 큰 문제였다. 나는 나도 모르게 잡다한 생각을 할 때가 많아서 쉽게 끊을 수 있을 것 같지가 않았다. 하지만 게임, 만화 같 은 잡생각의 근원들을 대부분 끊자 신기하게도 잡념에 빠져 있는 시간이 갈수록 줄어들었다.

괜히 잡생각이 찾아오는 게 아니었다. 내가 무엇을 했느냐에 따 라 아예 없을 수도 있고 머릿속이 폭발하기 직전의 수준이 될 수도 있다. 결국 잡생각은 내가 불러오고 내가 키우는 것임을 깨닫고, 잡생각이 날 만한 것들은 아예 접하질 않았다.

식사도 줄였다. 저녁을 먹은 이후 자습 시간에 나의 눈빛은 늘 성태가 아닌 동태의 눈이 되곤 했다. 흐리멍덩하게 앉아 혼미해지 는 정신을 겨우 붙들고 있다 결국 놓아 버리기를 반복했다. 잠과의 싸움에서 난 늘 패자였다.

'학교에서 급식에 수면제라도 타는 것 아닌가. 도대체 왜 이렇게 잠이 쏟아지는 거지?'

결국 원인을 발견했다. 바로 저녁식사. 늘 폭식하던 저녁식사가 졸음과 집중력 저하의 원인이었다. 그날 이후로 나는 식사량을 거의 절반으로 줄였다. 밥을 먹다 배고픔이 사라지면 바로 수저를 내려놓고 남은 음식을 모두 버렸다. 내 뱃속에 조금이라도 음식을 더 넣고 싶은 폭식의 욕구를 억제하고자 노력했다. 결과는 기대 이상이었다. 포만감이 사라지니 생각보다 집중력에 큰 변화가 왔다. 졸지도 않고 또렷한 정신으로 공부할 수 있었다.

당연히 군것질도 멀리했다. 군것질을 하면 제때 제대로 된 식사를 하지 못한다. 몸이 가볍지가 않다. 소화가 잘 안 되면 집중력도 떨어진다. 게다가 군것질을 끊으니 돈도 아끼고, 시간도 절약할 수 있어 일석삼조가 따로 없었다.

그리고 가장 중요한 점은, 안 될 것이란 부정적인 생각을 떨쳐버리기로 했다는 것이다. 늦었다는 생각도 하지 않기로 했다. 뒤늦은 후회와 탄식은 전혀 도움이 되지 않는다. 상황을 좋게 바꾸지도 못하고, 마음만 괴롭힐 뿐이다.

공부를 방해하는 훼방꾼들을 하나씩 끊으면서 희망이 생겼다. 아직 상황이 그렇게 절망적인 것도 아니었다.

더 늦기 전에 정신 차렸으니 된 것 아닌가. 남은 기간 동안 죽음을 각오하고 해 본다면 뭔들 못 하겠느냐는 오기도 생겼다.

나를 버리면 천하를 얻는다

하고 싶은 것을 참고 포기한다는 것은 쉬운 일이 아니다. 게임, 만화, 군것질, 음악 등 공부에 방해되는 것들을 포기하기로 마음먹었지만 여전히 그들은 유혹적인 존재들이었다. 유혹은 강했지만 참는 방법은 간단했다. 일부러 다른 생각을 했다. 마치 기계처럼 생각 자체를 하지 않거나 공부를 방해하는 생각이 들면 단 1초의 틈도 주지 않고 즉시 다른 생각을 하려고 애썼다. 그대로 놔두면 잡념은 순식간에 독버섯처럼 자랄 테니까 말이다. 어물어물하는 사이 한 시간이 그냥 가 버릴 수도 있으니 시작되기 전에 싹을 자르려고 노력했다.

게임 생각이 나면 연습장에 영어단어를 미친 듯이 썼다. 그렇게 한참을 쓰다 보면 잊었다. 너무 힘들어 포기하고 싶을 때는 소리 내서 책을 읽거나 일부러 친구한테 모르는 걸 물어봤다. 그러면서 참았다. 우습게 보일지 모르겠지만 이것이 나의 절제 비결이었다.

많은 것을 포기하고 공부만 하는, 참으로 무미건조한 생활이 이어졌다. 무척 힘들었지만 나는 절규하듯 하루하루 공부를 계속했다.

'나를 잊어야 한다. 나는 없다. 나의 감정을 지우자'

하루에도 몇 번씩 나를 버려야 한다고 속으로 외쳤다. 공부하는 그 순간에는 나라는 존재마저도 잊어야 한다. 어쩌면 한 인간으로서의 개성과 자유를 나 스스로가 포기한 것일 수도 있다. 하지만 나는 그곳에서 진리를 찾았다. 나를 버리니 오히려 내가 다른 무언가로 채워졌다. 숨 막힘 뒤에 찾아오는 쾌락이 있었다. 하루하루 성장하고 있다는 뿌듯한 느낌이 들기 시작했다.

놀고 싶은 것, 먹고 싶은 것을 포기하는 데서 그치지 않고 자신까지 잊어야 한다고 하면 거부감이 들지도 모르겠다. 아무리 공부가 중요해도 너무 비인간적이라고 비난할 수도 있다. 하지만 수험생활은 누구에게나 지독할 정도로 단조로움과 지루함의 연속이다. 그것이 당연하다. 이런 생각이 든다면 오히려 제대로 공부하고 있다고 생각하면 된다.

숨 막힐 정도로 단조로운 생활을 이겨 내려면 생각도 단순해질 필요가 있다. 결과에 대한 걱정이나 불안감도 떨쳐 버리고, 사사로운 복잡한 생각과 감정도 없애야 한다. 그러려면 차라리 나라는 존재를 버리고 스스로 무쇠로 된 기계를 자처하는 것도 나쁘지 않다.

정말 하나에 미치고자 한다면 이런 생각을 갖는 것이 도움이 된다. 내 생각을 내가 컨트롤하는 것이다.

나는 이제 모든 것이 마음속에서 나온다고 믿게 됐다. 놀고 싶고, 포기하고 싶다는 생각도 다 마음속에 있다. 결국 마음을 다스릴 수만 있다면 못 할 것이 없다. 물론 마음을 다스리기란 쉬운 일이 아니다. 하지만 불가능한 일은 더더욱 아니다. 나도 처음에는 자신도 제어하지 못하는 구제불능 못난이라 자책했다. 그랬던 내가 지금은 수많은 시행착오와 피나는 노력 끝에 나를 버리고 스스로를 제어할 수 있는 사람이 되었다.

'나를 버리면 천하를 얻는다'는 말이 있다. 이 말처럼 언젠가 얻게 될 그 무언가를 떠올리며 나를 지워 내고 또 지워 냈다. 내가 이루고자 하는 것을 얻어 낼 수 있다면 앞으로 1년간 기계가 돼도 상관없다는 마음으로 나를 버렸다.

무아지경(無我之境), 말 그대로 내가 없어지는 지경에 이를 때까지 나를 버리고 공부하는 기계가 되었다. 어찌 보면 너무 삭막한 것 같지만 나를 버리는 작업은 역설적으로 나라는 존재가 세상에 살아 있음을 알리는 몸부림이자 내 의지의 표상이었다. 나를 이기는 주문과도 같았다.

"최선을 다했다는 말은
스스로를 감동시킬 수 있을 정도로 노력했을 때만 쓸 수 있다"

모든 성공의 제1원칙, 기회비용

/

'기회비용'이라는 것이 있다. 중학생 이상이라면 기회비용의 의미를 알 것이다. 기회비용이란 '여러 가능성 중 하나를 선택했을 때 그 선택으로 인해 포기해야 하는 가치'를 뜻한다. 즉 한 가지를 선택했을 때 포기해야 하는 것을 의미하는 경제학 용어다. 손에 천 원을 쥐고 있다면 그것으로 천 원짜리 빵을 살 수 있다. 대신 빵을 사면 천 원짜리 아이스크림은 사 먹을 수가 없다. 이것이 기회비용이다.

이 기회비용의 원칙은 세상 모든 일에 적용된다. 사람으로 태어난 이상 모든 것을 가질 수는 없다. 무언가를 얻고자 한다면 한 가지는 포기해야 한다. 공부도 마찬가지다. 좋은 성적을 얻고자 한다면 당연히 무언가를 포기해야 한다. 그것이 스마트폰일 수도 있고, 이성친구일 수도 있다. 내게는 그것이 게임, 말, 잡념 등이었다. 특히 잠도 못 줄이고 체력도 약한 나는 많은 것을 포기해야 했다.

우리는 대개 욕심이 많다. 놀 것 다 놀고, 하고 싶은 것 다 하면서 공부도 잘하고 싶어 한다. 어리석게도 그게 가능하다고 믿는다. 하지만 다 가질 수 있는 방법은 없다. 많이 얻고자 한다면 많이 버릴 줄 알아야만 한다.

나 또한 마찬가지였다. 공부를 얻기 위해 많은 것을 버렸다. 가

장 확실히 말해 줄 수 있는 건 내가 필통에 공부하는 기계가 되자
고 적지 않고, 또 기계처럼 공부하지 않았더라면 지금의 나는 없다
는 것이다.

"강성태 공신님, 다시 돌아올 수 없는 젊은 시간이라면서요. 공
부만 하며 보낼 순 없어요."
"형, 행복은 성적순이 아닌데, 저는 그렇게 살기 싫습니다. 멋지
게 살고 싶다고요."

공부를 하려면 포기할 줄도 알아야 한다고 말하면 이렇게 반박
하는 친구들도 있을 것이다. 당연하다. 냄새나는 교실에서 지겨운
공부를 해야 하는 게 답답할 것이다. 이팔청춘 꽃다운 시절 책상
앞에서 썩고 있는 게 짜증 난다. 주변을 보니 친구들도 다 비슷하
다. 심지어 옆을 돌아보니 못생긴 친구들뿐이다. 시궁창 같은 곳에
서 썩어 가는 느낌이 들고, 공부만 하는 것이 억울하고 화가 날 수
있다. 공부만 하지 않고 놀고 싶은 것 다 놀고, 먹고 싶은 것 다 먹
고, 멋진 연인과 사랑하면서 멋지게 인생을 살고 싶을 것이다.
　사람마다 생각하는 멋진 삶의 모습은 제각각 다르다. 하지만 공
부하지 않고 마음껏 놀 수 있는 삶이 과연 멋진 삶일까? 나 또한
여러분에게 공부만을 강요하고 싶지 않다. 꼭 입시 공부를 해야만

성공하는 것도 아니고 다른 길을 택할 수도 있다. 그렇지만 한 가지는 기억해야 한다. 바로 기회비용의 원칙이다. 어떤 분야에서 무엇을 하든 기회비용의 원칙은 언제나 적용된다.

세계적인 스타나 운동선수를 보면 감탄이 절로 나올 것이다. 아이돌 가수들 참 멋지다. 우리는 이런 스타에 열광한다. 하지만 이것 하나만 아주 잠깐 생각해 보자. 그들이 그 자리에 오르기까지 얼마나 많은 것을 포기하고 참았을까? 상상할 수조차 없다.

김연아 선수는 운동을 위해 정상적인 학교생활도 포기했다. 온갖 척추질환에 시달리고, 한 방향으로 회전하는 연습을 많이 하다 보니 발목의 두께가 다를 정도다. 박지성 선수는 어떤가. 그의 무릎은 숱한 수술로 거의 장애에 가까운 상태다. 김연아 선수와 박지성 선수 모두 놀고 싶은 것, 하고 싶은 것은 물론 심지어 자신의 건강까지도 일정 부분 포기했다.

화려하게만 보이는 아이돌 가수들도 다르지 않다. 우리는 그들을 보면서 환호하고 그들의 멋진 인생을 부러워한다. 그 위치에 가기까지 어땠을까? 어린 시절부터 혹독한 연습생 과정을 거친다. 사생활도 없고 친구 관계도 상당 부분 포기하고, 철저한 다이어트로 음식도 물론 포기해야 한다. 게임은 물론 인터넷의 유혹에도 넘어가면 안 된다. 데뷔할 때까지 교실에서와는 차원이 다른 피 말리는 경쟁에서 살아남아야 한다. 데뷔하고 나면? 그때부터는 더 치열하게 피 튀기는 경쟁이 시작된다.

그들은 거저 얻은 것이 아니다. 포기한 만큼 얻었다. 그 과정이 지옥 같았겠지만 그 과정을 두고 '당신 왜 이렇게 살았어? 하루 10시간씩 연습했다니 당신 인간이야?' 이렇게 욕하는 사람은 없다. 다들 박수를 보낸다. 오히려 예능 프로에서 많은 것을 포기하고 지독하게 노력한 이야기를 들으면 우리는 소름이 돋을 정도로 감동하고, 진심으로 그들의 팬이 되곤 한다.

아마 지금 여러분 중 누군가는 냄새나는 교실에서 썩고 있는 자신을 두고 한심하다고 한탄하고 있을 것이다. 하지만 우리도 마찬가지다. 이 순간을 참을 수 있어야 언젠가 박수를 받을 수 있다.

나비의 날갯짓이 꽃처럼 아름다운 이유는 거름 같은 땅속 흙구덩이를 오랜 시간 꿈지럭대며 기어 다녔기 때문이다. 새벽 아침 어느 이름 모를 꽃이 청초하게 꽃망울을 터트릴 수 있었던 것은 지난 밤 태풍을 견뎌 냈기 때문이다.

여러분 또한 반드시 훨훨 날아다닐 날이 올 것이다. 오히려 이 세상이 여러분들께 좁게 느껴질까 난 그게 걱정이다. 다만 지금은 그때를 위해 누구도 그다지 알아 주지 않는 공간에서 혼자만의 지루한 싸움을 해야 한다.

명심하길 바란다. 자신의 꿈을 위해 그리고 그것을 이루기 위해 다른 것들을 포기하고 꿈에 매진하는 것은 한심한 일이 아니다. 이 세상에서 가장 멋진 일이다.

자, 여러분은 무엇을 포기하겠는가? 그리고 포기할 준비가 되었는가? 나머지 자질구레하고 사소하고 잡다한 것들을 포기하는 것은 슬픈 일이 아니라 진정 멋진 일이다. 내 꿈을 위해 다른 것들을 포기하고 하나에 매진하는 것. 세상에 그것만큼 멋지고 결단력 있는 일도 없다.

세상에 공짜는 없다

/

옛날 어느 왕이 살았다. 왕은 백성들을 위한 선정을 베풀었고 백성들 사이에 칭송이 자자했다. 백성을 잘살게 하고 싶었던 왕은 어느 날 기발한 생각을 하게 된다.

'백성들을 잘살게 하려면 성공하는 방법을 알려 주면 된다!'

백성들이 그 방법을 알면 모두가 성공하여 잘살 수 있을 거라 믿은 것이다. 왕 스스로도 성공의 원칙을 깨닫고 싶었다.

"성공에 대한 모든 비결들을 조사하라!"

나라의 모든 학자들을 한군데 모아 연구를 시작했다. 학자들은
어명을 받들어 밤낮없이 자료를 조사하기 시작했다. 동서고금, 국
내 국외를 통틀어 모든 정보를 한곳에 모았다. 하지만 문제가 있었
다. 수천, 수만 권의 책으로 정리는 하였지만 너무 방대한 양이라
왕조차도 그 안에 무슨 내용이 있는지 알기 어려웠다.

"짐이 평생을 읽어도 못 읽을 양이로구나. 이 많은 책들을 백 권
으로 압축하라!"

학자들은 다시 작업에 착수했다. 책들을 한 권 한 권 모두 분석
하여 요약에 요약을 거듭했다. 십 년이 훌쩍 넘어 드디어 책을 백
권으로 줄일 수 있게 되었다. 하지만 그 백 권을 파악하기도 쉬운
일이 아니었다. 특히 무지한 백성들에게는 불가능에 가까웠다.

"짐의 생각이 짧았구나. 한 권으로 압축하라!"

또 십 년이 지나 백 권의 책을 한 권의 책으로 줄였지만 농사를
짓고 나라를 지키는 백성들은 그 한 권조차 편하게 앉아 읽을 시간

이 없었다. 이제 백발이 무성해 병까지 걸린 왕은 다시 어명을 내렸다.

"짐이 죽기 전 백성들에게 성공하는 비법을 선물해 주고 싶었는데 쉽지가 않구나. 이 한 권의 책을 단 하나의 문장으로 줄여라. 누구든 한 번 듣고 이해할 수 있도록 단 하나의 문장이 되어야 한다!"

다행히 왕은 세상을 뜨기 바로 전 신하들로부터 그 한 문장을 보고받을 수 있었다. 왕의 귀에다 대고 한 문장을 이야기하는 순간 왕은 고개를 끄덕이며 눈을 감았다. 왕이 들은 단 하나의 문장은 다음과 같았다.

"이 세상에 공짜는 없다."

아무런 노력 없이, 아무것도 포기하지 않고 성공한다는 것은 불가능하다. 혹시라도 노력하지 않고 공부를 잘할 수 있기를 바란다면, 아무것도 포기하지 않고 꿈을 이루기를 바란다면 '이 세상에 공짜는 없다'는 말을 다시 한 번 떠올리기 바란다.

당신은 왜
유혹의 노예가 되었나요?

공부하려면 유혹거리부터 없애라

무엇이 나의 공부를 방해하는가? 지금 다음 네모 칸에 그것을
써 보자. 생각할 시간이 좀 필요할 것이다. 아이돌 가수일 수도 있
고, 나처럼 게임, 웹툰, 인터넷 서핑일 수도 있다. 잡담이나 잡념 또
한 마찬가지다. 무엇이 됐든 공부에 방해되는 것들을 적는다. 책장
을 넘기지 말고 단 5분만이라도 생각하고 써 보길 바란다.

적었으면 그 내용을 다시 큰 종이에 옮겨 적는다. 그리고 종이
맨 위에 다음과 같은 문장을 쓴다.

'나 OOO는 앞으로 나의 꿈을 이루기 위해 위 내용들을 하지 않을 것이다. 유혹에 넘어가는 경우 누가 제지하더라도 그것에 따를 것이다.'

그리고 사인을 한 후 가족들이나 친구들에게 보여 준다. 지금껏 혼자서는 유혹을 물리치지 못했으니 다른 사람들에게 자신의 결심을 밝히고 도움을 요청하는 일종의 의식인 셈이다. 공부를 방해하는 유혹을 끊겠다는 선언을 한 다음 그 선언문을 식구들이 가장 잘 볼 수 있는 집안에도 붙인다. 그리고 그 사진을 찍어 공신 카페 (cafe.naver.com/gongsiny)에 올린다. 이 책의 저자와의 약속이며 내가 직접 확인할 것이다.

이제 종이에 적은 것들을 끊어라. 공부를 시작하려면 가장 먼저 일단 방해요소를 완전히 말소시키는 것이 중요하다. 없애라. 없애는 것이 제일 좋다. 눈에서 완전히 사라지게 해야 한다. 마음을 굳게 먹어라.

어린 시절 누구나 한 번쯤은 들어 보았을 이솝우화가 있다. 토끼와 거북이 이야기다. 알다시피 거북이가 이겼다. 토끼는 앞서 갔지만 자만심에 길가 옆에 있는 풀을 뜯어 먹고 배 두드리며 그늘 밑에서 자빠져 잠이 들었다. 여기서 얻을 수 있는 교훈은 아무리 뛰어난 사람이라도 자만하고 게으름을 피우면 진다, 능력이 좀 떨어져도 꾸준히 포기하지 않고 나아가는 사람이 승리한다는 것이다. 좋은 우화이다. 하지만 나는 다른 관점으로 이야기를 해석한다.

가정을 해 보자. 만약 이 두 마리가 달리는 곳이 숲 속 산길이 아니라 100미터 트랙이었다면 누가 이겼을까? 고민할 여지가 없다. 토끼다. 거북이가 아무리 부지런해도 이길 도리가 없다. 게임은 순식간에 끝났을 것이다.

왜 그럴까? 트랙에서 토끼는 집중할 수밖에 없다. 숲 속은 토끼가 뜯어 먹을 맛있고 신선한 풀도 있고, 그늘도 있다. 물을 마실 수 있는 계곡도 있다. 반면 트랙은 아무것도 없다. 달리는 것 말고는 할 게 없다. 토끼가 달리기에만 집중한다면 거북이가 날개가 돋지 않는 이상 토끼를 이길 도리가 없다.

여러분은 토끼다. 그것도 토실토실하고 잘 달리는 멋진 토끼다. 그런데 문제는 제 실력을 온전히 발휘할 수 있는 트랙에 서 있지 않다. 풀밭에서 달리고 있다. 사방 천지에 뜯어 먹을 풀이 널려 있어 조금 뛰다 풀을 뜯고, 물을 마시고 누워 잔다. 여러분의 문제는 이처럼 집중이 불가능한 상황에서 집중하고자 하는 데 있다.

우화에서 토끼는 경주할 장소를 고를 수 없었다. 하지만 여러분은 다르다. 트랙, 산이나 들, 진흙탕 어디든 고를 수 있다. 여러분은 실력을 제대로 발휘할 수 있는 정식 경기장에서 뛰어야 한다. 그래야 유혹에 넘어가지 않고 전력 질주해 이길 수 있다.

아무리 집중력이 강하고 대단한 사람이라도 마찬가지다. 몰입의 대가, 집중력의 천재도 옆에서 노릇노릇 삼겹살을 굽고 있거나, 코피 터질 야하디 야한 29금 영화가 나오고 있다거나. 온갖 게임이 설치된 컴퓨터가 있고 간식거리가 널려 있다면 얼마나 오래 공부할 수 있을까? 공자님이나 퇴계 이황 선생이 살아 돌아오지 않는 이상 이런 유혹을 견디고 흐트러지지 않을 사람은 없다.

공부를 방해하는 유혹거리를 정리하지 않고 그냥 시작하면 아무리 마음을 굳게 먹는다 해도 오래갈 수가 없다. 그야말로 진흙탕에서 마라톤을 하는 것이다. 이내 유혹에 빠진다. 몇 번 그렇게 유혹의 노예가 되고 나면 스스로가 너무도 한심해 보일 것이다.

사람은 환경의 영향을 지대하게 많이 받는다. 승리의 비결은 싸움을 내가 유리한 곳으로 가서 하는 것이다. 공부법이나 의지는 둘째 문제다. 일단 유혹거리를 없애 공부에 몰입할 수 있는 환경부터 조성해야 한다.

선승구전(先勝求戰). 이미 이겨 놓고 싸운다는 말이다.

『손자병법』에서 말하는 승리할 수 있는 최고의 전략이다. 이순신 장군이 단 한 번도 패배하지 않았던 비결은 이길 수밖에 없는 지형으로 적을 유인하거나 그런 상황을 만들어 내 자신이 유리한

곳에서 싸웠다는 것이다. 매우 열세인 상황에서 연전연승을 일으킨 비결이다.

공부를 이기려면 공부와의 한 판 승부에서 유리한 고지를 차지해야 한다. 유혹거리를 없애 공부할 수밖에 없는 환경을 만들어야 한다. 지금 주위를 둘러보라. 옆에 무엇이 있는가? 공부에 방해가 될 만한 유혹거리가 있다면 더 이상 미루지 말고, 지금 당장 눈앞에서 치워 버려라. 최대한 멀리. 이것이 공부혁신을 일으키고 혁명을 꿈꾸는 여러분들이 첫 번째로 해야 할 일이다.

서서히 끊겠다는 것은 새빨간 거짓말이다

말은 늘 쉽다. 성공하는 사람들은 놀지 말고 일하라 한다. 부자들은 돈을 쓰지 말고 저축하라고 한다. 나도 공부를 잘하려면 유혹거리를 끊으라고 말한다. 이 얼마나 간단한가. 하지만 대부분의 사람들은 이 간단한 말을 실천하지 못한다. 몰라서 못 하는 것이 아니라 알면서도 못 한다. 지속적으로 실천하기가 어렵다.

나 또한 유혹에 빠지지 않고 절제하는 시간이 너무 힘들었다. 무기력했고 답답했다. 처음 며칠은 그럭저럭 버텼다. 공부하겠다고 다른 것들을 포기하겠다고 마음먹은 효과가 좀 있었다. 그러나 2주가 거의 다 되었을 때부터 숨이 막히기 시작했다. 지루하기 짝이 없었다.

하지만 신기한 일이 벌어졌다. 2주가 지나고 3주가 지나고 나니까 뭔가 달라졌다. 그렇게 강렬했던 유혹거리가 잘 생각나지 않았다. 시간이 갈수록 그다지 하고 싶다는 생각도 안 들었다. 한 달이 넘고, 더 많은 시간이 흐르자 나중에는 왜 그렇게 빠져들었던 것인지 생각도 잘 나지 않았다. 신기했다.

동시에 참고 공부한 성과가 크진 않았지만 아주 조금씩 나타나기 시작했다. 공부하는 시간 자체가 늘었으니 공부한 양도 전보다 늘어난 것이다. 기뻤다.

'이거 별거 아닌데? 안 한다고 큰일 나는 것도 아니고. 왜 그렇게 매달렸을까?'

그 누구보다도 유혹에 약했던 내가 어떻게 절제를 하고 유혹으로부터 벗어날 수 있었을까? 비결이 있었다. 바로 한 번에 완전히 끊었다는 것이다. 예전처럼 조금씩 줄이겠다는 생각을 아예 하지 않았다.

유혹거리를 조금씩 끊어 성공한 예는 거의 없다. 조금이라도 머릿속에서 계속 생각나고 또 하게 된다. 게임을 예로 들어 보자. 학생들 중에는 열심히 공부하고 그 보상으로 게임을 하는 친구들이 있다. 실제로 열심히 공부한 다음 게임을 한다. 나 또한 그랬던 적이 많은데, 게임을 할 때마다 그대로 무너졌다. 게임을 하다 보면 약속한 시간이 다 되었는데도 칼같이 끊지 못했다. 조금만 더, 조금만 더 하면서 게임을 계속하기 일쑤였고, 단호하게 게임을 중지하고 공부를 한 적이 손에 꼽을 정도밖에 안 된다.

전에는 숱하게 유혹거리를 끊겠다고 선언했지만 단 한 번도 제대로 성공하지 못했다. 조금씩 줄여 나가기로 마음먹었기 때문이다. 애초부터 조금씩 끊기란 불가능한 것일지도 모른다. 그게 가능하다면 유혹이라 불리지도 않았을 것이다. 이길 수 있다면 그것은 이미 유혹이 아니니까.

'딱 한 판만, 딱 한 개비만, 딱 한 잔만'

이런 이야기를 누가 가장 많이 할까? 바로 알코올 중독, 마약 중독, 도박 중독 등 중독 환자들이다. 이미 중독되어 있다면 끊기가 더 어렵겠지만 금단현상이 일어날 정도로 고통스럽더라도 단칼에 끊는 것이 결과적으론 가장 낫다.

이미 게임, 스마트폰, 인터넷 등에 중독되어 있는 친구들도 있을 것이다. 중독의 정도가 심할수록 고통도 크겠지만 딱 3주일까지만 참아 보길 바란다. 유혹의 노예였던 나도 시간이 가면 갈수록 잊혔고, 3주가 지나자 하고 싶은 마음 자체가 별로 들지 않았다. 나중엔 머릿속에서 아예 떠오르지가 않았다. 재차 강조하지만 한 번에, 완전히 끊었기 때문에 가능한 일이었다. 어설프게 줄이려고 했다면 나 같은 사람은 절대 줄이지 못했을 것이다.

내 경험상 학창 시절 유혹들은 'Yes' 아니면 'No'밖에 없는 것 같다. 게임뿐 아니라 무언가를 끊겠다면 아예 끊어야 한다. 사람이라면 서 있으면 앉고 싶고, 앉으면 눕고 싶어 한다. '10분만 더', '1분만 더' 하고 싶다. 도박, 마약 중독과 다를 것이 없다. 대부분의 유혹들은 이미 우리가 지게 돼 있는 싸움이다. 아예 시비를 걸지 마라.

주변에 공대를 나와 게임 업계로 진출한 친구들이 많다. 돈도 많이 번다. 그 친구들이 게임을 만들면서 가장 관심을 갖는 화두가 무엇인지 아는가? 중독이다. 어떻게 하면 사람들이 정신 줄 놓고 자신들이 만든 게임에만 빠져들게 할지, 그래서 어떻게 돈을 쓰게 할지 심리학과 공학을 전공한 천재들이 밤낮으로 그것만 연구한다. 매년 게임회사들이 막대한 돈을 벌어들일 수 있는 것이 바로 이런 이유다.

게임회사에서 잘 나가던 나의 친구는 큰돈을 받고 좋은 조건을 제안받았지만 거절하고 지금 다른 일을 하고 있다. 게임 업계에서 일을 하는 것이 종종 죄책감이 들 때가 있었고, 이것보다 사회에 좀 더 보탬이 되는 일을 하고 싶다는 것이 이유였다.

게임은 훌륭한 콘텐츠 산업이고 우리나라의 자랑스러운 수출품 목 중 하나이다. 자본주의 사회에서 게임만큼 유망한 분야도 드물 지만 게임 업계에 감춰져 있는 이런 내막을 여러분들도 알았으면 좋겠다. 여러분의 소중한 인생과 꿈을 버리고 멍하니 생각 없는 허수아비에게 돈을 바치는 노예가 되는 것을 나는 절대로 바라지 않는다. 여러분은 세상 그 무엇보다 소중한 존재니까.

인간다운 삶을 포기하라

/

'정상적인 삶을 살며 비정상적인 결과를 기대하지 마라.'

공신, 즉 공부의 신이라 불리는 사람들은 어떤 사람이라 생각하는가? 전교 1등하는 친구들을 떠올리면서 '아! 촌스럽고 공부 엄청 열심히 하는 애' 정도로 생각할지 모르겠다.

결론부터 말하자면 틀렸다. 그들은 엄청 열심히 공부하지 않았다. '엄청'이라는 말로는 부족하다. 엄청난 것을 뛰어넘어 상상을 초월할 정도로 공부했다. 나는 대학생 시절부터 공신을 운영하며 지금까지 족히 2,000명 이상의 공신들을 직접 만나 봤다. 그들을 한 명 한 명 만나 공부한 이야기를 듣다 보면 '과연 이 사람이 제정신인가?', '그 정도로 공부했는데 어떻게 죽지 않고 지금 살아 있는 거지?'라는 생각이 든다.

공부를 너무 많이 해 머리의 모세혈관이 터졌다는 얘기를 들어 본 적이 있는가? 의사도 이런 환자는 평생 처음 보았다고 혀를 내둘렀다. 수험생활 몇 달 동안 식사 시간을 줄이기 위해 매 끼니를 비빔밥으로 해결했다는 것을 상상할 수 있는가? 게다가 그 학생은 씹는 시간을 더 줄이기 위해 반찬을 잘게 썰어 먹었다고 한다. 하루에 18시간을 공부한 사람이 있다는 것이 믿어지는가? 일주일에 볼펜 두 자루를 다 써 가며 공부했다는 이야기는 공신에서는 비일비재하게 들을 수 있는 흔한 스토리에 불과하다.

다음은 고등학교 때 배우는 정규분포 곡선이다. 자연현상 대부분이 정규분포를 따른다. 처음 보는 분들도 있을 텐데 어렵지 않다. 그림에서 보는 바와 같이 평균에 많이 몰려 있다. 키를 예로 들면 한국인 남성의 평균 키가 173센티미터이다. 그럼 정 가운데가 173센티미터이다. 그 근처에 해당하는 사람이 가장 많다. 150센티미터 이하 혹은 190센티미터 이상은 찾아보기 힘들다. 2미터가

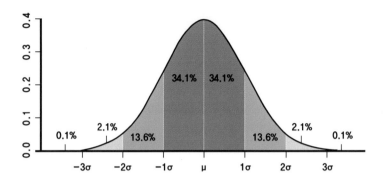

정규분포 곡선

넘어가면 정말 특이한 경우다.

　기인, 우리는 굉장히 기괴한 사람을 기인이라고 말한다. 기인은 영어로 'eccentric'이라고 한다. 'be eccentric'이라고 하면 정상이 아니란 뜻이다. 어원을 따져 보면 'ec + centric'인데 'centric'은 'center'라는 뜻이고, 'ec'는 벗어나 있다는 뜻이다. 즉 중앙에서 멀리 떨어져 있다는 의미다. 이처럼 정규분포 평균에서 멀리 떨어진 사람을 'eccentric'이라고 부른다.

　공신 멘토들 대부분은 상위 0.1퍼센트에 해당된다. 60만여 명 수험생 중의 600명에 속하는 사람들이다. 정규분포상에(고등학생 이하는 이해하지 않아도 좋다) 3시그마와 4시그마 사이에 해당된다. 정규분포 곡선상에서 보이지도 않을 정도로 적은 사람들이 여기에 속하는 셈이다.

이것이 제품일 경우, 이 정도 영역에 해당되는 제품들을 부르는 말이 있다. 'Product Defect'로 불량품이란 뜻이다. 사람으로 치면 정상인이 아니라는 의미다.

공신들이 이렇다. 정상이 아닌 사람들이다. 비정상적으로 많이 노력한, 흔히 하는 말로 사람이 아니라 괴물이란 뜻이다. 여러분도 주변에서 '저 놈 저거 공부에 미친 거 같아', '독하다', '쩐다', '쟤는 진짜 공부의 신이다'는 말을 들어야 비로소 공신이 될 수 있다.

상식을 뛰어넘는 결과를 원한다면 상식을 뛰어넘는 수준의 노력이 필요하다. 일반적이지 않은 결과를 원한다면 일반적이지 않은 노력이 필요하다. 굉장한 노력을 해야만 굉장한 결과를 기대할 수 있다. 경이로운 결과를 원한다면 더 경이로운 노력을 해야만 한다. 일반적인 마음가짐으로, 일반적인 노력으로 경이로운 노력을 바라지 마라.

까놓고 말하겠다. 여러분이 알고 있는 그 인간다운 삶을 포기하라. 인간적으로 잘 수 있는 만큼 다 자고, 인간적으로 식사도 느긋하게 배 터지게 먹고, 커피도 한잔하고, 친구와 만나 수다도 떤다. 세상 돌아가는 것도 좀 알아야 하니 인터넷 뉴스를 좀 보다가 연예기사를 클릭했다 빠져들고 그러다 유머게시판으로, 야동으로 이동한다. 또 인간적으로 요즘 흥행하는 영화가 있다면 뒤떨어지지

"선승구전(先勝求戰). 이미 이겨 놓고 싸운다는 말이다.
『손자병법』에서 말하는 승리할 수 있는 최고의 전략이다"

않기 위해서 영화도 챙겨 봐야 하지 않겠는가? 또한 친구 관계 또한 얼마나 중요한가? 의리에 죽고 사는 사이에 친구 생일은 다 챙겨야 한다. 친구 중엔 허구한 날 고백하고 차였다고 징징대는 놈이 있어서 위로도 해 주어야 한다.

인간적인 삶을 살려면 이렇게 해야 할 일이 너무나도 많다. 지극히 인간적인 삶에 충실하면서 공부하기란? 사실상 불가능하다. 내 꿈을 위한 도전은? 그럴 시간은 없을 것이다.

당장 시작하지 않으면 절대 변하지 않는다

당부를 하나 하겠다. 앞에서 공부에 방해가 되는 유혹거리라고 적은 것들을 언제 끊을까? 그건 바로 지금이다. 아무리 늦어도 오늘이다. 왜냐? 오늘 바로 실행하지 않으면 다시 기회가 오지 않기 때문이다. 지금 이 글을 읽고 자극을 받아 바로 실천에 옮길 수는 있지만 오늘이 지나면 다시 똑같은 일상이 돌아올 것이다. 변할 수 있는 기회는 매일 찾아오는 것이 절대 아니다. 부디 여러분에게 다가온 인생일대의 기회를 놓치지 마라.

"강성태 공신님, 다음부터 열심히 할게요."

난 이 말을 절대 믿지 않는다. 다음이라니. 지금 당장 시작해야 한다. 오늘 변하지 못한 사람이 갑자기 아무 일도 없는 내일 갑자기 변화할 수 있는가? 그럴 리가 없다. 장담하건대, 오늘 하지 못하는 사람은 내일도 못 한다. 결국 그렇게 하루하루를 채우다 어느 순간부터 후회하기 시작하고 시간이 갈수록 눈덩이처럼 불어난 후회를 뒤로 한 채 쓸쓸이 삶을 마감한다.

왜 수험생 대부분이 자신의 기대에 한참 못 미치는 결과를 내는 것인가? 이유는 정말 간단하다. 이들 모두 알고 있다. 최선을 다해야 한다는 사실을. 변해야 한다는 사실을. 하지만 문제는 생각만 하고 지금 하지 않는다는 것이다. 결국 그대로 머물러 있다.

'고3이 되면 그때부터 열심히 해야지'라고 말하는 학생들이 제법 많다. 마음뿐이다. 이런 학생들은 막상 고3이 되어도 달라지지 않는다. '방학이 되면 정말 역전을 해 봐야지' 마음먹지만 역시 방학이 되면 놀기 바쁘다. 수능 100일 전이 되어도 '아, 해야 하는데' 애만 태운다. 그러다 '수능 10일 전'이 되면 '이제 나도 모르겠다'며 맥을 놓는다.

드디어 수능 전날이 되고 수능시험을 치르고 실패하여 울고 재수하고 또 미루다 삼수하고 마침내 꿈을 포기하는 것이다. 실패하는 수험생 대부분이 이렇게 변해야 하는 것을 알면서도 그대로 있다. 마치 이대로 눈앞에 댐이 무너지길 기다리는 사람처럼.

대입 수험생에게 있어 합격과 불합격은 언제 결판이 날까? 합격
자 발표 날일까? 수능 날일까? 아니면 면접 날? 모두 아니다. 바로
오늘 결정 난다. 합격자 발표 날은 대학에서 발표만 하는 것이지
한참 전에 이미 결과는 나온다. 수능 날? 그날은 시험날일 뿐이다.
그날 공부한 걸로 시험을 치르는 것이 아니다.

그 시험을 위한 공부는 언제 하는가? 오늘, 지금이다. 어제도 내
일도 아닌 오늘. 바로 이 순간 합격과 불합격이 결정된다. 지금 공
부한 내용으로 결국 시험을 치르고 합격하는 것이다. 무수히 많은
'지금'들이 모여 실력이 된다.

과거도 미래도 우리가 조정할 수 없다. 노력으로 뭔가를 변화시
킬 수 있는 것, 우리 손아귀 안에 있는 것은 오직 현재뿐이다. 오
늘 하는 이 공부와 행동이 곧 성패를 좌우한다고 생각하라. 바로
지금 이 순간 당장 해라. 그러지 않으면 다시는 기회가 오지 않을
것이다.

지금 당신의 합격과 불합격을 판단해 보라. 합격인가? 불합격
인가?

98

변명은 이제 그만!

공부 잘하는 것들은 왜 재수가 없는가

나는 대학생 때 창업을 했다. 나조차도 전혀 예상하지 못했다. 사실 그럴 생각도 없었고 준비도 안 돼 있었다. 모든 학생들에게 공신 멘토를 만들어 주겠다는 그 꿈 하나만 생각하고 시작한 일이었다. 지금 생각해도 참 무모하고 겁이 없었다.

당연히 부족한 것이 많았다. 가장 미숙했던 부분 중 하나를 꼽아 보라 한다면 단연코 '거절'이다. 거절을 너무 많이 했냐고? 아니다. 오히려 거절을 많이 했어야 했는데 하지 못했다. 나는 태생적으로 거절에 취약했다. 뭐든 거절하는 게 너무 미안했다.

공신닷컴이 유명해지고 나는 '공부의 신'이라 불리게 됐다. 이러니 전국에서 나를 한 번이라도 만나 보려는 사람들로 전화기를 켜두지 못할 지경이었다. 끄면 바로 벨이 울리는 상황이 이어졌다. 한 번만 만나 달라고 애원하며 눈물을 흘리는 분들도 있었다. 당시 과외비로 제안받은 금액만 한 달 최소 500만 원이었다. 물론 공신닷컴을 시작한 이래로 지금까지 단 한 번도 과외를 한 적은 없다.

사회적 기업을 한다고 하니까 관심을 갖는 기관이나 사람들도 많았다. 청와대, 각 부처, 각 지자체, 시민단체, 대학교, 경제연구소, 방송국, 언론사 등에서 경쟁하듯 연락을 해 왔다. 심지어 수업 조모임을 하는 대학생, 자기소개서에 넣으려는 고등학생, 진로 보고서를 쓰려는 중학생도 만남을 청했다. 소셜 벤처와 사회적 기업이 정부의 중점 과제였던 시기라서 공신닷컴에 대한 관심이 더 컸던 것 같다.

당시 난 대학생이었고 어른들의 부탁을 거절할 수 없었다. 이분들은 부탁이라기보다 거의 통보에 가까웠다. 높으신 분이 언제 가실 테니 준비해 두란 식이었다. 혹시 도움이 필요한 것이 있으면 듣고 반영하겠다는 것인데, 몇 시간을 떠들어도 결국 반영되지 않았다. 사실 당시 나에게 가장 필요한 도움은 귀찮게 찾아오지 않는 것이었다.

어떤 때는 재능기부로 지방까지 불러 놓고 예정된 시간을 지키지 않을 때도 있었다. 무료로 봉사 온 사람이니 양해 좀 해 달라는 식이었다. 그러고는 꼭 "소셜 벤처인데 어떻게 돈을 벌어요? 어렵지 않나요?"라고 묻곤 했다. 당연히 이런 식으로 시간도 빼앗기고 그에 대한 대가도 없으니 어렵지 않은 게 이상한 것 아니냐고 말하고 싶은 정도였다.

난 거절했어야 했다. 거절을 하고 공신닷컴과 공신 식구들을 더 챙겼어야 했다. 학생과 학부모들을 만나 멘토링을 더 하고, 배려 대상 학생들과 함께 시간을 보냈어야 했다. 강연을 한 번이라도 더 했어야 했다. 정작 본업을 못 했던 것이다. 밤을 꼬박 새워도 시간이 모자랐다. 정말 심신이 걸레가 될 지경에 이르렀다. 살은 쪽쪽 빠졌고, 건강도 악화됐다.

사무실 주소를 알고 막무가내로 들이닥치는 학부모들로 인해 정상적인 근무 자체가 어려울 지경이었다. 밥은 먹을 거 아니냐고, 그 시간만 잠깐 내 달라고 하시는 분들이 많았는데 결국 식사도 제대로 못 하고 오후 시간 절반을 날리곤 했다. 10분만 내 달라고 해 이야기를 시작하면 어느새 1시간이 훌쩍 넘어가 버렸다.

멀리서 오신 분이면 그냥 돌려보내는 건 거의 불가능했다. 나도 한 번 조언을 하기 시작하면 공신이라는 사명감에 중간에 끊질 못하고 하루 거의 대부분을 쏟아붓기도 했다. 길거리를 편히 다니지도 못하고 대중교통을 탈 때도 일부러 거지처럼 옷을 입고 다니고 벽만 쳐다봤다. 유명해진 게 저주처럼 느껴질 때도 있었다.

우리나라 사람들은 사양하고 거절하는 것이 예의에 어긋난다고 생각한다. 냉정하다 생각한다. 특히 여러분들은 정말 너무 착하다. 그래서 거절을 정말 잘 못한다. 친구가 와서 게임 하러 가자고 하면 하루 종일 진탕 놀다 방금 크게 맘 잡고 공부를 시작했어도 중단하고 같이 가 준다. 친구가 떡볶이 먹자고 찾아오면 방금 짜장면 곱빼기에 탕수육 중자, 서비스 군만두까지 폭풍 흡입한 뒤라 배가 남산만큼 나왔어도 함께 가 주는 것이 의리라 생각한다.

더 중요하고 급한 일을 했어야 했다. 내가 공무원 분들과 인터뷰하려고 공신을 시작한 것은 아니지 않은가. 나는 지칠 대로 지쳤고 학생들에겐 멘토링을 하지도 못했다. 인터뷰는 늘 녹음기처럼 똑같은 말만 되풀이하기 일쑤였다. 모두에게 미안한 일이었다.

사실 거절하는 것은 전혀 미안한 일이 아니다. 세상에 모든 제안이나 이야기에 귀를 기울이고 그에 따르는 것은 애초에 불가능하다. 그건 모든 일을 건성으로 개판 치고 모든 약속을 어기며 살겠다는 것과 같다. 우린 필연적으로 몇 가지만 선택해야 한다. 그리고 잘해야 한다. 이건 공부뿐 아니라 모든 삶에서 매우 중요한 것이다. 우선순위를 정하고 거절할 것은 깨끗이 거절해야 한다.

그래서 공신들은 아무 이유도 없이 욕을 먹기도 한다. 목표와 꿈이 명확한 사람들은 이기적이란 소리를 듣는 경우가 많다. 자기만 안다고 오해를 받는다. 왜냐하면 거절하기 때문이다. 그들은 공부할 시간에 다른 친구들이 나가 놀자고 하면 "미안한데 지금 해야 할 게 있어서"라고 단호하게 말한다. 그런 그들을 보고 사람들은 배려심이 부족하다고 생각한다. 이기적이라고 말한다. 정말 그럴까?

김연아 선수가 피겨 스케이팅 연습을 해야 하는 이유로 친구의 생일파티에 불참했다면? 아이돌 가수가 연습생 시절 빡빡한 숙소 생활로 친구들과 방학 때 노는 약속을 잡지 못했다면? 사람들은 이런 것을 욕하지는 않는다. 그러면서도 공부해야 해서 거절을 한 것을 두고 배려심이 부족하다고, 이기적이라고 말할 수 있을까?

설령 이기적이다, 재수가 없다는 소리를 듣는다 해도 무엇이 더 중요한가. 당연히 여러분의 꿈이 더 소중하다. 그리고 한 번 정중하게 거절하면 거기다 쌍욕을 하진 않는다. 처음에는 거절하는 것이 힘들 것이다. 하지만 그렇게 어느 정도 선을 그어 놓으면 그 다음부터는 부탁하는 입장에서도 한 번 더 고려하고 제안을 해 주거나 꼭 필요할 때만 요구한다.

지금 이 책을 읽는 동안에도 친구들이 몰려와 '네가 공부는 뭔 공부? 끝나고 PC방이나 가자'고 치근덕댈지도 모른다. 명확하게 말해라. 안 된다고. 정 거절하기 어렵다면 이 책을 보여 주어라. 혹시 방금까지 책을 읽고 있던 친구를 꼬이려던 사람이 당신이라면 이 글을 처음부터 다시 읽어 보길 바란다.

거절은 정말 중요한 기술이다. 반드시 필요하며 정중히 상대의 마음이 상하지 않게 거절하는 방법 또한 터득해야 한다. 기본적으로 가장 중요한 건 거절을 두려워하지 마라. 그리고 일단 한 번 해 보라. 생각만큼 큰일이 벌어지진 않을 것이다.

"공부해야 한다고 거절하면 친구들이 날 싫어할 텐데. 나랑 안 놀아 주면 어쩌지. 그래서 공부를 열심히 할지 말지 고민이에요."

설마 정말 그렇게 이야기했겠냐고? 내가 직접 멘토링 방송하는 아프리카TV의 실제 고민상담 전화 통화 내용 중 하나다. 이기적이란 오해를 받을까 봐 꿈을 포기하려는 사람이 있다는 것을 직접 확인하고 적잖이 놀랐다.

그 친구가 걱정하는 것처럼 거절한다고 다른 모든 친구들의 미움을 한 몸에 받을 가능성은 거의 없다. 수험생 시절 나는 심지어 친구관계를 어느 정도는 정리했다. 절교를 선언했다는 것이 아니라 야간 자습시간 땡땡이 치고 PC방을 간다거나 쉬는 시간 빵 사 먹으러 매점에 같이 가자는 제안을 거절한 정도다. 다른 반에 널리 퍼져 있는 친구들과의 관계를 유지하거나 관리하기 위해 일부러 돌아다니지 않았다는 뜻이다. 마지막엔 그야말로 공부에만 빠져 우리 반에 무슨 일이 있었는지도 기억이 안 날 지경이다. 공부한 기억뿐이다. 하지만 걱정하는 것만큼 큰일은 없었고 지금도 고등학교 친구들과 매우 잘 지내고 있다.

거절하는 것은 공부에 있어 매우 중요한 능력이다. 공부뿐 아니라 앞으로의 삶에서도 꼭 필요한 능력이다. 거절하는 만큼 중요한 일에 더 신경을 쓰고 더 잘할 수 있을 것이다. 집중과 효율은 물론 행복의 근원이 거절에 있음을 항상 기억하기 바란다.

핑계 대지 말고 너 자신을 알라

"수학은 우리 담탱이 때문에 포기했어요. 선생이라고 수업하는 꼬라지를 보면 지 혼자 떠들어 대."
"엄마 때문에 이번 시험 다 망했어."
"교육제도를 제기랄 이 따위로 만들어 놔서 거지 같은……."

공부하는 학생이라면 누구나 한 번쯤은 이런 생각을 했을 것이다. 나도 안다. 대한민국에서 학생으로 사는 것이 얼마나 팍팍한 일인지를. 특히 교육제도는 문제가 많다. 하도 자주 바뀌어 제도를 세우는 기관에 계신 분들조차 이해하지 못할 때가 많다.

하지만 공부를 하는 데 있어서는 대부분 핑계다. 단적인 예로 공신들은 불평이 없다. 전교 1등하는 친구들을 떠올려 보라. 구시렁 구시렁 하던 친구들은 없다. 교육제도가 지랄 맞아도 서울대 갈 친구들은 서울대 간다. 조금 못 미치게 결과가 나와도 자신이 원하는 공부를 할 수 있는 대학에 결국 합격한다.

공부를 잘하지 못하는 핑계를 대기 전에 스스로를 돌아봐야 한다. 진정한 문제점은 공부하지 않은 본인에게 있는 것은 아닌지 혹은 하기 싫어서 핑계를 대고 있는 것은 아닌지 말이다.

성적이 잘 안 나오는 학생들의 가장 큰 문제는 '자기를 모른다'는 것이다. 역사적으로 위인들은 이것을 심각하게 받아들였다. '너 자신을 알라'고 말한 소크라테스를 필두로 모든 성인들은 자신을 파악하는 것을 가장 중요하게 여겼다. 전쟁에서도 마찬가지다. 손자병법의 가장 중요한 구절은 '지피지기 백전불패' 아니던가. 나를 알고 적을 알면 절대 위태로울 일이 없다는 것이다.

왜 자신을 파악해야 하는 것일까? 나를 되돌아보는 것, 나를 분석하여 문제점을 찾아내는 것이 공부 개선의 시작이기 때문이다. 세상의 모든 문제해결의 기본 원리는 같다. 문제를 파악하고 대안을 찾아내고 적용한다. 이후 반성을 통해 다음번에 더 나은 방법을 꾀한다. 공부뿐 아니라 모든 문제해결 방식의 기본 틀이기도 하다.

문제해결의 과정 중 가장 중요한 단계는 무엇일까? 두말할 것도 없이 문제파악이다. 어떤 사람이 하는 일에 성과가 없다면 그것은 엉뚱한 문제를 푸는 데 시간을 낭비하기 때문이다. 또한 문제가 무엇인지 잘못 알고 있다면 열심히 고치려고 노력해 봤자 아무것도 개선되지 않는다. 학생들도 그렇다. 학원 짜깁기 교재만 파고, 학교 수업을 무시하고 교과서를 안 봐서 성적이 나오지 않는 것인데, '선생님이 개념을 상실하여 엉뚱한 데서 시험을 냈다'며 성적이 나쁜 탓을 선생님에게 돌린다.

　"내신이 7등급입니다. 서울대 가는 법 좀 알려 주세요. 성실하고 빠른 답변 부탁드립니다."

　멘토링을 하다 보면 이런 황당한 질문을 받을 때가 한두 번이 아니다. 어디가 잘못됐는지 알겠는가? 문제점이 빠졌다.
　병원에 환자가 왔다. 아픈 곳과 증상은 말도 안 하고 당장 고쳐 놓으라고 고래고래 소리만 친다. 그것과 무엇이 다른가. 제대로 치료하기도 어렵고 치료해도 굉장히 오랜 시간이 걸릴 것이다. 공신닷컴에 진단지를 만든 이유도 이 때문이다. 진단지를 통해 문제점을 파악할 수 있게끔 하기 위해서이다.
　사실 문제만 정확히 파악하면 솔루션은 이미 상당 부분 나와 있다. 위와 같은 문제에 대한 솔루션은 이미 공신닷컴 사이트에도 밝혀져 있다. 중요한 것은 문제가 무엇인지 정확히 파악하는 것이다. 하지만 지금 내 상태가 문제인지 아닌지도 모르는 경우가 태반이다. 더 나아가 내가 아닌 다른 데 문제가 있다고 생각한다. 남 탓을 하는 것이다.

오바마 대통령이 하와이 푸나호우 사립학교를 다닐 때 일이다. 백인들이 대다수였던 이 학교에서 흑인이기에 느끼는 비애가 있었다. 오바마는 그의 친구였던 레이와 함께 여자 친구도 없고 농구부 주전으로 뽑히지도 못한 일에 대해 이야기하곤 했다.

"이 모든 게 우리가 흑인이기 때문이야."

레이는 이렇게 한탄한 반면 오바마는 다르게 생각했다.

"우리가 여자 친구가 없는 이유는 주변에 흑인이 별로 없기 때문이야. 우리가 농구부 주전으로 뽑히지 못하고 백인 친구들이 뽑힌 것은 우리가 흑인이라기보다 백인 친구들이 감독이 원하는 대로 잘 뛰어서일 거야."

오바마는 흑인으로 받는 차별을 사회의 탓이라고 단정 짓지 않았다. 오히려 자신의 부족함이라 생각하고 자신의 운명을 스스로 책임지기 위해 최선을 다했다. 오바마는 방황하는 시간도 거쳤지만 노력에 노력을 거듭하여 미국의 대통령이 되었고, 세계에서 가장 영향력 있는 인물로 성장했다. 반면 안 되는 일을 모두 사회 탓으로 돌린 레이는 어떻게 되었을까? 그는 마약 범죄자로 살며 평생 교도소를 들락거리며 살고 있다. 생각의 차이가 이런 큰 차이를 가져온다.

여러분은 젊은 오바마인가? 레이인가? 자신의 문제를 파악하는 것은 중요하다. 그런데 대부분 나 자신의 문제를 인정할 생각은 안한다. 공부 못하는 원인이 다른 곳에 있다 믿는다. 남을 탓하면 나를 바꿀 수가 없다. 원인이 남한테 있다고 믿는데 나를 변화시키려 하겠는가? 나에게 집중하고 나를 개선하려는 노력을 하겠는가? 남을 탓하면 결국 영영 자신을 변화시키지 못한다.

내 탓임을 인정하면 삶이 바뀐다

공부하지 않는 자기를 합리화하는 가장 쉬운 방법은 그 원인을 다른 곳으로 돌리는 것이다. 내가 공부를 하지 못한, 열심히 하지 않을 수밖에 없었던 온갖 이유를 댄다. 구차하게 변명의 변명이 꼬리를 묻다. '하려고 했는데 친구가 어땠고, 하려고 했는데 책상이 어떻고, 엄마가 불쑥 과일을 들고 들어와 망했다.'

원인을 다른 곳으로 돌리면 참 편하다. 나는 아무 잘못도 없다. 그러니까 아무 노력도 필요 없다. 변명처럼 쉬운 일도 없다. 하지만 결국 자신은 어떤 발전도 없다. 도태되고 만다.

수험생활을 흥청망청 보내고 재수를 하게 되는 후배들을 보면 크게 두 타입으로 나뉜다. 자신의 게으름을 뉘우치고 실패한 원인을 찾으려 애쓰는 학생과 그렇지 않은 학생으로. 대다수의 학생들은 여전히 남 탓하기 바쁘다. 엄마 때문이고 잘못 가르쳤던 학원 선생 때문이다. 자습시간엔 자기가 땡땡이 쳐 놓고 자습시간 엄격하게 관리하지 못한 학교 탓을 한다. 결국 남 탓하는 학생은 1년 뒤 틀림없이 삼수를 한다고 찾아온다. 여전히 입시제도 탓과 시험장 자리 배치 등을 탓하면서.

공신에서 멘토링을 하다 보면 가끔 부모님을 탓하는 아이들을 만난다.

"집이 가난해서 학원에 갈 형편이 안 돼요. 엄마, 아빠가 싫어요. 다른 친구들은 과외도 시켜 주는데 저는 학원도 못 가요. 부잣집에서만 태어났어도……."

참으로 가당치도 않는 핑계다. 공부하기 싫어 공부 안 한 것을 그냥 부모님 탓으로 돌리는 것이다. 그런 학생들에게 묻는다. 교과 서나 문제집을 10번 정도 반복하여 공부해 봤는지. 학원 다닐 그 에너지를 학교 수업에 먼저 쏟아부어 봤는지. 중고생이라면 하다 못해 EBS 강의도 있다. 무료다. 강의 질도 꽤나 좋다. 어떤 강의는 학원 인터넷 강의 그 이상이다. 그 EBS 강의를 열심히 들어 본 적 이 있는지.

할 수 있는 모든 것을 최선을 다해 노력한 후 부모님 탓을 하거 나 남 탓을 하면 나도 공감해 줄 수 있다. 하지만 그런 경우를 단 한 번도 보지 못했다. 학교 수업 시간에 매일 엎드려 자 놓고 학원 타령이다. 이런 사람은 학원을 다닌다고 달라지지 않는다.

징징대는 사람들 중에 정말 노력하는 사람은 별로 없다. 노력하 는 사람은 말이 없다. 전교 1등 하는 친구가 징징대던가? 노력하는 사람들은 원인을 자신에게 돌리지, 남 탓을 하며 징징대지 않는다.

공신들 중에도 공부 환경이 최악이었던 경우가 종종 있다. 매년 한두 명 정도는 집안 형편이 매우 어려웠던 공신들이 들어온다. 하 지만 그들은 그것을 이겨 냈다. 오히려 기회로 받아들였다. 다 쓰 러져 가는 도롯가의 집이 너무 시끄러웠다. 더운 여름 에어컨도 없 는 반지하방에서 도저히 공부할 수 없어 도서관에서 공부해야 했 다. 도서관에 자리를 맡으러 아침 일찍 나와야 했다. 그 덕분에 일찍부터 부지런히 공부할 수 있었고 좀 더 집중해서 공부할 수 있었다고 말한다. 학원 다닐 형편이 안 되니 의지하고 믿을 것은 학교 수업과 선생님뿐이었다. 덕분에 한 말씀도 놓치지 않기 위해 집중할 수 있었다. 그러니 중간고사, 기말고사 성적이 안 나오려야 안 나올 수 없었다. 이 공신은 현재 서울대 재학 중이다.

결국 자기 문제다. 환경이나 남 탓이 아니다.

지금이라도 백지를 꺼내 자신의 문제점을 파악해 보라. 좀 더 구체적으로 들어가 과목별로 문제점들이 무엇인지 적어 보라. 공부할 시간이 부족한 이유는 무엇인지, 왜 공부할 의지가 부족한 것인지? 문제점들을 전부 적어 놓고 그에 대한 답을 찾아보라. 누구나 무료로 도움을 받을 수 있는 공신과의 만남 행사에 참여하여 직접 공신에게 물어보거나 공신닷컴에서 검색해 볼 수도 있다.

의지가 부족하다면 어떤 생각을 하면 공부할 의지가 충만해지는지 탐색해 보고. 집중이 안 된다면 언제 어디서 집중이 잘되고, 언제 어디서 집중이 잘 안 되는지도 분석해 본다. 내 꿈은 무엇인지도 고민해 봐야 할 것이다.

좀 더 구체적으로 들어가 볼 수도 있다. 시험 문제를 꺼내 놓고 문제점을 찾는 것이다. 한 문제도 빼놓지 않고 틀린 이유를 분석

112

또 분석하라. 실수로 틀렸는지, 개념을 몰라서 틀렸는지, 실수라면 시간에 쫓긴 것인지, 단순 계산 실수인 것인지. 문제를 명확히 찾아내면 찾아낼수록 여러분은 개선되고, 발전할 것이다. 이것은 공부뿐 아니라 지구상의 어떤 문제든 해결을 위한 방법론이다. 이런 생각의 변화 하나로도 여러분의 삶이 달라질 것이다. 완전히 달라질 것이다.

적지 않은 사람들이 남 탓을 하다 실패를 하고 나락으로 떨어져 더 떨어질 때도 없을 때 비로소 모든 원인이 자신에게 있었음을 깨닫는다. 이제 그만! 남 탓은 그만하자. 내 탓임을 인정하라. 그리고 나 스스로에게 온전히 집중하자. 설령 그 원인이 실제로 남에게 있는 것이 밝혀지더라도 일단 자기 스스로를 돌아보고 반성하는 시간을 가져 보길 바란다. 이런 생각의 변화 하나로도 여러분의 삶이 달라질 것이다. 완전히 달라질 것이다.

내가 젊어서 자유로이 끝없는 상상의 나래를 폈을 때, 나는 세상을 변화시키겠다는 꿈을 가졌다.

그러나 좀 더 나이가 들어 지혜를 얻었을 때, 나는 세상이 좀체 변하지 않으리라는 것을 알았다.

그래서 내 시야를 약간 좁혀 내가 살고 있는 나라를 변화시키겠다고 결심했다.

그러나 그것 역시 가능하지 않다는 것을 알았다.

나는 마지막 시도로 나와 가장 가까운 내 가족을 변화시키겠다고 마음먹었다.

아, 그러나 아무것도 달라지지 않았다.

이제 죽음을 맞기 위해 자리에 누워서야 나는 문득 깨닫는다.

만약 내가 나 자신을 먼저 변화시켰더라면 그것을 보고 가족이 변화되었을 것을.

또한 그것에 용기를 내어 내 나라를 더 좋은 곳으로 바꿀 수도 있었을 것을…….

그리고 누가 아는가. 세상까지도 변화되었을는지…….

- 영국 웨스트민스터 대성당 지하묘지에 있는 한 성공회 주교의 비문에 적힌 글 중에서

대단한 각오보다
습관을 만드는 것이 중요하다

공부는 '그냥' 하면 될 일이다

나는 여러분이 유별나지 않았으면 좋겠다. 요란하지 않았으면 좋겠고, 특이할 정도로 열심히 공부하지 않았으면 좋겠다. 무슨 소리냐고? 공부를 위해 많은 것을 포기하고 심지어 인간적인 삶까지 포기하라더니 뜬금없이 공부를 열심히 하지 말라고 하니 어안이 벙벙할 것이다. 내 말은 공부를 하지 말라는 것이 아니다. 때론 열심히 해야겠다는 생각을 굳이 하지 않는 것이 더 낫기에 이런 말을 한다. 아직 이해하기 어렵겠지만 그 생각 자체를 잊어야 진정한 공부의 경지에 올랐다고 할 수 있다.

공부를 잘하고자 결심한 학생들이 빠뜨리지 않는 단어가 있다. 미친듯이! 열심히! 죽을 각오로! 악착같이! 살벌하게! 코피 터지면서! 쓰러질 때까지! 이런 단어들이다.

공신닷컴에서는 정기적으로 수강생들을 직접 만나 멘토링을 해준다. 프로그램 마지막에는 보통 서약식을 한다. 공신에서 하는 멘토링의 오랜 전통 중의 하나인 서약식은 말 그대로 자신의 꿈을 서약하는 것이다.

서약식은 거창하지 않다. 종이를 두 장 마련해 멘티가 자신의 꿈과 목표를 쓴다. 그리고 좀 더 구체적으로 어떤 식으로 달성해 나갈지 스스로의 약속을 적는 것이다. 두 종이에 같은 내용을 똑같이 반복하여 적는다. 멘티가 이 내용을 지키겠다고 사인을 하고 멘토는 그것을 확인한 후 함께 사인한다. 그리고 멘토와 멘티가 각자 한 장씩 나눠 갖는다. 멘티는 멘토와의 약속을 지키기 위해 노력하는 것이다. 그리고 이 서약서는 공신카페에 올라간다. 모두와의 약속이다.

그날은 서울대학교 캠퍼스에서 멘토링을 했다. 강연 프로그램과 개별 멘토링 그리고 점심식사 등 모든 과정을 마치고 서약서를 제출할 때가 됐다. 그런데 한 학생이 끝까지 그 서약서를 적느라 여념이 없었다. 이미 서약서를 적는 시간은 끝났고 제출을 미루다 마지막 코스인 서울대 정문에서 기념사진을 찍는 순간까지도 다 작성을 못 하고 있었다. 다들 사진 찍느라 바쁜데 혼자 서서 글을 쓰고 있었다.

일정이 모두 끝나 결국 멘티들은 해산했고 멘토들은 이 학생 한 명을 위해 정문 옆에서 기다려야 했다. 겨울이라 날씨가 꽤나 추웠다.

"잠시만 다른 데서 마저 적고 오겠습니다. 죄송합니다. 정말 죄송합니다."

서약서를 잘 쓰지 못하는 학생들이 간혹 있다. 한 번도 스스로 뭔가를 결정지으며 공부해 본 적이 없는 학생들이 그렇다. 그런데 이 학생은 정도가 심했다. 이 말을 남기고 서울대 미술관 근처로 올라가더니 그쪽 구석에 서서 쓰기 시작했다.

"아무래도 가서 좀 도와줘야 할 것 같아."

공신 한 명이 도움을 주기 위해 그 학생에게 갔다. 그런데 잠시 후 공신은 그 학생을 부축하며 내려왔다. 학생의 한 손이 피범벅이 돼 있었다. 손가락에 상처를 내 피로 사인을 한 것이다. 혈서를 생각한 것도 놀라운데, 각오가 얼마나 대단했는지 피가 생각보다 많이 났던 모양이다. 공신 식구들은 모두 당황해서 어쩔 줄을 몰랐다.

나는 얼른 이 학생을 데리고 정문 옆 편의점으로 갔다. 당장 갈 곳은 그곳뿐이었다. 피가 여기저기 묻어 있었고, 아직도 피가 나고 있어서 황급히 지혈을 했다. 빨리 피가 멎도록 내가 학생 손가락을 꼭 쥐고 있었다. 이렇게 남자 둘이서 손을 잡고 있는 광경을 본 사람들은 아마 각별한 관계로 생각했을지도 모르겠다.

추운데 떨고 있던 터라 핫팩과 뜨거운 음료를 마시며 이야기를 길게 나눴다. 피가 멎은 것을 확인하고 밴드를 붙이고 밥을 먹인 후에 집에 돌려보냈다. 가엾고 마음이 너무 안타까웠다. 오죽했으면 그랬을까 싶은 생각에 아직도 짠하다.

이 일화를 들으면 '와~ 역시 공부는 저런 각오로 해야 돼'라고 생각하는 분이 있을지도 모르겠다. 그러고 칼과 종이를 가져올지 모를 일이다. 진심으로 말리고 싶다. 그날, 그 학생의 용기나 각오를 폄하할 생각은 없다. 다만 공부가 꼭 그 정도의 사생결단 마인드가 있어야 할 수 있는 것이 아니라는 말을 하고 싶다. 실제로 공신들은 그렇지 않았다. 마음을 다잡고 결심하는 시간은 있지만 매일매일 그런 각오로 공부한 것은 아니다. 나도 공부에 정말 미쳐 보기로 마음먹으며 결의를 다지는 시간이 있었지만 매일매일을 그렇게 보낸 것은 아니다.

그럴 필요가 없다. 목숨 걸고 공부하겠다고 하는 학생들 중 끝까지 미친 듯이 공부하는 경우는 매우 드물다. 빈 수레가 요란한 법이다. 하루 이틀 하고 관둔다. 무슨 사생결단이라도 낼 기세로 공부하려 달려드는 식으로는 금방 지친다. 며칠은 가능할지 몰라도 기나긴 시간을 버텨내기 어렵다.

공신들은 '그냥' 공부한다. 요란하지 않다. 공부는 그렇게 대단한 게 아니다. 공부는 심플하다.

지금 이 순간 공부를 할 것인가? 아니면 손을 놓고 놀아 버릴 것인가? 공신들은 두 가지 선택의 기로에서 공부를 선택하는 것일 뿐이다. 이런 작은 선택들이 모인 결과 공신이 된 것이다. 그것을 꾸준히 지켜 나간 것이 사실 전부다.

어떤 학생들은 요란하다 못해 온갖 유세를 다 떤다. 공부하는 게 벼슬이라도 되는 양 주변 사람들, 특히 부모님을 달달 볶는다. 가끔은 공부 안 한다는 것이 마치 인질이라도 되는 양 협상은 물론 협박까지 일삼는다. 내 고집대로 안 하면 공부를 안 할 것이니 그리 알라고. 이런 바보짓이 어디 있는가. 자기 스스로를 인질 삼아 다른 사람을 협박하는 것과 무엇이 다른가.

공부를 하는 것이 특별한 것이 되면 안 된다. 물을 마시듯, 밥을 먹듯 너무나 자연스러운 일상이 돼야 한다. 머릿속으로 상상하라.

공부하는 모습이 너무나도 자연스러운 일상이 된 모습을.

간혹 합격 수기 같은 것을 보면 엄청난 각오와 혁명과도 같은 인생의 전환점들이 등장한다. 우리도 그런 삶을 꿈꾸기도 하고 그것을 닮아 보기 위해 따라 하기도 한다. 하지만 실제로 그렇게 성공한 경우는 매우 드물다. 작가들이 드라마틱하고 대단하게 보이기 위해 과장하거나 지어 낸 경우도 적지 않다.

공신들은 그리 드라마 같은 삶을 살지 않았다. 평범했다. 멋지지 않았다. 오히려 지루하고 따분한 일상의 연속이었다. 하루하루 그저 공부의 삶과 공부 아닌 삶 둘 중에 공부의 삶을 선택해 온 것뿐이다. 계속 공부를 선택하다 보면 나중엔 군이 선택하지 않아도 자기도 모르는 사이에 늘 가던 길을 택하기 마련이다. 마치 학교 끝나고 집으로 가는 길이 너무 익숙해서 생각하지 않아도 몸이 저절로 그 길을 찾아가는 것처럼.

그냥 공부해라. 주변의 공부 잘하는 친구들을 봐라. 혈서를 쓰고 머리에 띠를 두르고 요란스럽게 공부하던가? 아닐 것이다. 그들은 '그냥' 공부한다. 행여 그냥 공부하라는 말을 잘못 받아들일까 노파심에 사족을 덧붙인다. 여기서 '그냥'은 공부법이나 전략 없이 공부한다는 뜻이 아니다. 공부법이나 전략은 필요하다. 결심도 필요하다. 다만 매일매일 비장한 마음으로 요란스럽게 공부하지 말라는 얘기다. 그저 숨 쉬듯 자연스럽게, 매 선택의 순간 공부를 선택하면 될 일이다. 그렇게 하루하루를 보내다 보면 생각하지 않아도 습관처럼 그냥 공부할 수 있는 날이 올 것이다.

플래너가 필요 없는 자들

/

어느새 공부하는 데 있어 플래너는 필수품이 되었다. 서점에 가면 오만 가지 플래너가 넘쳐난다. 한 권쯤은 다들 가지고 있다. 실제로 플래너는 효과적으로 공부하는 데 큰 도움이 된다.

하지만 계획표를 심하게 꼼꼼히 쓰는 친구를 보면 '과연 이 친구가 학생이 맞나?' 싶을 때가 있다. 공사다망하기로 치면 UN 사무총장 저리 가라다. 회사를 6개 정도 경영하는 CEO의 플래너를 보는 듯하다. 거의 분 단위로 공부할 것을 이리저리 바꾸고, 친구 누굴 만나고, 어떤 친구 밥을 사 주고, 사 줬으니 얻어먹고, 얻어먹었으니 다시 커피를 사고, 또 디저트를 위한 약속을 잡고 이런 식이다.

그런 복잡한 계획을 잘 지킬 수 있을까? 절대 아니다. 늘 단순한 것이 아름답고 단순한 것이 효율적이다. 계획표는 복잡하면 복잡할수록 지키기 어렵다. 공부는 특히 더 그렇다.

공신들 중에는 플래너를 쓰지 않은 분들이 종종 있다. 계획표 자체가 없다. 이건 무슨 경우인가? 대부분 공부 잘하는 사람은 당연히 계획을 짜야 하는 것으로 알고 있다. 그런데 계획표가 없다니?

놀랍게도 그들은 계획표를 짤 필요가 없었다. 공부하는 것이 습관이 되었기 때문이다. 예를 들어 아침 시간마다 영어 문제를 20문제씩 푸는 것이 습관으로 굳어졌고, 고등학생이라면 야간 자율학습 첫 시간엔 1교시에 공부한 내용을 복습하는 것이 습관이 되었다. 자기 전에도 습관처럼 영어 단어를 50개씩 늘 외운다. 특정 시간이 되면 특정 공부를 하는 것이 자동화되었는데 굳이 계획표를 짤 필요가 없다. 진정한 고수는 계획이 자기 자신에게 새겨져 있다. 내게 배어 있는 것. 그것이 바로 습관이다.

그렇다면 이런 경지에 오르는 데 얼마나 걸릴까? 물론 지금 바로 '난 매일 저녁 수학 문제를 100개씩 푸는 습관을 만들 거야!'라고 마음먹는다고 바로 그 습관이 생기지는 않는다.

영국의 브리티시컬럼비아 대학에서 실험을 했다. 과연 습관이라는 게 완전하게 우리 몸과 마음에 새겨지는 데 얼마나 걸릴까? 실험 결과는 66일이었다. 66일간 빼먹지 않고 반복하면 습관이 된다. 여기서 말하는 습관이란 생각하지 않아도 움직일 정도를 의미한다. 보통 우리가 공부를 시작하기까지는 비교적 긴 자기와의 싸움을 한다. '공부해야 하는데, 해야 하는데, 안 하면 혼나는데, 이번엔 박살 날 텐데'라고 하면서.

이런 온갖 번뇌 끝에 겨우겨우 책상에 앉게 되는 것이다. 하지만 그런 생각조차 하지 않고 말 그대로 반사적으로, 책상에 앉아 공부를 시작할 수 있다. 66일간 반복해서 습관이 되면 말이다.

아주 독한 사람이 아니라면 담배를 끊지 못한다고들 한다. 그런 담배도 금연 클리닉의 연구 결과에 의하면 70일만 노력하면 완전히 끊을 수 있는 것으로 나타났다. 66일과 거의 비슷한 시간이다. 물론 66일은 결코 짧은 시간이 아니다. 하지만 이 정도 시간 동안 참고 반복하면 공부에 있어서 최강의 무기, 습관을 들일 수 있다. 공신이 되기엔 충분한 시간이다. 플래너 없이 공부할 수 있는 공신 대열에 합류할 수 있는 시간이니 모두 도전해 볼 것을 권한다.

몸짱이 공부보다 쉽다

"저는 몸짱입니다"라고 말하면 아마 거짓말이라 생각할 것이다. 몸이 짱구란 말로 들릴지도 모른다. 사실이라 해도 잘난 척하는 것 같아 재수 없다. 하지만 지금 알려 줄 비결을 말하기에는 이 예가 딱 좋을 것 같다.

사실 공부의 신이나 공부벌레는 몸짱과는 어울리지 않는 극과 극이다. 하지만 몸짱 만드는 책을 내자는 제안을 받은 적도 있다. 스튜디오 같은 데서 제대로 된 조명 아래 사진 한번 찍은 적도 없는 데 말이다.

나는 트레이닝 같은 것은 받지도 않는다. 헬스장을 끊어서 다니지도 않는다. 그렇다고 특별히 티 나게 운동을 열심히 하는 것도 아니다. 체육을 전공한 것도 아니다. 여유가 되면 헬스장에 다녀보고 싶기도 하지만 시간이 없었다. 멘티들을 위해 책 한 권이라도 더 읽고, 멘토링에 대해 조금이라도 더 고민하는 것이 지금은 더 값지다.

특별히 열심히 하지도 않고, 전문가의 도움을 받아 운동을 하는 것도 아닌데 몸짱이 될 수 있었던 비결은 무엇일까? 습관이다. 거의 매일 조금씩이지만 운동을 한다. 뭐야? 그렇게 단순한 게 비결이야? 그런 말 누가 못 하냐고? 하지만 맞다. 세상의 모든 성공의 비결들은 사실 단순하기 짝이 없다. 진리는 늘 복잡하지 않다.

수많은 전문가들이 '습관을 만드세요!', '습관은 제2의 천성입니다!'라고 말하며 습관의 중요성을 외친다. 습관이 중요하다는 것은 다 안다. 다만 만드는 게 어려울 뿐이다. 습관을 만들기는 쉽지 않다. 하지만 내게는 아주 쉽게 습관을 들이는 강력한 비결 한 가지가 있다. 그리고 이것은 기본적으로 공부할 때의 방법과 같다. 비결은 '스티커'다. 나는 습관으로 만들고자 하는 것은 무조건 '붙인다.' 스티커를 어디다 붙이는 것과 같다. 딱 스티커를 붙인다는 느낌으로 습관을 만든다. 몸짱이 된 과정을 잠깐 설명해 보겠다.

어디에 살든 집 근처에 철봉 하나쯤은 있다. 혹은 그냥 학교 운동장이나 공터라도 있을 것이다. 우리 집 앞에도 철봉이 있다. 나는 밖의 일을 마치고 들어갈 때 바로 집으로 들어가지 않는다. 집 앞의 철봉에 가서 잠시 매달려 있는다. 매일 잠깐씩 매달린다. 길지 않다. 불과 10분이면 충분하다.

매달리는 것이 어느 정도 익숙해지면 턱걸이를 하나 한다. 이제 매일 집을 드나들 때마다 턱걸이를 하나씩 하는 것이다. 그렇게 하다 보면 10일도 되기 전에 하나를 하고 나서도 힘이 남을 것이다. 이제 두 개를 한다. 그다음은 며칠간 두 개를 계속한다. 어느덧 세 개가 가능해지고 같은 방식으로 네 개, 다섯 개도 할 수 있다.

비결이 무엇인지 알겠는가? 집을 들락거리는 일은 매일 있는 일상이다. 매일 반복되는 이 행위에 운동하는 행위를 갖다 '붙인 것'이다.

확실히 붙일 곳이 있으면 고정되어 있기 쉽다. 붙이지 않고 따로 놓거나 허공에다 그냥 던져 둔다면 금방 잊어버릴 것이다. 습관이 그렇다. 만약 내가 지금 여러분들께 '운동하는 것을 습관으로 만드세요!'라고 말하면 지킬 수 있는 사람은 거의 없다. 시간 될 때, 생각이 날 때 시도해 보다가 그냥 기억에서 잊힐 것이다. 매일 반복되는 일상에 스티커처럼 하나를 딱 붙여야 습관이 된다.

일상에 '붙여서' 습관으로 완성된 예는 누구나 하나 이상 가지고 있다. 집에 돌아오신 아버지는 소파에 앉으면서 동시에 리모컨을 잡고 자동으로 전원 버튼을 누른다. 그 이후 손가락은 채널 버튼을 향하고 이리저리 채널을 돌린다. 한 번 돌리셨는데 또 돌린다. 봤던 장면이 또 나오는 데 또 돌린다. 이유는 없다. 그냥 돌린다. 어지럽다. 그렇게 한참을 돌리다 바둑이나 골프 혹은 뉴스나 개그 프로가 나오면 이제 멈추는 것이다. 이 경우 소파에 앉는 행위와 TV를 보는 행위가 엮인 것이다. 그 뒤론 코 골며 잠에 빠져들기 혹은 3단 방귀 뀌기가 같이 엮이기도 한다.

화장실에 앉자마자 스마트폰을 꺼내 SNS를 확인하는 것도 자동이다. 이건 뭐 꺼내야겠다는 의지나 생각조차도 필요 없다. 알아서 폰으로 손이 가서 패턴 암호를 풀고 쓱쓱 넘겨 SNS 앱을 켜고 쓱쓱 내려 확인한다.

누구에게나 일상은 있다. 밥을 먹는 것, 밤에 잠을 자는 것, 물을 마시는 것, 학교나 학원에 가서 책상에 앉는 것, 식당에서 줄을 서 있는 것. 이런 일상은 습관으로 가는 지름길을 만들어 준다. 그리고 당장이라도 시작해 볼 수 있다. 예를 들어 아침에 눈을 뜨면 바로 스트레칭에 팔굽혀펴기를 하거나 영어단어를 외우는 것도 그 시작이다.

큰 부담을 느끼지 않아도 괜찮다. 막상 해 보면 아주 쉽다. 무엇인가 기존에 습관처럼 반복되는 일이 있다면 그것에 작은 행위를

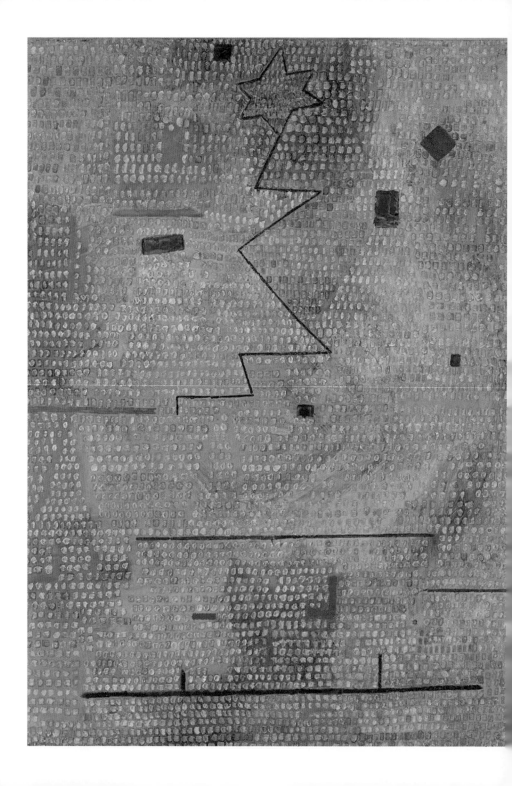

붙이면 된다. 일단 작은 것을 붙여라. 만약 내가 처음부터 턱걸이를 20개 이상 하겠다고 했으면 나가떨어졌을 것이다. 나는 작게 시작하여 점점 강도를 늘렸다.

이제 습관을 만들어 가지 못하는 것에 대한 죄책감을 갖지 마라. 무작정, 무턱대고 습관을 만들겠다고 하면 세상 누구도 습관을 만들지 못한다. 공부를 포함한 모든 영역이 마찬가지지만 방법을 조금만 알고 시작하면 누구든 성공에 도달 할 수 있다.

자, 당장 오늘 잠자기 직전 무엇을 하고 싶은가? 이제부터 잠들기 전 매일 할, 습관으로 만들 무언가를 지금 정해 보자. 작은 것부터. 습관이란 인간으로 하여금 그 어떤 일도 가능케 만들어 준다. 여러분들이 지금 어떤 위치에서, 얼마나 보잘것없는 모습을 하고 있든, 그 작은 시작이 여러분의 미래를 열어 줄 것이다.

공신은
실수하지 않는다

모든 것은 단 한 번의 시험으로 결정 난다

단 하루다. 기회는 단 한 번. 그 한 번으로 너무나 많은 것들이 결정된다. 바로 시험이다. 가혹하다. 불공평하고 치사하단 생각마저 든다. 어떻게 세상에 단 하루, 단 한 번의 시험으로 모든 것이 결정이 난단 말인가?

어떤 시험을 준비하든 간에 누구든 이런 생각을 해 봤을 것이다. 단 한 번의 실수도 용납이 안 된다니. 만약 시험 전 날 천재지변이 일어나거나 갑자기 맹장이 터져 병원에 입원하게 되면 어쩌나. 좋아하는 아이돌 오빠가 춤추다 오버한 나머지 발목을 삐어 병원에 입원이라도 하면 걱정이 돼서 어쩌나. 시험을 보는 중이라면 더 큰 일이다. 갑자기 감독관이 조용한 시험 시간에 '예수 천국 불신 지옥'을 외치면 어쩌지. 영어 듣기를 하는데 옆자리 학생이 재채기를 하면 어쩌나. 예상치 못한 사건으로 그동안의 노력들이 수포로 돌아갈 수도 있다. 정말 상상하기도 싫은 일이다.

참 가혹한 세상이다. 나 또한 학창 시절 이런 불만을 가졌었다. 특히 마음 약하고 온갖 고3 병에 시달렸던 나였기에 단 한 번의 시험으로 모든 것이 결정된다는 사실을 받아들이기 힘들었다. 하지만 나와 같은 불만을 가진 후배들에게 해 주고 싶은 말이 있다.

"받아들여라."

'더럽고 아니꼽지만'이란 표현을 '받아들여라'라는 말 앞에 붙였다 떼 버렸다. 더럽고 아니꼽다는 생각조차도 안 하는 것이 좋다. 부조리한 것이나 정의롭지 못한 것에 분노하고, 또 그것을 에너지나 공부 동기로 바꾸라는 말을 하는 나지만 이건 다르다.

시간이 지나면 여러분도 이런 상황을 받아들이게 될 것이다. 나도 그랬으니까. 나는 시험만이 그런 것인 줄 알았다. 그런데 시간이 지나며, 사회생활을 하며 세상을 알아 갈수록 생각이 바뀌었다. 시험만 그런 것이 아니다. 세상이 원래 그렇다. 삶이란 그런 것이다.

하루 만에 모든 것이 결정되는 것은 시험뿐만이 아니다. 4년마다 즐겁게 보는 올림픽이나 월드컵에서도 하루 만에 승패가 결정난다. 아주 사소한 차이로도 승패가 갈린다. 어떤 때는 눈으로는 식별하기 어려운 작은 차이로 갈린다. 단 두 번만 출발 총성을 잘못 들어도 바로 실격이다. 4년간의 노력이 물거품이 돼 버린다. 이 얼마나 허망한 일인가.

다이빙 종목이나 육상 혹은 도마 경기를 보라. 100미터 달리기는 불과 10초 이내에 끝난다. 치킨 먹으며 경기를 보다 무를 집으려는 순간 다이빙은 이미 끝나 있다. 다이빙은 점프하고 물에 들어가기까지 보통 5초도 걸리지 않는다. 그 5초를 위해 엄청난 훈련을 한다.

4년에 한 번 돌아오는 올림픽은 평생 정말 많아야 세 번 정도 출전할 수 있다. 20대만 지나도 운동선수의 체력은 예전 같지 않다. 가장 체력이 좋고 물이 올랐을 시기는 인생에 사실 단 한 번이다.

보통 운동선수들은 매우 어린 나이부터 운동을 시작한다. 그들이 꿈꾸는 것은 결국 하나다. 국가대표가 되어 올림픽 금메달을 목에 거는 것, 그것이다. 단 한 번 주어지는 그 기회를 위해 20년 가까운 시간을 반복하고 또 반복한다.

이에 비하면 차라리 대학입시나 다른 시험은 정말 기회가 많게 느껴질 정도다. 매년 시험 볼 기회가 있지 않은가. 심지어 나이를 먹어도 도전할 수 있다. 다 그런 것은 아니지만 재수, 삼수를 하면서 지식이 더 많이 쌓여 유리해지기도 한다.

사실 삶의 대부분이 이렇다. 결전의 날이 정해지고 그날 한 번에 많은 것들이 결판난다. 직장생활을 해 보라. 중요한 발표는 단 몇 분뿐이다. 삶은 늘 실전이다. 연습이란 없다. 삶에 무의미한 시간은 단 1초도 없다. 모든 순간이 유일하며 소중하다. 한 번 지나간 찰나는 세상 모든 것을 다 바쳐도 돌릴 수가 없다. 연습조차도 실전처럼 해야 하는 또 하나의 이유이다.

여러분은 이것에 익숙해져야 한다. 왜냐. 이것에 익숙하지 않은 사람들은 늘 실전을 피한다. 시험이란 다른 한편으론 기회다. 좋은 점수를 받을 수 있는 기회. 그런 기회를 늘 거부하니 인생이 연습만 하다가 끝난다. 하지만 언젠가는 깨닫게 된다. 연습이라 생각할 뿐 실제로는 모두가 실전이었다는 것을.

"기회는 또 있잖아." 이런 말로 위로하고 싶지 않다. 한마디로 인생은 시험의 연속이다.

익숙해져라. 그리고 준비를 해라. 준비한 자는 반드시 언젠가 그 기회를 잡을 것이다.

컨디션 조절도 시험 과목이다

/

모의고사를 보기 전날 밤. 새벽 3시까지도 잠을 안 잘 때가 있었다. 수능 모의고사를 벼락치기로 잘 볼 수 있느냐고? 아니, 벼락치기 하는 것이 아니었다. 그럼에도 일부러 늦게 잠을 잤다. 졸음이 쏟아져도 억지로 참는다. 이렇게 잠을 조금 자면 피곤해서 시험에 지장을 주는 것 아니냐고? 당연히 맞다. 사실은 피곤하기 위해 일부러 늦게 잠든 것이다. 일부러 시험에 지장을 주기 위해서다.

간혹 시험을 볼 때 너무 긴장이 될 때가 있다. 수능시험 같이 큰 시험을 볼 때 그렇다. 많은 수험생이 전날 긴장하여 충분히 잠을 못 잔다. 모의고사 땐 푹 잘 자고 일어나 시험을 보았으면서도 말이다. 잠을 못 자면 많이 당황하게 된다. 피곤함도 문제지만 그 피곤함이 신경 쓰인다.

'어제 잠을 제대로 못 잤어. 어? 어깨가 좀 뻐근한 것 같아. 어깨가 잘 안 돌아가는데 이러다 펜이 미끄러져 오답을 체크하거나 졸리고 피곤해서 집중도 안 돼 실수 남발에 종료 시간도 못 지키고 패망하면 어쩌나. 그리고 보니 이미 난 망한 것 같아. 노량진 재수 종합반 등록 날짜는 언제지?'

이런 말도 안 되는 생각에 사로잡힐 수 있다. 혹시라도 수능 전날 잠을 못 자도 당황하거나 긴장하고 싶지 않았다. 특히 내 경우 평정심을 유지하는 것이 너무나도 중요했다. 그래서 모의고사를 앞두고 일부러 잠을 늦게 자곤 했던 것이다. 만에 하나라도 수능 전날 긴장한 탓에 잠을 뒤척여도, 몇 번 그런 경험을 해 보면 크게 동요되지 않을 수 있기를 기대하면서 말이다. 실제로 효과를 봤다.

수능 전날 나는 큰 실수를 했다. 일찍 잠자리에 든 것이다. 하도 뉴스에서 '수능 전날은 일찍 잠자리에 들어 숙면을 취해야 되고……' 이런 소리를 해 대서 오후 8시가 조금 넘은 시간에 일찌감치 잠자리에 들었다. 평소 밤 12시가 다 되어 잠들던 인간이 8시에 누우니 잠이 오겠는가? 이때부터 뒤척임이 시작됐다.

이 방 저 방, 여기 누웠다 저기 누웠다 피난민처럼 떠돌아다니며 물을 마셨다 차를 마셨다 다시 앉아 책을 좀 봤다 운동을 했다 숫자를 세었다 별 생쇼를 다했다. 결국 난 새벽 2시가 넘어서 겨우 잠이 들었다. 잠을 설쳤기에 당연히 100퍼센트 컨디션은 아니었지만 동요하지 않았다. 평정심을 유지한 채 편안히 시험을 봤다. 미리 훈련해 둔 것이 통한 것이다.

마트의 푸드코트에서 수능 모의고사를 푸는 학생을 본 적이 있는가. 아마 내가 수험생 시절 경기도 일산에 살았던 사람은 봤을 수도 있을 것이다. 내가 그랬다. 이 이야기를 들려주면 시간 아끼기 위해 밥 먹으며 문제를 풀었군요, 역시 강성태 공신님은 대단해요, 이런 반응이다. 그런데 그것이 아니다.

시험장은 우리 기대와 달리 돌발 상황이 발생할 수도 있다. 옆에서 시끄러운 상황이 연출되거나 감독관이 갑자기 말을 걸 수도 있다. 전혀 뜻하지 않게 나를 가리키며 '거기 수험생! 지금 혹시 부정행위 하고 있는 거예요?'라고 억울한 지적을 당할 수도 있다. 고사장의 모든 시선이 내게 쏠리는 상황이 연출될 수도 있는 것이다.

하지만 혼란스러운 상황, 특히 주변의 눈치가 보이는 상황에서도 집중을 놓치면 안 된다. 평정심을 유지해야만 한다. 감독관이 내 옆에서 엄청난 박치로 트로트 노래를 중얼거려도, 야한 만화책을 키득키득 읽으며 방귀를 뀌어도 당황하지 않고 모든 세포 하나하나를 집중시켜야 한다. 옆자리에 앉은 수험생이 갑자기 일어나 개다리 춤을 춰도. 지나가던 까치가 교실 창문을 날개로 열고 들어와 '안녕? 하이? 니들 고생한다. 점심으로 지렁이 먹었더니 느끼하네!' 이렇게 사람처럼 말을 걸어도 당황하거나 놀라지 말고 오직 시험에 집중해야 한다.

붐비는 마트 푸드 코트에서 모의고사를 푼 것은 그런 말도 안 되는 상황에서도 집중하기 위한 훈련이다. 해 보면 알겠지만 이런 공간에서 문제를 풀면 굉장히 눈치가 보인다. 주변 사람들이 다 나를 보는 것 같다. 옆자리에 앉은 아주머니 손님이 수군댄다. 청소

아주머니가 와서 나가라고 하면 어쩌지? 의자가 모자라니 내 옆에 의자를 가져가도 되는지 누군가 와서 물어보는 것 아냐? 이런 잡생각이 몰려온다. 그것마저 이겨야 한다.

별것 아닌 것 같지만 이런 훈련이 정말 효과가 있다. 사소한 것 같지만, 심지어 변태 같다는 생각마저 들지만 만에 하나 발생할 수 있는 상황에 대처하는 훈련은 아주 중요하다. 여기서 고수와 프로와 아마추어의 차이가 결정 난다. 사소한 것에서 승부가 갈린다. 고수와 프로는 우리가 미처 상상하지도 못할, 범접하지 못할 정도의 경지를 추구한다. 완벽을 꾀한다.

매년 수능시험 때마다 배탈이 나 고생하는 학생들이 참 많다. 그 무렵은 맛있는 먹거리로 넘쳐 난다. 주변 사람들이 찹쌀떡, 초콜릿은 물론 무슨 의미가 담긴 건지 헷갈릴 때가 있는 엿까지 무더기로 선물한다. 나는 떡을 아주 좋아해 찹쌀떡을 먹고 싶었지만 찹쌀떡은 물론 다른 어떤 것도 입에 대지 않았다.

나는 시험 날 도시락으로 먹을 메뉴를 미리 정해 놓았다. 그리고 며칠 동안 점심으로 그것만 먹었다. 괜히 다른 것을 먹고 탈이 나고 싶지 않았다. 가끔 시험 보느라 고생한다고 어머니가 점심 도시락을 그야말로 보도 듣도 못한 산해진미, 상어 가슴지느러미와 개구리 뒷다리 급의 보양식을 준비해 주시는 경우가 많다. 맛있어서 과식한 나머지 배가 불러 다음 시간에 졸음이 쏟아질 수도 있고,

먹던 것이 아니라서 속이 더부룩하고 안 받는 경우도 있다. 둘 다 좋지 않은 상황이다. 최소한 나는 그럴 일이 없었다.

시험 전 몇 주간을 시험 시간표 그대로 공부했다. 국어 시간에는 국어를, 수학 시간에는 수학을, 영어 시간에는 영어를 공부했다. 그랬더니 시험 당일, 그 시간 때 그 과목을 풀고 있는 것이 전혀 어색하지 않았다. 연습과 다르다는 느낌도 없었다.

간혹 시험장 스피커의 음질이 좋지 않은 경우가 있다. 지지직 잡음이 섞여 들릴 수도 있어 이어폰으로 듣지 않았다. 심지어 늘 빠른 속도의 영어 듣기 MP3를 듣다가도 마지막엔 일부러 기출된 영어듣기 파일을 다운로드 받아 듣기도 했다. 보통 시중 교재의 영어 듣기 말하는 속도는 실제 시험보다 훨씬 빠른 경우가 대부분이다. 빠른 말을 듣다가 느린 말을 들으면 그마저도 익숙지 않을 수 있기 때문이다.

이런 차이를 어찌 실력이 아니라 할 수 있겠는가? 엄연한 실력이다. 나는 인정할 수밖에 없었다. 우리가 운이라고 하는 대부분이 사실은 실력임을. 진정한 고수는 방법을 구하고 그것을 훈련한다.

시험 전날 컨디션이 나빠서 시험을 잘 못 보면 아쉽다고, 운이 참 나빴다고 생각한다. 하지만 공신들은 다르다. 그것도 실력이라 생각한다. 대비가 가능한, 매우 중요한 실력이라 생각하고 그 실력을 쌓기 위해 노력한다.

138

지금까지 만난 2,000명이 넘는 공신 멘토들 중 만약의 경우를 대비해 다양한 연습을 하고, 컨디션을 조절한 공신들은 너무나도 많다. 모의고사 때 남는 답안지를 모아 실제로 마킹 연습을 하는 것은 기본이다. 마킹을 빠르고 정확하게 하고, 실수를 줄이는 것도 훈련을 통해 가능하기 때문이다. 시험 기간 중 일부러 화장실을 안 가는 경우도 봤다. 갑자기 실제 시험 중 소변이 급한데 참아야 하는 경우를 대비하기 위해서다. 가히 소름이 돋을 지경 아닌가.

이것이 공부의 신이다. 그들은 단 한 번에 결정되는 시험에 불평만 늘어 놓고 불만만 갖지 않았다. 대안을 찾아내고 노력했다. 최선을 다했다. 그리고 결실을 맺었다. 여러분들도 진정한 실력자, 진정한 공신이 되길 바란다.

실수로 틀렸다? 그건 아마추어란 뜻이다

/

난 늘 실수투성이였다. 남학생들이 대부분이 그러하듯 덤벙대기 일쑤였고, 어떤 때는 시험지에다 대고 잘난 척을 하기도 했다. 초등학교 시절 '우리를 낳아 주신 어머니 아버지를 함께 부를 때 쓰는 말은?' 이런 식의 문제가 있었는데 난 시시하게 '부모'라고 적고 싶지 않았다. 나의 지식을 널리 알리기 위해 더 어려운 말인 '조

부모'라고 썼다.

물론 틀린 답이었단 걸 알게 됐다. 어려운 말을 썼으니 기특하여 정답으로 인정해 주거나 점수를 더 주시는 거 아닐까 기대했지만 시험에 그런 자비는 없다. 시험지에다 잘난 척을 하면 안 된다는 것을 깨달을 수 있었다. 하지만 그것도 그때뿐이었다. 그래도 기분은 몰라서 틀린 문제보다 나쁘지 않았다. 말 그대로 실수였을 뿐이니까.

실수도 하는 난 참 인간적인 사람이고 양반이고 선비야. 실력은 있는 거니까 다음에 안 틀리면 되는 것 아냐? 실수로 틀리면 대부분 이렇게 스스로를 위로한다. 그러고 시험이 끝났으니 그 아까움을 잊기 위해서라도 나가 논다. 그리고 잊는다. 사실 내가 그랬다.

우리는 실수를 매우 관대하게 받아들인다. 비록 문제는 틀렸지만 알고 있기 때문이다. 정말 어린이 같은, 아마추어 같은 생각이다. 올림픽 100미터 결승에서 실수로 실격된 뒤, 내 실력은 여전히 1등이야. 4년 내내 죽어라 노력한 보람이 있었군. 이러면서 흐뭇해 하는 것과 무엇이 다른가.

국가적인 대형 사고가 발생했을 때 훈련에서는 정말 잘하다 정작 실전에서 실수한다면? 위험에 빠진 사람들이 더 위험해지거나 목숨마저 잃는다면 그때도 실수니까 괜찮다고 스스로를 위안할 것인가. 중간고사든, 기말고사든, 수학능력시험이든, 면접이든, 자격

증 시험이나 변호사 시험이든 실수로 틀렸다고 3점 깎일 것을 2점
만 깎아 주는 그런 일은 절대로 있을 수 없다.

실수는 단순히 실수로 끝나지 않는다. 냉정하게 수능시험에서
실수로 문제를 틀려 등급이 한 단계 떨어졌고, 결국 목표했던 대학
에 아슬아슬하게 떨어졌다고 하자. 최저 학력기준을 못 맞춰 다 붙
은 수시에서 탈락하게 됐다면? 각종 자격증, 공무원 시험에서 단
1점 차이로 떨어졌다 생각해 보자. 아마 평생토록 미련으로 남을
지도 모른다.

공신들은 마인드 자체가 다르다. '실수를 안 하려고 노력한다.'
결코 그 정도가 아니다. 실수도 실력이다. 흔해 빠진 말로는 표현
이 어렵다. 실력보다 더 중요한 게 실수다. 대부분 실수한 건 실제
실력이 아니니까 괜찮다고 위안하지만 나와 공신들은 정반대다.

나는 실수가 실력보다 중요하다고 여겼다. 쉬는 시간마다 실수
노트를 봤다. 정말 큰 효과를 봤다. 아무리 다시는 실수를 안 하겠
다 다짐해도 완벽히 대처할 순 없었지만 시험 직전에 보는 것은 효
과가 있었다.

실수에 너그러워서는 안 된다. 실수를 실력으로 인정하고, 실수
를 하지 않으려고 피 나는 노력을 할 때 비로소 여러분도 공신이
될 수 있다.

18시간 몰입하는
행복한 공부

꿈으로 도약하는
최고의 공부법

최고의 공부법은 삶을 바꿔 준다

/

'넌 소중하다. 너는 할 수 있다. 우린 너희들을 믿는다.' 이것이
공신 멘토링의 정신이다. 하지만 그것만으로는 부족하다. 전략이
없는 꿈은 공허하다. 알맹이 없는 외침이다. 공부를 할 수 있다고
격려하는 데서 끝나지 않고 공부법을 알려 주는 것이 공신의 사명
이다. 공부법이 공신의 최대 강점이 된 것도 이 때문이다.

여기서 분명히 말하고 싶은 것이 있다. 공신에서는 공부법의 목
적이 성적 향상에 있지 않다. 분명히 말한다. 공신의 궁극적인 목

적은 성적이 아니다. 지금 이 글을 쓰는 것도, 공신닷컴에서 수많은 공부법을 알려 주는 것도 마찬가지다. 수많은 사교육 업체들이 SKY 대학을 보내 주겠다고 하고, 그것이 유일한 꿈이나 존재의 목적이라 천명한다. 적어도 공신은 다르다.

공신 또한 공부를 잘하게 도와주는 것은 맞다. 하지만 공부법을 통해 이번 시험 성적이 오르고 좋은 대학에 가는 것은 중간 목표에 불과하다. 절대로 그것은 길고 소중한 여러분 인생의 궁극적인 목적이 될 수 없다. 될 수도 없고, 되어서도 안 된다.

공부법은 마치 한글과 같다. 우리는 한글을 알기 때문에 책을 읽는다. 뭔가 깨닫기도 하고, 강의를 듣기도 하며, 내 생각을 글로 표현하여 다른 사람들에게 전달하기도 한다. 신작 게임을 할 수도 있고 웃긴 동영상을 보며 키득댈 수도 있다.

한글을 알면 그것을 도구 삼아 할 수 있는 일이 셀 수 없이 많다. 모르면 생활 자체가 불가능하다. 공부법도 그렇다. 이것을 알면 무엇이든 배울 수 있다. 자동차 정비든, 사회복지든, 로스쿨이든, 영어 회화든 무엇이든 배워서 직장을 갖거나 창업을 하거나 꿈을 이룰 수 있다.

앞으로 여러분은 족히 100년 가까이 살며 다양한 경험과 배움을 터득할 것이다. 평생학습의 시대는 시작되었다. 과거에는 사회의 변혁 속도가 느려 한 번 배운 지식으로도 평생을 살아갈 수 있었다. 지금은 다르다. 세상이 빠르게 변화하고 있기 때문에 공부하지 않고서는 현상 유지도 어렵다. 우리 모두는 긴 인생 동안 배움을 지속하며 직업 또한 최소 3번 이상은 바꾸게 될 것이다.

"뭐라고요? 공부를 평생 해야 한다고요? 차라리 죽으라 하세요."

이렇게 짜증을 내는 사람들도 있을 것이다. 하지만 다양한 분야를 경험하고 도전해 보는 것은 사실 인생의 가장 큰 즐거움이다. 고작 스무 살 전후에 배운 지식만으로 평생 같은 일만을 쳇바퀴 돌듯하며 살아가야 한다면 얼마나 답답하겠는가?

알면 보인다. 모르면 안 보인다. 여행을 한 번 가더라도 그 나라 역사와 문화, 경제를 알면 길거리 음식부터 사람들의 행동 하나하나까지 너무나도 흥미롭다. 세상에는 여러분들이 모르는 재미있는 것들이 무궁무진하다. 모르니 재미도 못 느끼는 것이다.

게임도 하는 방법을 알아야 재미가 있다. 야구 경기 규칙도 모르고, 팀이나 선수들에 대해서도 전혀 모른다면 누가 야구를 재밌게 볼 수 있겠는가. 마찬가지로 공부법을 알면 공부가 재미있을 것이다.

흔히 공부는 학교에서나 하는 걸로 생각한다. 하지만 엄밀히 따지면 사회에 나가서 하는 모든 일 자체가 배움이고 학습이다. 만약 공부법을 모른다면? 그것은 문맹과 같다. 모르는 자는 앎의 재미를 느끼기는커녕 도태될 것이다.

공신은 물고기를 잡아 주는 것이 아니라 물고기 잡는 법을 알려 준다. 학생들에게 수학 공식이나 영어 문법과 같은 지식을 단순히 주입하는 것은 공신 멘토링의 목적이 아니다.

대량 생산, 산업화 시대에는 주입식 교육이 대세였다. 당시 필요한 인재는 획일화되고 시키는 것만 잘하는, 자기 생각 없는, 명령만 따르는 군인 같은 사람이었다. 그런 시절은 이미 끝이 났다.

지금 시대가 요구하는 인재는 다르다. 배움을 즐길 줄 알고, 언제라도 배울 자세를 갖추고 있고, 그 학습을 효과적으로 해 나갈 수 있는 사람을 원한다. 이 책을 쓴 목적이기도 하다. 이런 인재를 육성하기 위해 공신은 최고의 공부법을 설파한다. 공부법이 있다면 어떤 상황에서도 학습을 통해 무엇이든 시작할 수 있고 이뤄 낼 수 있으니까. 또한 이런 사람들이 함께 공신을 만들어 갈 멘토가 될 것이기 때문이다. 이것이 교육봉사 동아리로 시작된 공신이 공부법에 가장 강점을 갖게 된 이유다.

공부법을 단순히 성적 올리는 꼼수라 생각하지 않기 바란다. 이것은 삶의 지혜다. 성공, 즉 꿈을 이루는 방법이다. 공부 자체가 기본적으로 자기 관리이며 마인드 컨트롤 아닌가? 이 노하우는 대학 진학이나 무슨 고시에만 적용되는 것이 아니다. 삶의 모든 영역에 적용된다.

입시 공부는 기본적으로 지식 습득이다. 하지만 그 과정은 공부법을 깨닫고, 그것을 적용해 보는 실전 연습이다. 또한 '무엇을 위해 공부할 것인가?'를 고민하는 과정이자 인생에 대한 고민이기도 하다. 이 과정을 통해서 여러분이 꿈을 이루는 효율적인 방법에 대해 고민하는 것 자체가 성장이다.

공신이 궁극적으로 바꾸려는 것은 성적이 아니다. 여러분들의 삶 그 자체다. 그것을 위해 10년 넘게 공부법과 멘토링을 연구하며 알리고 있는 것이다. 100점짜리 시험지를 넘어, 여러분 한 명 한 명이 세상을 더 멋지게 변화시킬 수 있는 리더로 성장하도록 하는 것이 공신의 간절한 바람이다. 공부법. 그것은 여러분이 가지고 있거나 앞으로 가질 것들 중 꿈으로 도약하는 가장 든든한 발판이 될 것이다. 여러분 삶의 가장 큰 자산 중 하나가 될 것이다.

기출 문제에 모든 답이 있다

/

어떤 정신 나간 놈이 모 케이블 방송에서 수능 정답을 예측했다.

올해 수학능력시험에 어떤 답이 나올지를 말한 것이다. 수학에서, 그것도 답이 5개뿐인, 객관식도 아닌 주관식에서였다. 답으로 나올 수 있는 숫자는 그야말로 셀 수조차 없이 많다. 사람들의 귀는 솔깃해졌다.

그것이 끝이 아니다. 천기누설을 한 그 사람은 왜 자신이 그 숫자를 예측하게 됐는지 이유와 과정을 설명하는 동영상을 인터넷에 올렸다. 하루 만에 10만 명이 넘는 학생들이 보았다. 나올 것이라 예상한 수는 '19'와 '14'였다. 설명까지 들은 사람들의 반응은 엇갈리기 시작했다. 결과는 어떻게 되었을까?

수능시험 날은 그야말로 난리가 났다. 게다가 한 문제는 전체에서 난이도가 가장 높은 문제로 최상위권 학생들의 등급을 가르는 문제였다. 사람들은 동영상을 캡처하여 온갖 사이트와 SNS에 올리기 시작했다. 1994년, 수학 능력 시험이 시작된 이래 전대미문의 사건이었다.

소설 같은가? 이미 첫 문장에서 정신 나간 사람이 누구인지 눈치 챈 분이 많을 것이다. 바로 이 책을 쓴 저자, 즉 나다. 당시 이 사건은 큰 파장을 불러왔다. 수능시험이 끝난 이후 전국의 학교들이 떠들썩했고 심지어 증권가에서도 적지 않은 이슈가 되었다. 모 증권사의 한 간부는 "대학생으로 보이는 저 사람도 저런 분석력으로 수능시험의 답까지 맞히는데, 정작 시장을 예측하는 우리는 지금

뭐하고 있는 거냐"며 호통을 쳤다고 한다.

사실 내가 수능시험 정답을 예측한 것은 그때가 처음이 아니었다. MBC 〈공부의 제왕〉이라는 프로에서도 마찬가지로 수학 주관식 정답을 예측한 적이 있었다. 당시 인기를 끌던 〈무한도전〉 바로 앞 시간에 방영되는 프로그램이었다. 나는 메인 MC였지만 그 예측 과정이 방송을 타진 못했다. 공중파 특성상 족집게 과외를 연상시키는 그런 자극적인 내용을 내보낼 수 없었기 때문이다.

자, 이제부터가 중요하다. 정말 신 내림이라도 받은 것인가? 도대체 그 비결이 무엇인지를 여기서 공개하겠다. 내가 당시 정답을 맞힐 수 있던 단서는 단 한 가지였다. 바로 기출 문제다. 잘 나간다는 문제집이나 날고 긴다는 스타 강사들의 비법? 그런 것은 조금도 도움이 되지 않았다.

기출 문제는 단순히 풀어 보고 끝내서는 안 된다. 보기 하나, 조건 하나도 물고 늘어지면서 어떤 의도로 출제를 한 것인지 출제위원의 생각을 역추적하는 과정이 필요하다. 공신들은 기출 문제를 거의 암기하다시피 한다. 나는 매년 수능 기출 문제를 분석해 왔는데 재미 삼아 주관식 답도 분석한다. 데이터를 가지고 유의미한 결과를 도출하는 것은 공대생이 밥 먹듯이 하는 일이다. 그 결과 나는 매년 답이 정해지는 패턴을 발견할 수 있었다. 그 영상은 유튜브에서 '강성태 주관식'으로 검색하면 볼 수 있다.

하지만 학생들은 기출 문제 분석을 재미 삼아 하는 나만큼도 충실히 하지 않는다. 언제 어디서나 공짜로 다운로드 받아 풀 수 있는 문제이기 때문이다. 기출 문제만이 진리일 뿐, 나머지 문제집의 문제들은 사실상 흉내 내기에 불과하다. 수능에 나온 문제를 비슷하게 조금씩 바꿔 나오는 것들이다. 그러나 지금 이 순간에도 많은 학생들이 사설 문제, 어디선가 나눠 준 짜깁기 문제를 더 열심히 풀고 있으니 안타까운 일이다.

기출 문제를 분석해 보면 이 시험에서 원하는 것이 무엇인지, 어떻게 공부해야 하는 것인지에 대한 감을 잡을 수 있다. 공부법이란 여기서 시작된다. 매번 나왔던 패턴을 분석해 보면 이번 시험에는 어떤 흐름을 가지고 어떤 문제가 나올지도 예측해 볼 수 있다. 기출 문제는 모든 시험의 시작과 끝이다. 하다못해 운전면허 시험 공부를 하더라도 제일 먼저 전년도 시험 문제를 본다. 기출 문제를 보면서 '아, 이런 식으로 문제가 나오는구나', '이렇게 공부를 해야겠구나'를 가늠한다.

그런데 학생들은 수능 기출 문제를 얼마나 잘 활용하고 있는가? 그야말로 형편없다.

"어? 강성태 공신님, 저는 기출 문제 다 풀었는데요? 공부 다 했다고요."

거짓말이다. 말 그대로 풀기만 했지 진짜 공부를 하지 않았다. 많은 학생이 학원에서 짜깁기한, 답안지도 없는 정체불명의 문제들은 그야말로 신주단지 모시듯 귀하게 여기면서 수능 기출 문제는 무시한다. 풀어도 심혈을 기울이지 않는다. 어디선가 한 번 봤기 때문에 제대로 볼 필요를 못 느껴서이기도 하지만 더 큰 이유는 공짜이기 때문이다.

국가에서 시행하는 모든 시험의 기출 문제는 공짜다. 시험 주관 기관 사이트에 들어가면 무료로 다운로드 받을 수 있다. 우리나라 사람들의 심리가 어떤가? 똑같은 옷인데, 10만 원짜리를 1만 원으로 내려 팔 때는 안 팔리다가 100만 원짜리 가격표를 붙이면 팔린다고 한다. 비싼 것만 귀한 것이라 생각한다. 그러니 공짜인 기출 문제는 우선순위에서 최하위로 밀린다. 공짜란 언제든 필요할 때 볼 수 있다는 뜻이기에 지금 공부하지 않아도 된다는 생각을 하게 된다.

사실 제일 비싼 문제가 기출 문제다. 수능시험 출제 과정을 본 적이 있는가? 시험 문제를 출제하기 위해 각 분야 전문가들이 모여 오랫동안 문제를 내고, 단 하나의 오류도 없도록 검증을 하고 또 한다. 그렇게 많은 사람들이 시간과 노력을 투자해 만든 비싼 문제임에도, 무료로 제공하니 가치를 모르고 대충 보는 것이다.

나는 이런 현실을 말해 주고 싶어 동영상을 찍어 공신 사이트에 올렸고 방송에서도 이것을 이야기했다. 비록 중요한 부분은 편집되고 찍어 준 정답만 방영되긴 했지만. 그 방송을 마지막으로 더 이상 정답 예측은 하지 않기로 마음먹었다. 정답을 예측해 준 문제가 하필 제일 난이도가 높았고, 잘 안 풀리니 내가 시킨 대로 찍어 맞힌 학생이 수도 없이 많았기 때문이다.

"강성태 공신님. 정말 생명의 은인입니다. 덕분에 한 등급 올릴 수 있었어요. 그 덕분에 합격했습니다."

이런 메시지를 수도 없이 받았다. 그러나 공신닷컴에 올라온 글 하나가 나를 한없이 부끄럽게 만들었다.

"저는 솔직히 제 실력으로 문제를 풀어 '19'라는 답을 맞혔습니다. 그런데 그 순간만큼은 존경하는 강성태 공신님이 얄미워지더라고요. 아주 잠깐이긴 했지만요. 엄청나게 많은 사람들이 찍어서 맞혔다는 생각이 들었어요."

나는 공정한 경쟁을 방해한 것이다. 멘토로서 할 짓이 아니었다.

정정당당히 실력으로 맞힌 후배들에게 피해를 준 것이다. 게다가 이 사건 이후 해마다 수능 시즌만 되면 정답을 알려 달라는 요청으로 몸살을 앓는다. 슬픈 일이다.

여러분들은 이런 요행을 바라지 않을 것이라 믿는다. 이런 바람은 공부에도, 여러분의 삶에도 마이너스일 뿐이다. 맞힌다 하더라도 삶에서 이런 꼼수만을 찾는 사람은 성공할 수 없다. 요행을 바라는 것도 습관이 되어 어느 순간부터는 그냥 노력 없이 실현 가능성 없는 일을 바라기만 할 것이다.

부디 기억하길 바란다. 진리는 공짜다.

기본적으로 시험은 공정한 경쟁을 기반으로 하기 때문이다. 공짜로 제공되는 기출 문제가 시험에 있어서는 가장 중요한 비법이다. 어떤 시험을 막론하고 그것에 집중하는 것이 성적을 올리는 데 가장 빠른 지름길이다.

정답이 모래면 오답은 다이아몬드다

공신들은 완벽을 추구한다. 공신인 사람과 공신이 아닌 사람은

"그냥 공부해라.
물을 마시듯, 밥을 먹듯 공부는 자연스러운 일상이 돼야 한다"

어떤 차이가 있을까? 많은 차이점들이 있지만 가장 큰 차이 중 하나는 오답을 보는 자세다. 특히 기출 문제를 공부할 때 오답을 대하는 자세가 아주 다르다.

오답을 본다고? 오답을 뭐하러 보는가? 문제를 풀다가 정답은 볼 필요가 있다. 왜냐하면 그걸 알아야 답과 맞춰 볼 수 있으니까. 오답은 말 그대로 틀린 답이다. 그래서 대부분의 학생들은 오답은 버려야 할, 쳐다봐서도 안 될 그런 존재라고 생각한다. 그러나 공신들은 오답을 정답 이상으로 중요하게 생각한다.

정답은 그냥 교과서에 있는 내용 그대로다. 진리다. 그냥 이해하고 공부하면 된다. 정답 역시 당연히 중요하다. 그러나 딱 그 정도의 가치다. 이에 비해 오답은 말 그대로 틀리게 지어낸 답, 거짓말이나 마찬가지다. 이 거짓말은 누가 만들어 내는가? 바로 출제위원이다.

공신들은 오답을 철저하게 분석한다. 왜 이런 식으로 꼬아 놨을까? 여기서 어떻게, 왜 헷갈리게 만든 걸까? 오답을 면밀히 관찰하고 그것에 대해 고민하다 보면 출제위원들이 어떤 생각을 가지고 문제를 만들어 내는지 엄청난 힌트를 얻을 수 있다. 그분들의 출제 과정과 사고 과정을 역추적할 수 있는 것이다. 오답은 출제위원들이 그야말로 창작한 것이기 때문이다. 이 오답들을 파헤치면 어떤 것들이 함정으로 주로 출제되는지 파악할 수 있다. 함정을 미리 알면 당연히 함정에 빠지지 않는 방법도 알게 된다.

정답과 오답에 가격을 한 번 매겨 보자. 조금만 생각해도 오답이 더 비싸다는 것을 알 수 있을 것이다. 정답은 교과서에 있는 그대로 넣으면 된다. 그러나 오답은 고민을 거듭해 정답처럼 보이도록 애써 꾸며야 한다. 모든 시험이 마찬가지지만 정답보다 오답이 비싼 법이다.

특히 기출 문제에서 버릴 것은 단 하나도 없다. 문제에서 단어하나, 글자 하나, 문장 부호 하나까지도 왜 이렇게 제시되는지, 답은 왜 이것인지를 파고, 파고, 또 파야 한다. 시험이 원하는 것을 정확히 파악해야 한다.

보기도 마찬가지다. 문제에서 박스 형태로 주어지는 보기. '보기'니까 말 그대로 보기만 하고 끝난다. 풀고 맞았는지 틀렸는지 그것만 확인하면 끝이다. 공신들은 왜 다른 문제와 달리 여기서 '보기'가 주어졌는지 고민한다. 출제위원 입장에서 거꾸로 생각하는 것이다. 자기 스스로가 출제위원에게 빙의되어 생각한다. 분명 '보기'를 만드는 건 귀찮고 번거로운 일이다. 없으면 문제를 풀 수 없기 때문이다. 왜 굳이! 하필! 여기서 '보기'를 준 것일까? 그 원인까지 꼭 파악하고 넘어간다.

하지만 대부분의 학생들은 어떤가? 출제자의 생각을 역추적하거나, 오답을 분석하기는커녕 맞힌 문제만 본다. 채점을 할 때도 동그라미가 해물파전만 하다. 틀린 건 숨기고 감추고 애써 묵인한다. 난 채점할 때 동그라미조차 치지 않았다. 자만심을 불러올 뿐만 아니라 동그라미 치는 시간을 아끼기 위해서였다.

"에게, 그래 가지고 몇 초나 아끼겠어요? 오버하시는 것 아녜요?"

아니다. 작은 것도 챙기지 못하는 자가 어떻게 큰 것을 챙길 수 있다는 말인가? 신(神)은 늘 디테일에 깃들어 있다.

그런 행동은 습관과 정신 상태까지 영향을 미친다. 다른 면에서도 완벽을 추구하게 된다.

공신들은 기본적으로 마인드가 다르다. '대충 해서 성적 좀 잘 받고 싶은데…….' 이런 수준이 아니라 무섭고 집요할 정도로 작은 부분까지 완벽해지고자 한다. 그들은 자신의 실력과 상태가 완벽에 가까워질수록 보람과 성취와 희열을 느낀다. 그것은 공부를 하나의 완전체, 마치 역사에 길이 남을 대작(masterpiece)을 완성한다는 뿌듯함과 재미로 이끌며, 이러한 집요함은 성적으로 나타난다.

'위대함'의 가장 큰 적은 '좋은 것'이다. 대충 그럭저럭 좋은 것에 머물지 말라. 좋은 게 좋은 거라고 타협한다면 최고의 성과는 절대 나올 수 없다.

좋은 것에 만족했다면 세계 최고의 명품 도자기로 꼽히는 고려청자도, 천년의 아름다움을 간직하고 있는 석굴암이나 불국사도 존재하지 못했을 것이다. 또한 그 정도 수준에 머물고자 한다면 늘 그 이하밖에 도달하지 못하는 게 현실이다. 늘 아쉬움이 남는다. 처음부터 더 높은 곳을 바라보며 도전하라. 여러분의 공부 수준을 한 단계 높여라.

살다 보면 느끼겠지만 사람들이 하는 가장 위험한 잘못 중 하나는 목표를 너무 높게 잡고 거기에 도달하지 못하는 것이 아니다. 목표를 너무 낮게 잡고 거기에 만족해 버리는 것이다. 혹은 목표 자체가 존재하지 않는 것이다.

어떤 학생들은 문제집을 풀 때 문제를 찍는 행위까지 한다. 만약 그게 맞으면 찍어서 맞혔다고 좋아한다. 참으로 어처구니없는 일이다. 시험에서 찍어서 맞히는 것은 그나마 억지로라도 이해할 수 있다. 그러나 연습과 훈련의 과정에서 찍어서 맞히는 것은 대체 무슨 의미가 있는가. 화살을 과녁에 들고 가서 정중앙에 꽂아 놓고 적중했다고 기뻐하며 연습하는 양궁 선수와 무슨 차이가 있는가. 진지하게 다시 생각해 보고 반성할 일이다.

지금 할 것은 더하는 것이 아니라 빼는 것

"강성태 공신님, 문제집을 몇 권이나 더 사서 풀어야 할까요?"

"저는 뭘 더 해야 하죠? 어떤 걸 더 해야 하죠?"

"어디서부터 뭘 시작해야 할지 모르겠습니다."

공부를 시작하는 후배들은 늘 이런 질문을 한다. 완전히, 아주 완전히 잘못된 접근이다. 그야말로 역행이다. 이런 사고방식으로 공부를 해 나가면 십중팔구 얼마 못 가 나가떨어지고 만다. 명심하라. 더하려 하지 말고 빼라. 여러분이 할 것은 채우는 것이 아니고 비우는 것이다. 뺄 수 있는 모든 것을 빼라. 특히 기초가 부족하거나 처음 시작하는 경우는 더더욱 그렇다.

많은 후배들은 공부하기로 마음먹으면 일단 뭘 더 추가하려고 애쓴다. 학원이라도 하나 더 다니고, 인강 수강료를 결제하기 바쁘다. 이런 식으로 공부해야 할 양을 늘려만 간다. 문제집은 쌓여만 간다. 기본서만 해도 몇 권이 된다. 영어 단어장만 보통 세 권이 넘는다.

더불어 부담도 늘어 간다. 점점 공부할 양은 많아지고, 안 그래도 기초가 부족한데 혼란이 가중된다. 뭐가 중요하고, 어떤 것이 덜 중요한 것인지조차 모른다. 이 책 좀 보다가 금세 지겨워져 다른 책으로 갈아탄다. 뺑뺑이 돌다가 '도저히 공부할 엄두가 안 난다. 무섭다. 이걸 언제 다하지?'라며 시작도 하기 전에 스트레스를 받고 지친다. 결국 멘붕에 빠진다.

지금 갖고 있는 교재나 문제집이나 똑바로 하라. 만약 지금 가진 것도 많다면 줄이고 또 줄여야 한다. 과목별로 볼 교재는 많아야 두 권이다. 기초가 부족한 경우라면 그냥 한 권이면 된다. 그렇게 빼고 빼면 남는 한 권은 기본서가 될 것이다. 중고생이라면 보통 마지막에 교과서 한 권이 남을 것이다.

이 한 권에 집중하라. 한 권을 그야말로 완전히 내 것으로 만들어야 한다. 기본이 부족한 학생이라면 반드시 이렇게 해야 한다.

효율이란 언제나 선택과 집중에서 나온다. 모든 전략의 핵심은 결국 하나를 선택한 뒤 그것에 모든 역량을 집중하는 것이다. 이것은 공부뿐만 아니라 심지어 전쟁에서도 이기기 위해서 지켜야 할 필수 조건이다. 기업이나 개인의 성과 향상을 위해서도 반드시 지켜야만 한다.

이 성공의 진리를 과학적으로 밝힌 인물이 바로 『국부론』을 쓴 애덤 스미스이다. 그는 실험을 했다. 옷핀을 만드는 장인은 하루에 아무리 많아야 최대 20개를 만든다. 그는 옷핀 만드는 과정을 10단계로 나누었다. 각 단계를 한 사람씩 맡아 그것에 집중하게 했다. 그 결과 10명이 하루에 만든 옷핀의 개수는 무려 4만 8,000개로 늘었다. 한 사람당 4,800개를 만든 셈이다.

이것이 바로 '분업'이다. 한 사람이 여러 가지를 하지 않고 하나에 집중했기 때문에 효율을 몇 백 배 끌어올릴 수 있었던 것이다. 우리가 일찍이 배웠던 분업의 효율은 '더하지 않고 뺀다'는 바로 그 단순한 진리로부터 나온 것임을 확인할 수 있다.

완전함이란 더 이상 보탤 것이 없는 상태가 아니라 더 이상 뺄 것이 없는 상태이다. 공부해야 할 것을 보태고 늘려 갈수록 완벽과는 거리가 멀어진다. 여러분에게 더 이상 뺄 것이 없는 상태란 무엇인가?

Less is More. 적은 것이 더 좋다. 단순한 것이 더 아름답다. 이 것은 여러분이 지금 하고 있는 공부에만 적용되는 것이 아니다. 인생 전체의 성공과 행복의 비결이다.

머리가 아닌 반복과 복습이 공신을 만든다

/

"저는 머리가 나빠요. 분명 영어 단어 외웠는데 지문에서 기억이 안 납니다."

"강성태 공신님. 응용 문제가 안 풀립니다. 분명 수업 시간에 이해도 했고 공식도 외웠는데……, 수학 포기해야 할까 봐요."

지금 나랑 장난하는가? 영어 단어를 외웠다고 바로 지문에서 기억이 나야 하나? 수업을 들었다고 왜 응용 문제가 당연히 풀려야 하나? 그런 생각 자체가 잘못된 것이다. 당신이 백 년에 한 번 나타날까 말까 한 천재인가? 지금 공부하는 방식을 보면 마치 스스로를 천재라 굳게 믿고 있는 듯하다.

공신닷컴에 이런 멘토가 있다. 한번 받으면 서울대 그냥 들어간다는 물리 올림피아드 금상을 두 번이나 수상했다. 과학, 특히 물리 영역에서는 당시 또래 중에 열 손가락 안에 들 정도의 실력을 갖췄다. 이미 고등학교 2학년 때 수능시험과 무관하게 각종 의대를 비롯한 여러 대학에 합격해 놓은 상태였다.

자, 이런 괴물 오라버니 같은 것들은 어떻게 공부했을까?

수업 듣고 나면 응용 문제를 바로 풀 수 있었을까? 한번 공부하면 잊어버리지 않고 시험장에서 교과서 목차부터 끝장까지 줄줄줄 읊어서 감독관이 놀라 나자빠졌을까?

나도 그런 줄로만 알았다. 나 또한 일반 공립 초중고등학교를 나와서 대학을 갔다. 과학고, 민사고 이런 학교는 애당초 꿈도 못 꿨다. 그런 존재들은 '나를 비롯한 평화롭고 수학 못 하는 지구인을 괴롭히러 온 외계 생명체가 아닐까?'라고 생각했다.

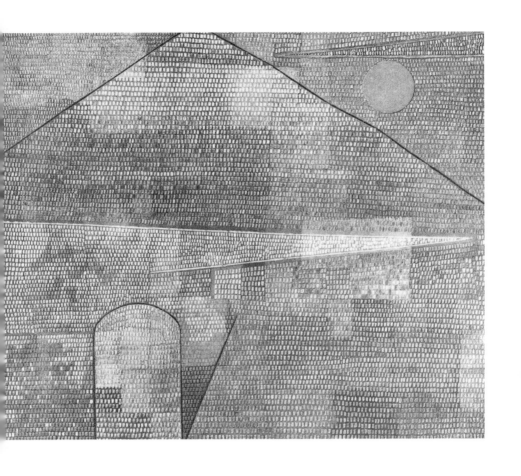

"신(神)은 늘 디테일에 깃들어 있다"

그런데 이런 학생들도 결국 나와 크게 다르지 않다는 것을 알게 됐다. 천재처럼 보이는 대단한 친구들도 책 한번 본다고 머릿속에 완전히 남지 않는다. 오히려 여러분이 기대하는 것과는 정반대에 가깝다. 설마라고? 믿기지가 않는다고? 어떻게 그렇게 자신할 수 있느냐고? 끝까지 못 믿는 분이 있을지 모르겠다.

　이 친구가 내 동생 강성영 공신이다. 기숙사 룸메이트로 함께 공신을 시작했던 바로 그 동생이다. 여러분이 보는 공신닷컴 사이트가 바로 강성영 공신이 받았던 한 학기 대통령 장학금 500만 원으로 만든 것이다.

　나는 동생보다 다섯 살이 더 많다. 내가 대학생일 때 동생은 중학생이었으니 당연히 가르쳐 봤지 않겠는가? 한 가지 분명한 사실은 나는 내 동생을 가르치며 이 자식을 거의 때려죽일 뻔했다. 한 번 가르쳐 주면 좀 알아들어야 하는데, 답답하기 짝이 없게 이해를 못했다. 다음 시간 진도를 빼 보겠다고 책을 펼치면 상당 부분을 까먹은 상태라서 진도를 나가기가 어려웠다. 그때마다 정말 형제의 연을 끊고 싶었다.

　이런 동생이 지금도 자랑스러운 점이 하나 있다. 중등 경시를 치를 때의 일이다. 중등 경시를 치르려면 고등학교 과정의 물리, 화학, 생물, 지구과학을 2과정까지 전부 공부해야 한다. 가장 대표적으로 보는 교재가 가장 두껍기로 소문난 H로 시작하는 자습서였다. 내 동생은 그 두꺼운 자습서 네 권을 각각 무려 열 번을 봤다. 농담이 아니라 실제로 너덜너덜해질 때까지 공부했다. 결국 중등 경시에서 금상을 타고 민족사관고등학교에 진학했다.

내 동생을 봐도 알 수 있듯이 공부의 기본은 '반복과 복습'이다. 한 번 공부하고 기억이 나기를 바라는 것은 염치없는 욕심이다. 영어 단어를 분명 외웠는데, 문제를 풀 때 생각이 나지 않는 것은 지극히 당연한 일이다. 원래 그렇다. 한 번 외운 것은 금방 잊힌다. 다시 외워야 한다.

게다가 단어장에서 외운 것은 엄밀히 말하면 단어가 아니라 단어장이다. 단어장에서 뜻을 가리면 맞힐 수 있는데, 지문에서 만나면 생각이 안 나는 게 당연하다. 사람의 뇌는 단어만 컴퓨터처럼 복사하여 외우는 것이 아니라 단어의 순서, 위치, 색상, 심지어 암기할 때 소리나 냄새까지도 같이 기억한다. 그러니 단어장을 벗어나면 당연히 생각이 나지 않는다. 단어장에서도 보고, 노트에서도 보고, 교과서에서도 보고 여러 상황에서 여러 차례 봐야만 온전히 단어만 머릿속에 남아 비로소 내 것이 된다.

수학 공부도 반복과 복습이 필요하다. 사실 수학은 암기 과목이다. 암기가 없는 과목은 이 세상에 없다. 그런데 많은 학생이 수학을 이해만 하는 과목이라 생각하고 암기를 의도적으로 기피한다. 복습도 안 한다. 수학이 가장 어려워지는 중요한 이유 중 하나다.

정의, 유도 과정, 공식 등의 개념은 절대 한 번에 머릿속에 완전히 들어오지 않는다. 최소 세 차례 이상 반복해야 하며, 안 보고도 유도할 수 있을 정도가 돼야 한다.

기본 문제는 개념이 문제화 되는 가장 중요한 문제로 역시 세 번 이상 반복한다. 개념의 일부라 생각하고 문제 자체를 외울 정도로 보는 것이 좋다. 그러고 나서 단순 공식 대입 문제부터 점차 난이도를 올려 가며 틀린 문제를 최소 다섯 번 이상 반복하여 완전히 익힌다. 그리고 응용 문제에 도전하면 이제 좀 풀어 볼 수 있겠구나 정도 느낌이 든다. 여러분이 공부의 신이라 부르는 나도 이 정도였다. 그런데 수업 한 번 듣고 혹은 개념 한 번 보고 다 이해했다고? 그리고 응용 문제를 푸는데 안 풀린다고? 어디서 학교 급식에 초밥에 알탕 나오는 소릴 하고 있나? 안 풀리는 게 당연하다.

솔직히 나도 처음부터 반복과 복습을 많이 했던 것은 아니다. 한때는 복습보다는 여러 문제집을 바꿔 가며 풀고, 과목도 자주 바꾸면서 공부했던 적이 있다. 그러면서 공부했던 내용을 자꾸 까먹는다고 자책하곤 했다. 그렇게 공부하니 나름 열심히 공부하는데도 성적은 별로 나아지는 게 없었다. 그런 시행착오를 거친 뒤에야 그 원인이 복습을 하지 않았다는 데 있다는 것을 깨달았다.

이후 많은 문제집을 풀고 진도에 욕심을 부리는 대신 문제 하나, 문제집 한 권이라도 확실히 공부하려고 노력했다. 문제를 풀다 조금이라도 의아하면 개념 공부로 다시 돌아가 복습했다. 그러면서 성적도 자연스럽게 올랐다.

복습의 중요성을 실감하면서 나름의 원칙을 세웠다.

'오늘 본 것은 내일 본다. 아침에 본 것은 저녁에 본다'다.

그리고 그 문구를 필통에 또 적어 넣었다. 아예 새로운 진도를 나가기 전에 복습부터 했다. 만약 복습을 하다가 생각이 나지 않으면 새로 진도 나가는 것을 멈추고 알 때까지 봤다. 어차피 잊어버리면 새로 해야 하니까, 급하게 진도만 빼는 것보다는 시간이 들더라도 복습하는 게 더 나았다.

세상 일 중에 바로 잘되는 일은 거의 없다. 공부도 그중 하나다. 오히려 처음부터 잘되는 게 뭔가 이상한 거다. 누구나 처음 하는 일은 어설프고 힘들다. 부모님께 여쭤 봐라. 갓난아기 때 내가 걷기까지 얼마나 많이 넘어지고 다쳤는지를. 하지만 포기하지 않고 반복한 끝에 우린 걷고 뛸 수 있게 되었다.

공부도 마찬가지다. 영어 단어가 됐든, 수학 응용 문제가 됐든 한 번에 능숙해질 거란 생각은 애당초 버려라. 실험을 통해 밝혀진 사실에 따르면 통상적으로 다섯 번은 반복해야 완전히 내 것이 된다.

복습보다 진도에만 급급해 낭패를 본 경험을 교훈 삼아 고3 수험생 시절, 나는 문제집 표지에 늘 '正(바를 정)' 자 두 개를 쓰며 공부했다. 물론 아는 내용은 철저히 배제하고 모르는 내용, 틀린 문제를 집중하여 거의 씹어 먹을 정도로 완전히 내 것으로 만들었다. 문제 해설 중 몰랐던 내용은 아예 외워 버렸다. 그런 과정에서 이해가 되기도 했다.

물론 내 동생에게도 무조건 복습 또 복습을 강조했다. 늘 했던 말이 생각난다.

"한 번 볼 책이면 펼치지도 마라."

이것이 내가 공부의 신이 될 수 있었던 가장 중요한 비결이었다. 늘 자신 없고 찌질하고 존재감 없던 나는 엄청난 반복과 복습을 통해 공부에 자신감을 갖기 시작했다. 반복과 복습은 머리가 특출 나게 좋지 않았던 촌놈 강성태에게 가장 강력한 무기였다.

반복과 복습 못지않게 질문도 중요하다. 질문을 하는 건 학생의 본분이자 의무다. 배우는 학생이 모르는 게 있어 질문하는 것은 전 세계 어디에서나 당연한 일이다. 모르는 내용이 있으면 무조건 질문해라. 아무리 어려운 내용이라도 모르면 질문을 해야 한다. 질문을 통해 이해했다면 무서울 정도로 반복하라. 두려워하지 마라. 그 어떤 어려운 개념이나 내용도 질문하고 책이 너덜너덜해질 때까지 열 번 스무 번 복습하면 여러분의 머릿속에 들어오지 않고는 배길 수가 없을 것이다.

수많은 공부법이 있지만 질문과 복습을 하지 않고 공신이 된 사람은 없다. 2,000명이 넘는 공신 멘토들의 가장 큰 공통점 중의 하나이기도 하다. 질문과 복습은 누구라도 할 수 있다. 이것은 지능이나 재능의 문제가 아니다. 지금 이 책을 보고 있는 당신도 할 수 있다. 도전하겠다는 용기와 포기하지 않는 끈기만 있다면 말이다.

누구나 책 한 권을 통째로 외울 수 있다

열심히 공부했어도 막상 시험을 앞두면 불안해지기 마련이다. 특히 그 시험이 모의고사가 아니라 수능이라면 더욱더 그렇다. '망하면 어쩌지?', '재수하게 되면 어쩌지?', '모르는 문제가 나오면 어쩌지?' 등 불길한 생각이 꼬리에 꼬리를 문다. 나도 시험을 볼 때면 늘 비슷한 불안감에 시달렸다.

그러나 최종 시험에서는 달랐다. 불안하지 않았다. 별로 두려울 것도 없었다. 왜? 결국 내가 아는 데서 문제가 나올 것이 분명했기 때문이었다. 이게 얼마나 재수 없는 말인지 잘 안다. 하지만 여러분들에게 솔직한 이야기를 하는 것이 더 중요하다. 꼭 해 주고 싶은 이야기이기도 하다.

완벽하게 공부한 상태라면 사실 시험이, 시험이 아니다. 마냥 두려운 대상이 아니라 즐거운 일이 된다. 내가 시험을 즐길 수 있는 경지에 오를 수 있었던 데는 비결이 있었다. 매우 간단하다. 나도 썼고 동생인 강성영 공신도 써서 효과를 톡톡히 봤다. 다른 많은 후배들도 이 방법으로 만점을 받았다. 성적을 올린 정도가 아니라 100점을 받았다.

그 비결은 바로 '교과서 통째로 외우기'였다.

이쯤 되면 책을 덮고 싶다는 충동이 들지도 모른다. 그러나 끝까지 들어 보라. 매우 간단하고, 이 책을 보는 모든 분들이 가능한 방법이다.

먼저 목차부터 외워야 한다. 목차? 목차를 공부하는 바보가 어디 있느냐고 반문할 수도 있다. 대부분 본문이 중요하다고 생각한다. 아마 목차는 그냥 넘어가는 사람들이 태반일 것이다. 책을 함부로 굴린 친구들이라면 이미 목차는 뜯겨 나갔거나 걸레가 됐을지도 모르겠다.

책에서 아무 의미 없는 부분은 없다. 심지어 목차는 모든 책에 빠지지 않고, 가장 앞에 실린다. 그만큼 중요한 부분인데, 목차에 주목하는 사람은 그리 많지 않다. 나는 예전에도 그랬고, 지금도 늘 목차가 우선이다. 이 글을 쓰기 직전까지 읽고 있던 책도 목차를 가장 먼저 봤다. 책을 살 때도 목차를 굉장히 유심히 본다.

목차를 암기하는 이유는 분명하다. 목차를 꿰뚫고 있으면 본문 내용을 공부하기가 쉽기 때문이다. 이렇게 자신 있게 얘기할 수 있는 근거가 있다.

우리는 공부를 하고 나면 필연적으로 까먹는다. 수업 시간에 본 것도 까먹고, 자습한 것도 까먹고, 과외 공부한 것도 까먹는다. 정말 까먹고 까먹어 더 이상 까먹을 게 없을 지경이다. 어차피 까먹을 것 공부는 왜 하나 싶은 생각이 들 정도다.

그런데 왜 까먹는 것일까? 우리 뇌는 모든 신체 중 아직까지도 밝혀지지 않은 부분이 가장 많은 기관이다. 여러 연구들이 진행 중이지만 지금까지 밝혀진 사실 가운데 가장 신빙성 있는 이론 중 하나는 바로 '잊어버리지 않는 뇌'다.

우리 뇌는 공부한 것을 잊어버리지 않는다. 우리 뇌의 용량은 그야말로 무제한이어서 보고 듣고 느낀 모든 것을 다 기억한다. 그 모든 것을 지금 다 생각하고 있으면 머리가 폭발할지도 모른다. 일상생활이 불가능할 것이다. 그래서 무의식의 영역에 가까운 매우 깊숙한 곳에 많은 정보를 보관해 놓는다. 필요할 때 꺼내어 쓰도록. 그런데 왜 시험지만 받아 들면 아무 생각이 안 나냐고?

이유는 간단하다. 배운 내용들이 뒤죽박죽 섞여 있어 꺼내지 못하기 때문이다. 여러분의 방을 보라. 방이 엉망이라면 거기서 지난번 중간고사 때 쓰고 빼 놨던 클립을 찾아낼 수 있겠는가? 아마 찾는 데 엄청난 시간이 걸리거나 결국 못 찾아 문방구를 향할 것이다. 또는 빨래집게를 대신 쓸지도 모른다.

물건이 없어진 게 아니다. 정리가 안 되어 있을 뿐이다. 마찬가지로 공부한 내용은 우리의 머릿속에 사라지지 않고 존재한다. 다만 우리가 꺼내지 못할 뿐이다. 나는 목차를 암기했다. 그것은 마치 서랍 정리를 하는 것과 같다. 공부하는 각 내용들이 마구 섞이지 않도록 구획을 나누는 것이다. 일단 목차로 머릿속에 틀을 만들어 놨다면 공부하는 내용을 그 칸막이 안에 차곡차곡 채워 넣는 느낌으로 공부한다.

사실 목차를 외우는 건 너무나 쉽다. 한 번이라도 확인해 본 분이라면 교과서에 목차가 고작 두 쪽밖에 안 된다는 것을 알 것이다. 이미 배워서 익숙한 단원명들이라면 한 시간도 안 돼 안 보고 적을 수 있을 정도로 외울 수 있다.

나는 배운 것을 더 잘 정리해 두고 싶어서 차례에 나온 목차뿐 아니라 소단원명까지 적은 더 세부적인 목차를 들고 다니며 외웠다. 공부할 때도 늘 목차를 들고 다녔다. 옆에 항상 목차를 펼쳐 놓고 전체 내용 중 어떤 부분을 배우는지 확인했다. 무턱대고 공부하면 늘 숲을 못 보고 나무만 보는 실수를 하기 마련이다. 목차를 통해 전체 숲을 위에서 조망할 수 있었다. 앞뒤 단원의 연계는 물론 시작부터 끝까지 내용의 흐름을 놓치지 않을 수 있어 이해도 빠르고 암기도 더 잘됐다.

두 번째는 주로 시간이 많이 확보된 주말에 했던 공부 방식이다. 내 공부의 백미라고 할 수 있다. 목차를 펼쳐 놓고 그 목차에 해당하는 세부 내용을 안 보고 적어 보는 것이다. 이것이 어떻게 가능할까 싶지만 아까 말한 대로 세부 소단원과 개념명까지 적은 촘촘한 목차가 있기에 그 이름을 보면 그것을 단서로 내용을 적을 수 있다.

물론 다 적지 못할 때도 많다. 그럴 때는 색깔 있는 펜으로 적지 못한 부분을 채워 넣었다. 그리고 그 부분만 따로 뽑아 최소 다섯 번 이상 반복해서 보며 모든 내용을 다 적을 수 있을 정도로 만들었다. 아무리 머리에 잘 들어오지 않아도 열 번까지 보면 내 것으로 만들 수 있다.

자, 이제 끝났다. 여러분은 교과서를 통째로 암기한 것이다. 어리둥절할지 모르겠지만 진짜다.

나는 처음에 세부 목차까지 외웠다고 말했고, 목차를 보고 내용을 안 보고 쓰는 훈련을 했다고 말했다. 그럼 된 것이다. 목차를 보지 않고 써 본다. 그리고 그 목차를 보고 세부 내용까지 쓸 수 있으면 전체를 안 보고 쓸 수 있다는 뜻 아닌가. 내 말은 교과서 내용을 글자 하나 안 틀리게 적을 수 있었다는 뜻이 아니다. 그럴 필요도 없고 그래서도 안 된다. 내용 자체만 충실히 알고 있으면 된다.

이 정도가 되면 그야말로 두려울 게 없다. 문제풀이 공부에 들어가도 빠른 속도로 술술 문제를 풀 수 있다. 신이 날 지경이다. 모든 단원과 개념들이 머릿속에 잡혀 있기에 문제를 보는 순간 '아! 이건 이 개념에 관한 문제구나' 하고 즉흥적으로 떠오른다. 무엇에 관한 문제인지만 파악해도 문제의 반은 풀린 것이나 다름없다. 정 문제가 풀리지 않으면 첫 단원부터 끝 단원까지 소단원들을 스캔한다. 그중에 걸리는 것이 반드시 있다.

그렇게 공부한 덕분에 나는 수능시험에서 떨지 않을 수 있었다. 처음에는 살짝 긴장했지만 시험장에 들어가면서 속으로 '시험 그까짓 거 내가 아는 데서 다 나오겠지. 걱정할 거 뭐 있나'라고 말하며 마음을 진정시켰다. 결국 두 문제를 틀려 수능 만점에는 실패했지만 자신감이 있었기에 떨지 않고 시험을 잘 치를 수 있었다.

시험은 언제나 이런 여유가 있어야 최고의 성적을 받을 수 있는 법이다. 그리고 그 여유는 실력이 밑바탕 되지 않고서는 나올 수 없다. 교과서가 통째로 머릿속에 들어 있을 정도의 실력. 그 정도로 공부했다면 시험에서 두려울 게 뭐가 있겠는가? 아마 무사히, 그리고 신나게 시험을 잘 치를 수 있을 것이다.

집중과 몰입도 훈련이다

집중 안 되면 집중하는 척이라도 해라

/

우리나라 대학 도서관 중 가장 큰 곳. 서울대학교 도서관이다. 2014년 기준으로 약 469만 9,000여 권을 보유하고 있으며, 학생 1인당 장서는 167.9권에 달한다. 대한민국 국민이라면 누구나 언제만 신분증을 맡기면 출입이 가능하다. 여러분도 꼭 한 번 방문해 보길 바란다. 서울대생들을 보는 것만으로도 자극이 되기도 하고 신기하게 공부하고 싶은 느낌이 들 것이다. 부러운 느낌과 함께.

서울대 중앙도서관은 여러 구획으로 나뉘어져 있다. 그중엔 일반인도 자유롭게 출입하여 책을 보거나 자습할 수 있는 열람실이 있다. 여러분들도 개방 시간이면 제한 없이 들어가서 공부할 수 있다.

그런데 막상 가 보면 놀랄지도 모르겠다. 명색이 서울대 중앙도서관이지만 별것 없다. 칸막이도 없고, 그저 큰 홀에 책상과 의자가 있는 것이 전부다. 건물도, 시설도 많이 낡았다. 어지간한 고등학교 도서관보다 못할지도 모른다. 오히려 단과대학별로 있는 도서관 시설이 훨씬 좋은 편이다(최근 증축된 공간은 시설이 아주 좋다). 그래서 중앙도서관은 자주 가는 곳은 아니었다.

대학 시절, 내가 이곳에 가는 날은 정해져 있었다. 24시간 개방하는 열람실이 있어 밤샘 공부를 해야 할 때, 혹은 공부가 잘 안 될 때 주로 가곤 했다.

왜 공부가 안 될 때 그곳을 찾았느냐고? 이유는 단순하다. 칸막이가 없이 온통 트여 있기 때문이었다. 몸을 가릴 만한 게 없으니 스마트폰으로 웃긴 걸 보며 키득댄다거나 노트북 키보드 소리조차 내기 어려웠다. 고개를 들어 주위를 보면 모든 사람들이 하나같이 책을 보고 있다. 아주 가끔 다정하게 앉아 손을 잡고 공부를 하는 커플이 눈에 띌 때도 있긴 하다. 그런 모습을 목격하면 손을 아예 꽁꽁 묶어 버리고 싶은 심술이 나기도 하지만 대부분 그 큰 공간은 공부하는 분위기로 가득했다.

178

특히 내 경우 남자들만 가득한 공대에 있다가 샤방샤방한 여학생들이 공부하는 모습을 보면 신기한 곳에 온 느낌마저 들었다. 물론 그렇다고 여학생들만 보고 있었던 것은 아니다. 조금씩만 봤다.

여학생들이 있어서 그랬을까. 엄청난 역학(물리) 원서를 내려다보며 심오한 표정을 짓고 있자면 주로 문과생인 여학생들 눈엔 내가 멋지게 보일 것 같기도 했다. 연습장을 꺼내 꼬부랑거리는 수식을 그림 그리듯 미친 듯 리듬을 타며 휘갈기면 여학생들이 나를 악성 베토벤 보듯 쳐다보지 않을까? 이런 상상을 한 적도 있다.

서론이 길었다. 공부가 안될 때 중앙 도서관에서 내가 자주 했던 것은 '집중하는 척'하기다. 다들 엄청나게 책을 파고 있는데, 나만 딴 생각하고 멍 때리고 있으면 왠지 뒤처지는 느낌이 들었다. 그래서 공부하는 시늉이라도 했다. 만에 하나라도 날 바라봐 줄지도 모를 여학생을 위해서 책에 빠져든 듯 연기 아닌 연기를 했다. 펜을 들고 마구 뭐라도 썼다.

그런데 신기하게도 그렇게 집중하는 척을 하다 보면 공부가 잘되곤 했다. 어느 순간 집중하고 있는 나를 발견했다. 수험생 시절에도 이런 경험을 자주 하곤 했다. 잡념이 많은 나는 집중이 안 될 때가 많았다. 이럴 때 나는 무조건 펜을 들고 책을 눈 가까이 두고 밑줄을 치거나 내용을 미친 듯이 쓰곤 했다. 열심히, 공부가 잘되는 것처럼 일단 몸을 움직이는 것이다. 머리는 집중이 안 돼도 몸으로 집중하는 시늉을 하는 건 어렵지 않았기 때문이다. 특히 시험을 앞두고 불안해질 때 이 방법을 자주 썼다. 잡념을 없애는 데 효과적이었다.

집중하는 척하면 집중이 잘되는 것은 나만의 느낌은 아니다. 과학적으로도 근거가 있다. 집중하는 척하다 보면 집중이 되는 이유는 뇌과학에서 말하는 '작업 흥분' 때문이다. 이성에게 작업을 걸다가 흥분에 빠지는 상태를 의미하는 것이 아니다.

뇌에서 의욕을 담당하는 곳이 '측좌핵'이다. 이곳에서 의욕을 발생시키려면 자극이 필요하다. 자극 없이 아무 것도 하지 않고 자빠져 누워 있는데 갑자기 엄청난 의욕이 밀려오는 경우가 있던가? 그런 일은 없다.

자극을 주는 가장 쉬운 방법은 학생들이 흔히 말하는 닥공(닥치고 공부)이다. 닥치고 일단 앉아서 맹렬히 공부하다 보면 측좌핵이 자극되어 의욕이 생기고 집중도 할 수 있게 된다. 이것이 작업 흥분이다.

작업 흥분은 공부에서만 일어나는 것은 아니다. 운동을 시작하기는 쉽진 않지만 일단 달리기를 시작하면 계속할 의욕이 생긴다. 심지어는 한번 놀기 시작하면 흥분이 시작되고 계속 놀고 싶다. 공부나 운동은 괜찮지만 노는 데 자극을 받아 계속 놀게 되는 것은 문제긴 하다. 하지만 무슨 일이든 일단 시작하면 뇌가 흥분해 계속

하기를 부추기는 건 분명한 사실이다.

집중이 안 돼도 집중하는 척을 하다 보면 뇌 전체가 이제 공부하는 시간임을 인지하게 되고 따라온다. 원래 뇌라는 것이 길들여지지 않은 망아지 같아서 방향을 잡을 때까지는 시간이 걸리지만 일단 시동이 걸리면 무서운 힘을 발휘하곤 한다. 어느 방향으로 가야 한다는 것을 알리기까지는 시간이 걸린다. 그럴 땐 시늉이라도 해라.

이와 비슷한 방식을 나는 모든 영역에 이용하곤 한다. 용기가 없을 땐 용기가 있는 시늉을 한다. 걱정이 될 땐 걱정하지 않는 척을 한다. 그럼 신기할 정도로 용기가 나고 걱정이 사그라진다. 일종의 뇌를 속이는 것이다. 당당한 내 모습에 나의 뇌는 "당황할 필요 없는 거구나, 쫄지 말자!" 이런 식으로 당당한 멘탈로 바뀌는 것이다.

책에서 눈을 떼지 않고 책에 빠져든 듯, 약간 넋이 나간 듯 혹은 손을 쉬지 않고 맹렬히, 연필로 땅을 파 들어갈 기세로 공부해 보라. 어느 순간부터 정말로 집중이 된다. 최소한 10분 정도를 참고 공부해야 한다. 그 정도 유지하면 의욕이 조금이라도 생길 것이다.

간혹 지하철이나 식당에서 책을 보고 있을 때가 있다. 그 모습을 본 분들이 인터넷에 "공부의 신을 봤는데 엄청난 집중력으로 공부를 하고 있었어요! 공부에 미친 것 같았어요! 공신이라던데 역시 제정신은 아닌가 봐요!", 이런 내용의 글을 써 주실 때가 종종 있다.

사실 내가 오버해서 뭔가 휘갈겨 쓰거나 눈이 빠져라 책을 보고 있다면 아마도 집중한 상태가 아닐 가능성이 크다. 오히려 집중이 안 돼서 내 스스로 발악을 하고 있는 것으로 보면 된다. 의욕이 생겨서 의욕 있게 공부하는 것이 아니라 의욕이 없기에 의욕 있는 시늉이라도 하는 것이다.

혹시 여학생이 근처에 앉아서 공부하고 있었던 것 아니냐고? 더 이상의 답변은 생략하겠다.

스톱워치와 함께 집중을 넘어 몰입으로

여러분은 하루 평균 몇 시간이나 공부를 하는가? 3시간? 4시간? 10시간? 각자 다를 것이다. 그럼 다시 묻겠다. 여러분의 하루 평균 순수 집중 시간은 얼마나 되는가? 아마 대부분 두 질문에 대한 답이 다를 것이다.

답이 달라서는 안 된다. 오로지 순수하게 집중한 시간만이 공부한 시간이다. 보통 책상에 앉아 있는 시간을 공부한 시간으로 착각한다. 100시간을 앉아 공부했어도 있지도 않은 여자 친구(혹은 남자 친구)와 있지도 않을 삼각관계에 처해 잘생긴 남자와 똑똑한 남자 둘 중

누굴 택해야 하는지 고민이나 하고 있다면 공부한 것이 아니다.

공신 1,000명의 공부법을 분석한『공부의 신, 천 개의 시크릿』이라는 책에 공부 습관에 관한 내용이 있다. 그들에게 좋은 공부습관을 물었다. 1위가 '집중하는 습관'이었고 2위는 계획, 그다음으로 끈기와 근성이 뒤를 이었다. 그렇다면 그들이 꼽은 나쁜 공부습관은 무엇이었을까? 놀랍게도 '집중력 부족'이 단연 1위였다.

분석 결과만 봐도 공신들이 얼마나 집중을 중요하게 여기는지 알 수 있다. 집중하는 습관 덕분에 공신이 됐다고 생각한다는 뜻이다. 혹은 자신은 집중을 잘하지 못하고 있기 때문에 집중을 더 해야 한다고 느낀다는 말이다.

스톱워치 공부법을 보면 공신들이 얼마나 집중하기 위해 애쓰는지 알 수 있다. 공부할 때마다 스톱워치로 시간을 재는 것이다. 시작하면 스타트했다가 쉬거나 집중이 끊어지면 일시정지를 누른다. 다시 집중하면 스타트를 누르는 것이다.

초시계가 빠르게 돌아갈 땐 마치 시험을 보는 듯한 느낌이 든다. 보통 100미터 달리기를 하듯 전력 질주를 하게 된다. 또한 하루 동안 나의 순수 집중 시간을 잴 수 있다. 보통 공신들은 하루 공부 시간을 정해 놓고 그 시간을 매일매일 채운다. 5시간이면 5시간, 절대적인 목표량을 달성해 나가는 것이다.

모 방송에서 이런 스톱워치 공부법을 이야기했더니 다음날 전국

"세상 일 중에 바로 잘되는 일은 거의 없다. 공부도 그중 하나다"

의 문방구에 스톱워치가 동이 나 버렸다. 그 당시만 해도 스톱워치는 100미터 달리기에나 쓰는 물건이었다. 이젠 대부분의 학생들이 스톱워치를 활용한다. 그래서 공신에서 앱까지 만들었다. '공부의 신 스톱워치'로 검색하면 무료로 앱을 다운로드 할 수 있다. 한번 써 보길 바란다. 별점은 만점을 주면 된다.

공신 카페에는 이런 식으로 매일매일 공부 시간을 측정하여 인증하는 게시판이 있다. 다른 친구들과 매주 기록 경쟁을 하고 대결도 한다. 혼자 하는 것보다 서로 자극이 되어 공부량 늘리기에 크게 도움이 될 것이다.

수능시험이 임박했을 때 이 스톱워치로 일주일간 시간을 잰 공신이 있었다. 그의 스톱워치엔 90시간이 찍혀 있었다. 하루에 몇 시간을 공부했는지 직접 계산해 보라.

이젠 부디 책상에 앉아 있다고 공부한다는 생각을 버려라. 오로지 집중한 시간만이 공부다. 너무나도 당연한 건데 집중하지 못하고 시간만 때우는 친구들이 워낙 많으니 이야기하지 않을 수 없다. 이걸 강조해야 하는 현실이 좀 우스우면서도 슬프다.

그렇다면 진정한 집중이란 무엇일까? 집중에도 단계가 있다. 집중을 넘어선 단계를 '몰입'이라 한다. 단순히 글자를 읽는 수준을 넘어서 그 내용과 내가 하나가 되는 느낌이 들 때가 있다. 온 우주에 나 그리고 내 앞에 공부하는 이 내용, 이 한 문제만 남는 것이다. 시간이 그대로 정지된 느낌. 그 순간엔 그 어떤 것도 존재할 수 없다. 친구도, 선생님도, 가족들도 내 머릿속에서 멀어져 사라져 버린다. 심지어 나도 사라진다. 오로지 지금 이 순간이 영원이고, 이 것이 우주다. 시공간을 초월한 느낌이다. 시간이 멈춘 듯 느리게 가는 것 같다. 이런 상태가 바로 '몰입'이다.

몰입할 때는 내가 사라지니 걱정도 사라진다. 설령 시험을 위한 공부라 하더라도, 심지어 시험의 존재 자체도 잊을 수 있어야 몰입이라 말할 수 있다. "아니, 시험을 위해서 공부하는 것인데 시험의 존재마저 잊으라고요?"라며 반문할 수도 있지만 정말 집중을 해 몰입에 빠지면 그렇게 된다. 그때는 시험조차도 잡념이다. 오로지 지금 공부하는 이 내용 속에 푹 빠져 그 안에서만 헤엄쳐야 한다.

어떤 느낌인지 알겠는가? 이런 상태를 '몰입' 즉 '플로우(flow)'라고 표현한다. 플로우에 접어들면 극한의 편안함과 행복감마저 든다. 해 본 사람만이 진정한 이 기분을 알 수 있을 것이다.

생각해 보면 공부는 참 마법 같다. 신비롭기까지 하다. 이 신비한 경험을 여러분들이 한 번이라도 경험할 수 있으면 참 좋겠다. 이 책을 쓰는 이유이기도 하다. 물론 이 책을 읽으면서도 플로우에 빠질 수 있다. 멈추지 말고 계속 그 흐름을 타길 바란다. 다음 내용도 참 재밌을 테니까.

시험보다 공부 자체에 집중해야 진짜 공부!

/

'지문을 먼저 읽어야 하나? 문제를 먼저 읽어야 하나?'

국어 시험을 볼 때 학생들이 가장 많이 하는 고민 중 하나다. 요즘은 대부분이 문제를 먼저 읽어야 한다고 말한다. 만약 지나가는 학생들에게 묻는다면 문제를 먼저 읽어야 한다고 답할 것이다.

보통 지문으로 나오는 글에는 딸린 문제가 세 개 정도 된다. 그 문제들을 먼저 읽고 나서 지문을 읽으면 문제를 이미 알고 있는 상태다. 지문을 읽으면서 동시에 문제도 풀 수 있으니 속도가 빨라진다는 것이 이유다. 특히 글을 읽고도 생각이 안 나는 학생은 꼭 이 방법을 써야 한다고 한다. 왜냐하면 지문을 읽는 중에 문제를 풀기 때문에 다시 문제를 볼 때까지 글의 내용을 까먹을 일도 없기 때문이란다.

물론 나도 이 방법을 썼다. 학교 국어 선생님은 물론 학원 선생님들도 모두 이 방법을 추천하셨기 때문이다. 그러나 이 방법을 아무리 써도 성적이 오르지 않았다. 지문을 읽는 동시에 문제를 풀면 더 빨리 풀려야 하는 게 맞는데, 아니었다. 문제도 많이 틀렸다. 잘하는 친구들은 그냥 읽고 있는 대로 답하면 된다고 하는데, 이런 말을 들으니 더욱 전의가 상실됐다.

어린 시절 책을 많이 안 읽어서 그런가 싶어 책을 열심히 읽지 않았던 과거가 후회스러웠다. 나름 열심히 한다고 많은 시간을 할애해 국어 공부를 했다. 어떤 날은 지나가던 친구가 "매일 국어 공부만 하네. 다른 과목은 안 해?"라고 물어볼 정도였다. 나에게 있어 국어는 늘 해도 안 되는 그런 과목이었다.

결국 나는 문제를 먼저 읽는 방법을 포기했다. 그런데 웬걸? 그랬더니 전보다 훨씬 결과가 좋았다. 문제를 먼저 읽지도 않고, 문제 따위 일단 잊고 글에만 온전히 집중했는데도 말이다. 어찌된 일인지 문제가 더 잘 풀렸다.

지금 생각해 보면 참 당연한 것이었다. 문제를 먼저 읽으면 유리해 보이기는 한다. 문제를 먼저 보고 문제를 떠올려 가며 글을 읽으면 시간을 단축할 수 있을 것 같다. 그러나 그게 가능한 학생이 몇이나 될까? 이런 방식은 독해력이 매우 뛰어나고 단기 기억의 용량이 엄청난 학생들이라야 가능하다.

내가 세 개 이상의 문제를 기억하면서 동시에 글을 읽는 것은 불가능에 가까웠다. 글에 온전히 집중해도 주제 파악이 될까 말까 한데, 문제들을 기억하느라 결국 글에는 집중하지 못했다. 그러니 글을 읽고 문제가 풀리지 않았다. 그럼 지문을 봤다가 또다시 문제를 봤다, 왔다 갔다 몇 번을 보는 상황이 늘 반복됐다. 결국 시간이 부족해서 뒷부분은 찍기 일쑤였다.

오히려 모든 것을 내려놓고 글을 이해하는 데만 모든 에너지를 쏟아부었다. 문제를 기억하는 건 포기한 채 말이다. 시험이란 사실도 애써 잊은 채 글을 이해하는 데만 집중했다. 그랬더니 전보다 훨씬 주제를 빨리, 정확히 파악할 수 있었다. 그렇게 주제를 제대로 파악하고 나니 의외로 문제도 술술 풀렸다.

그때 깨달았다. 나는 늘 시험만을 위해 공부했다. 진짜 배움이 아니라 성적만을 생각했다. 찍어서라도 100점을 맞으면 된다는 생각. 그런데 그 생각은 오히려 돌아가는 길이었다. 성적이 별로 변하지 않았다. 점수 1점 더 올리는 데 집착하기 전에 내가 정말 이 글들을 하나하나 진정성을 가지고 접근했다면, 저자가 무슨 말을 하려는 것인지에 진심으로 귀를 기울였다면, 아마도 글을 좀 더 제대로 파악했을 것이고, 글을 제대로 파악했으니 문제 또한 어렵지 않게 풀었을 것이다.

세상엔 수많은 꼼수들이 존재한다. 그러나 그 꼼수들 대부분 허상에 가깝다. 도움이 안 되거나 잠깐 도움이 되더라도 궁극적으론 내게 마이너스인 경우가 대부분이다. 예를 들면 영어는 앞뒤 문장 살짝 읽고 정답을 유추하여 찍는 방법을 훈련하려는 학생들이 있다. 그리고 일부 학원에서는 그것을 마치 엄청난 스킬인 양, 모든 문제들을 다 풀 수 있는 마스터키인 것처럼 가르친다. 학생들은 그렇게 꼼수 같은 방법으로 풀지 않으면 뒤처진다고 믿는다.

결론부터 말하면 바보 같은 짓이다. 학원 선생님은 어쩌다 있는 그런 문제를 미리 구해 놓은 것이고 마치 자신이 엄청난 대법칙을 발견한 양 학생들에게 예를 들어 설명한다. 그러나 실전에서 그렇게 엉성한 문제는 거의 나오지 않는다. 뿐만 아니라 실전에서 과감히 한두 문장만 보고 답을 찍을 수 있는 강심장도 없다. 선생님께서도 실전에선 써먹지 못할 방법이다.

나는 최대한 진정성을 가지고 공부하고자 했다. 성적을 위해서가 아니라 정말 공부를 통해 새로운 것을 알고 나 자신을 발전시킨다는 생각으로 공부했다. 쉬운 일은 아니었지만 그렇게 하고자 노력했다. 그랬더니 서서히 적응이 되었고, 재미있게, 효율적으로 공부할 수 있었다.

1592년 임진왜란이 일어났다는 걸 외우는 걸로 끝나지 않았다. 왜 이때 가슴 아픈 큰 전쟁이 일어날 수밖에 없었는지, 끝난 후에 무슨 일이 있었는지 생각하게 되었다. 백성과 수도를 버리고 몰래 도망가 버린 임금을 보는 백성들의 마음이 어땠을지, 곧 왜놈들이 들이닥쳐 온갖 수모를 겪은 당시 사람들이 어땠을지 마음으로 느껴 보고자 했다. 그랬더니 전쟁이 끝난 뒤 지배층이었던 양반들에 대한 백성의 불신과 난리 중에 신분 체계가 모호해지는 것이 빤히 그려졌다. 실제로 전쟁 이후 양반이 몰락하는 것은 당연한 일처럼 받아들여져 굳이 외우지 않아도 될 정도였다.

질문도 참 많이 하기 시작했다. 예를 들면 임진왜란 이후 비변사가 강화됐다고 달달 외운다. 이유도 모른 채 말이다. 그런데 왜 이 이름도 괴상한 비변사가 강화된 거지? 비변사는 말 그대로 나라의 '변'방을 '방'비하는 역할을 하는 기관이었다. 엄청난 전쟁을 거쳤으니 전쟁 중엔 비변사가 매우 중대한 역할을 할 수밖에 없었다. 원래 군사 문제만 관여하던 비변사가 국정 전반을 관여하게 된 것이다. 그런데 전쟁이 7년간 지속되다 보니 전쟁이 끝난 이후에도 그 체계란 것이 전쟁 전 상태로 되돌아오기 어려웠다. 그래서 비변사가 전쟁 전 국정을 총괄하던 의정부를 능가하는 국가 최고의 기관이 된 것이다.

어떤 경우에는 감정을 이입하기도 했다. 시를 읽을 때는 내 감정을 온전히 쏟아부었다. 아들을 잃은 아버지가 쓴 시를 공부할 땐 그냥 주제만 달달 외우지 않고, 시를 천천히 음미하면서 정말 그 감정을 느껴 보려고 애를 썼다. 친구들 대부분은 바쁘기 때문에 그 안의 영혼은 읽지 못하고 글자만 읽는다. 관심도 없다. 그런데 진심을 다해 읽으면 기억에도 잘 남고 주제를 찾기도 쉽다. 해 보면 안다.

소설을 읽을 때 내가 곧 등장인물이었다. 그 인물이 된 상상을 하며 그 심정을 최대한 이해하고자 노력했다. 어떤 때는 분노에 이글이글 타오르기도 하고, 사랑의 감정으로 마음이 설레기도 했다.

여러분들도 국어 문제를 풀 때 정말 이 글 자체를 알고 싶어 하고, 이 시 하나를 온전히 느껴 보라.

수학 공부를 할 때, 복리(은행이자)법을 배우며 내가 정말 복리로 부자가 된 상상을 하며 공부했다. 과학 공부를 할 때도 이런 법칙과 원리를 처음 발견한 사람이 돼서 신기한 눈으로 내용을 바라보기도 했다.

여러분께 묻고 싶다. 하루라도 이런 진정성을 가지고 공부를 해 본 적이 있는가 말이다.

문제를 맞혀서 점수 좀 올려 보겠다는 마음에서 하는 공부가 아니라 정말 진심을 다하는 공부다운 공부 말이다.

시험을 신경 쓰지 말라는 얘기가 아니다. 시험도 잘 봐야 하고 최선을 다해야 하지만 내용 하나하나를 파고들 때는 그 자체가 목적이 되는 것이 좋다. 그렇게 공부하면 시간이 오래 걸려 비효율적이라 생각하는 분들이 있다. 그렇지 않다. 오히려 더 빠르다. 뿐만 아니라 고생도 덜어 주고 재미도 느끼게 된다.

공부는 사람들의 관계와도 같다. 어떤 다른 목적을 가지고, 예를 들면 물건을 팔거나 이용해 보려는 목적으로 그 사람과 친해지려 하면 쉽지 않다. 나부터가 어색하고 상대방은 날 경계할지도 모른다. 오히려 아무런 조건 없이 친해지고 이해하려 다가서서 진심으로 대화를 나누다 보면 친구가 되고, 내가 굳이 도움을 요청하지 않아도 도움을 주려 할 때가 많다.

공부가 꼭 그렇다. 세상 모든 일이 그렇지만 진심으로 다가가고 진심으로 삶을 살아야 한다. 진심은 언제나 통하기 마련이니까. 세상엔 진심만큼 강한 무기도 없는 법이다.

집착을 버리면 몰입이 가능하다

/

"잠시만 눈 감고 새가 지저귀는 소리를 한번 들어 보세요. 정말 평화롭죠?

바람에 흔들리는 나뭇잎 소리에 귀를 기울여 보세요. 시원하고 상쾌하지 않나요?

지금 잠시 걸으며 흙바닥을 느껴 보세요. 지구를, 대지를, 평평한 바닥을. 이 또한 즐거움입니다."

사이비 종교 단체의 주문처럼 들릴지도 모르겠다. 내가 멘토링을 할 때 간혹 쓰는 방법이다. 적으면서도 좀 닭살 돋는데, 멘티들을 앞에 두고 묵직하고 느끼한 목소리로 이 멘트를 읊어 대면 나조차도 오글오글해진다. 듣고 있으면 그저께 먹은 김치찌개가 올라올 것 같지만 의외로 효과가 좋다. 이것은 다름 아닌 명상이다.

명상을 하면 마음이 평안해지고 행복이 서서히 밀려온다. 몸이 가벼워지는 느낌이 든다. 왜일까? 집중하기 때문이다. 우리는 너무 복잡하고 산만한 세상에서 살고 있다. 잠시도 무엇 하나에 온전히 마음을 두기 어렵다. 스마트폰은 끈질기게 나를 따라다니고, 주변 사람들은 나에게 늘 관심을 넘는 간섭을 늘어놓는다. 공부해야 한다는 생각은 단 1초도 내려놓기 힘들다.

이러니 불행한 것이다. 무엇 하나도 온전히 느끼는 것이 없다. 늘 두 가지 이상의 생각을 갖고 있기 때문에 어느 것 하나도 제대로 몰입하지 못한다. 무언가 하나를 한다고 생각하지만 실제론 동시에 수많은 근심을 함께 지고 있다. 결국 진정한 삶, 나의 삶은 살지 못한다. 어느 것 하나 제대로 느끼고 경험하지 못하기 때문이다. 집중하지 못하는 사람은 즐거움도, 행복도 느낄 수 없다.

공부도 마찬가지다. 집중해야 한다. 하나에 모든 걸 맡겨 보라. 성적도 잊고 시험도 잊어라. 공부 그 자체에만 빠져드는 것이다. 욕심은 절대 금물이다. 하나로 족하다. 잘 안 되면 좀 더 쉬운 것을 하면 된다. 조급해 하며 무조건 어려운 것만 보지 말라.

자기에게 맞는 적절한 난이도로 공부하는 것은 집중을 위한 '제1조건'이기도 하다. 많은 학생이 어려운 것을 보면 더 빨리 성적이 오른다고 믿곤 하는데 절대로 그런 일은 없다. 게임조차도 너무 어려워 첫 판에 한 방 맞고 끝나 버리면 몰입할 수 있겠는가? 반대로 너무 쉬워 시작하자마자 끝판을 깨 버린다면 누가 재미를 느낄 수 있는가?

오스트리아 심리학자 빅터 프랭클은 이런 말을 남겼다.

"성공에 집착하지 마라. 성공에 집착할수록 성공하지 못할 가능성은 높아진다. 행복과 마찬가지로 성공이란 것도 의식적으로 이루려고 한다고 이룰 수 있는 것이 아니다. 성공은 자신의 이해보다 더 큰 목표에 헌신할 때 얻어지는 부산물일 뿐이다."

이 말은 공부에도 거의 비슷하게 적용된다. 성적에만 집착하지 마라. 집착할수록 진정한 공부와 멀어진다. 단 한 번만이라도 진짜 공부를 해 보라. 오늘 단 하나의 내용을 건져도 좋다. 진리를 깨닫고 국어든, 수학이든, 사회든 세상의 아주 작은 조각 일부라도 이해해 보라. 오히려 이것이 여러분을 공신으로 만들어 줄 것이며 행복으로 가는 지름길을 열어 줄 것이다.

몰입이 공부의 재미를 선물한다

/

아직은 믿기 어렵겠지만 공부에 몰입하면 공부가 재미있어진다. 내 오른쪽 가운데 손가락은 지금도 한쪽이 조금 튀어나와 있다. 수험생활 당시 늘 굳은살이 좀 징그러울 정도로 박혀 있었다. 내가 펜을 세게 쥐는 탓도 있었지만 한창 공부할 때는 볼펜 하나를 다 쓰는 데 2주 정도가 걸렸다. 죽기 살기로 공부에 매달렸다.

하지만 즐거웠다. 솔직히 공부가 즐거웠다고 하면 몇몇 분들은 거부 반응을 보일지도 모르겠다. 그래도 사실은 사실이다. 공부를 해서 성적이 잘 나오면 행복을 느낀다. 하지만 그와는 다른 즐거움이 있었다. 오늘 무슨 공부를 해야겠다 마음을 먹고 그날 하루 그 내용을 완벽하게 내 것으로 만들었다면 뿌듯한 보람이 느껴진다. 뿐만 아니라 공부하는 그 순간도 좋았다. 성장하고 있다는 사실이 즐거웠다. 뭔가를 깨달아서 원리를 파악하는 것이 신나고 재밌었다. 이건 게임에 비할 것이 아니다.

거짓말 같겠지만 어떤 경우에는 문제집 푸는 게 아깝다는 생각마저 잠시 들었다. 아직도 그 상황이 생생히 기억날 정도다. 밤 9시쯤 되었던 것 같은데 중간고사 범위를 공부하고 있었다. 사복을 입고 있었던 기억으로 봐서 아마 주말에 교실에 나와 공부하고 있었던 것 같다. 교실 중간 정도에 앉아 있었다. 시험기간이라 공부하

"성공에 집착하지 마라.
성공에 집착할수록 성공하지 못할 가능성은 높아진다"

러 나온 친구들이 나 말고도 대여섯 명이 더 있었다.

물리였다. 문제를 푸는 데 공부한 개념으로 문제가 풀리기 시작했다. 원리를 수차례 반복하여 확실히 파악하고 그것을 적용시켜서 문제를 풀고 답을 확인했더니 족족 맞았다. 그때 느낀 감정은 희열에 가까웠다. 밥을 먹지 않아도 배가 부를 것 같았다. 정신은 또렷했고, 오로지 문제에만 빠져 푸는 데 전념했다. 세상과 차단되어 고요한 공간에 나만 남은 듯했다. 주변 소리도 거의 들리지 않았다.

'아, 이거 다 풀면 무슨 낙으로 사나.'

나도 모르게 남아 있는 문제가 얼마나 되나 확인하며 속으로 이런 말을 했다. 보통은 문제집을 들춰 보면서 '이 지겨운 거 얼마나 더 해야 돼?'라는 생각을 많이 했지만 그날은 정반대였다. 다 푸는 게 아까워서 그랬다. 만화책이나 드라마를 볼 때, 영화를 볼 때 끝나는 것이 너무 아깝다는 생각을 한 적은 있었다. 그런데 공부하면서도 이런 생각이 들 수 있다는 게 놀라웠다. 공부를 하고 나서도 보람찼고, 하는 동안에도 즐거웠다. 심지어 공부하러 가는 것 자체도 좋았다. '오늘 이 단원 공부를 해서 이 단원은 이제 터득할 수 있겠구나'라고 생각하면 학교 도서관을 향하는 발걸음이 가벼워졌다. 공부에 온전히 몰입하면 공부의 재미가 더해진다는 것을 확인한 소중한 경험이었다.

휴식도 몰입의 다른 얼굴이다

흔히들 공부를 마라톤에 비유하곤 한다. 아니다. 공부는, 특히 수험생활은 마라톤이 아니라 단거리 달리기를 여러 번 하는 것이다. 시작부터 끝까지 죽어라 뛰는 것이 능사가 아니라 할 때 하고 쉴 때 쉬는, 지구력보다는 순발력의 싸움이란 뜻이다.

우리는 쉴 줄 모른다. 쉬는 법은 아무도 이야기해 주지 않는다. 오로지 공부, 공부, 공부만을 이야기한다. 심지어 내 글과 강의도 대부분 공부 이야기다. 하지만 나는 여러분에게 공부법 이상으로 쉬는 법도 알아야 한다고 말하고 싶다. 쉬는 법도 공부법 이상으로 중요하다. 쉬지 않으면 집중도, 몰입도 할 수 없다. 집중과 몰입은커녕 적절히 쉬지 않으면 공부를 하는 척하기조차 힘들어질 수 있다.

휴식을 통해 충전을 하는 시간이 필요하다. 하다못해 스마트폰을 쓰더라도 충전을 먼저 한다. 퀄컴의 스냅드래곤이 탑재되어 있고 옆구리는 엣지여서 오이랑 양파를 썰 수 있다고 한들 충전돼 있지 않으면 뭔 소용인가. 스냅드래곤의 증조할아버지가 탑재돼 있어도 배터리가 제로면 그냥 좀 가벼운 벽돌에 불과하다.

우리나라에서는 공부하는 학생들이 쉬는 것을 죄악시하는 경향이 있다. 입으로는 "할 땐 하고 쉴 땐 쉬라"고 하지만 정작 쉬려고 하면 "그만 좀 쉬고 공부해라", "게을러, 게을러" 이런 말이 나오기 십상이다. 사실 사회 전반에 근면, 성실, 오직 그것만을 미덕으로 여기는 분위기가 만만치 않다. 공부하는 학생은 말할 것도 없고 직장에서 상사들도 부하 직원들이 쉬는 꼴을 보지 못한다. 자신도 편하거나 쉬는 모습을 보여 줘선 안 된다.

수험생 시절, 나는 온갖 질병에 시달렸다. 고3병이다. 정말 최선을 다했다고 생각하는 수험생활이지만 후회하는 점도 많다. 가장 후회하는 것 중 하나가 '휴식'이다. 당시 나는 휴식이 없었다. 유일한 휴식은 잠과 운동뿐이었다. 그것도 매우 적었다. 잠시도 뇌를 가만두지 않았다. 앉으나 서나 누우나 계속 공부한 내용을 떠올렸다. 긴장이 풀어질까 봐 일부러 초긴장 상태를 유지하려 애썼다. 실수를 줄이려고 일부러 성격을 예민하게 만들 지경이었으니 얼마나 피곤하게 살았는지 짐작이 갈 것이다.

휴식을 해도 제대로 쉬지 못했다. 머리 한구석에는 늘 공부가 자리를 잡고 있었다. 쉬어도 쉬는 느낌이 없었다. 그러다 보니 몸이 골병이 들 지경이었다. 극심한 변비와 허리 통증에 시달렸고, 간혹 설사, 피부 두드러기, 소화불량까지 겹쳐 몸이 버텨 내질 못했다. 결국 수험생 시절 두드러기가 심해져 수능을 포기해야 할 지경에까지 이르렀다.

공신들 중엔 휴식을 매우 잘 활용하고도 좋은 성과를 낸 경우가 많다. 예를 들어 일요일 하루는 쉬는 것이다. '하루를 어떻게 쉬어요? 그럴 시간이 어디 있어요?'라고 말할지도 모른다. 하지만 주중에 정말 완전히 집중해 공부만 했다면 주말엔 쉬어도 된다. 그렇게 회복하고 주중에 공부에 돌입하면 훨씬 집중도 잘돼고 효과적으로 공부할 수 있다.

물론 무조건 하루 종일 공부하지 않고 쉬어야만 하는 법은 없다. 공부를 하더라도 이날은 계획과는 무관하게 자기가 하고 싶은 공부를 하는 식이다. 이러면 공부도 휴식처럼 느껴진다. 쉴 때 중요한 것은 눈을 쉬어 주는 것이다. 눈이 피로하면 모든 신체가 피곤하다. 눈은 절대적으로 쉬어 주는 것이 좋다. 눈을 감고 좋아하는 음악을 듣거나 명상을 하는 것도 좋고 운동을 하는 것도 좋다.

휴식도 집중을 위한 과정이다. 하지만 안타깝게도 많은 사람이 쉰다 해도 어떻게 쉬어야 하는지, 뭘 해야 할지 모른다. 고작 하는 것이 게임이나 인터넷 정도다. 몇 시간 동안 컴퓨터나 주먹만 한 스마트폰에 눈을 고정시키고 있다. 앉은 상태로 일어나지도 않고 심지어 눈도 깜빡거리지 않고 하루 종일 게임에 빠지기도 한다. 이쯤 되면 휴식이 아니라 혹사다. 휴식의 효과를 누리기 어렵다. 쉬고 왔는데 더 지친 느낌이다.

공부에 쓰는 기관들을 쉬어 주는 것이 좋다. 특히 앞에서도 이야기했지만 가능한 한 눈을 많이 쓰지 않아야 한다. 컴퓨터나 전자기기에서는 좀 멀어질 필요가 있다. 두뇌활동을 하더라도 다른 영역을 자극하는 활동이 좋다. 꼭 무엇을 하라고 강요는 하지 않겠다. 이마저도 강박을 갖게 되면 그것 또한 쉬는 게 아니라 의무가 되어버리니까.

나는 쉴 때 주로 잤다. 잠이 안 오면 그냥 누워서 아무 생각 없이 가만히 시간을 보냈다. 죽자 사자 공부만 하던 수험생 시절에도 모의고사나 중간고사, 기말고사 등 시험이 끝나는 날만큼은 쉬었다. 그날은 어차피 공부가 잘되지 않았다. 머리도 뜨겁고 몸도 지쳐서 안 하는 게 나았다.

확실히 쉬고 난 다음날은 머리가 맑았다. 짧은 휴식이지만 덕분에 나는 다시 여느 날처럼 공부에 집중할 수 있었다. 그마저도 쉬지 않았다면 지금의 나는 어떤 모습일까? 생각만 해도 아찔하다.

18시간 공부,
과연 가능한가?

잠과의 전쟁에서 패하다

공부하려고 마음먹은 학생들이 가장 먼저 하는 것이 '잠을 줄이는 것'이다. 당장 오늘 밤을 넘어 새벽까지 쉬지 않고 공부를 한다. 나 역시 마찬가지였다. 가장 먼저 한 것이 밤샘 공부에 도전한 것이다.

야간자율학습을 밤 10시에 마치고 학원을 갔다 오게 되면 12시가 훨씬 넘는다. 그리고 집에 와서 다시 공부하자고 다짐했다. 씻고 더 공부할 생각으로 집에 오면 일단 배가 너무 고프다. 허겁지

겁 보이는 대로 흡입한다. 세수를 한번 하고, 이를 악물고, 책상에 다시 앉는다.

그냥 자고 싶은 생각이 들면 역시 그냥 책상에 바로 앉아서 뭐라도 쓰면서 시작했다. 그런데! 눈을 떠 보면 아침이었다. 도깨비에 홀린 것인가? 분명 난 공부하겠다고 폼을 잡았는데 책상 바닥에 쓰러져 침까지 흘리며 잔 것이다. 새벽까지 공부하려는 시도를 몇 번이나 해 봤지만 10분도 되지 않아 책상에 엎드려 잘 때가 많았다. '이대로 잘 수 없어! 좀 더 해야 돼!'라고 마음을 먹어 보지만 그때뿐이었다. '졸음엔 장사 없다', '세상에서 가장 무거운 게 눈꺼풀이다', 이런 말들이 실감이 났다. 오히려 찬 바닥에 쭈그려 자니 아침에 온몸이 결려 학교에서 맥을 못 췄다.

하지만 공부를 해야 했다. 나보다 잘하는 친구들처럼 되거나 따라잡으려면 지금까지 뒤진 공부를 한 글자라도 더 많이 해야만 했다.

'자꾸 자빠져 자니까 도저히 안 되겠다. 의자에 내려와 눕지만 않으면 잠에 빠져 들진 않을 거야. 의자와 한 몸이 돼야 하는데……'

게다가 집에 오면 하여튼 나는 모든 것이 무너져 내린다. 학교에선 나름 긴장 상태로 공부하다 편한 곳에 오니 모든 것이 풀어져 버린다. 냉장고를 수시로 들락거리며 계속 먹는다. 물 마시고 화장실 가고, 다시 물 마시기를 반복하는 동안 시간이 다 가 버린다.

그래서 방법을 생각해 냈다. 동생에게 내가 의자에 앉을 테니 밧줄로 나를 묶어 보라고 했다. 하도 바닥에 내려가서 잠이 들어 버리니 고안해 낸 방법이었다. 의자랑 한 몸이 되어 묶여 있으면 죽이 되든 밥이 되든 공부를 할 수 있을 것이다. 기막힌 생각이었다.

묶인 채로 손만 내 놓고 공부를 하니 그 모습이 우스꽝스러웠겠지만 그 정도 각오로 공부하니 공부가 잘됐다. 한참을 그렇게 공부했다. 늦은 새벽이 되자 화장실이 가고 싶었다. 그런데 동생 녀석이 어찌나 꽁꽁 묶어 놓았던지 몸을 꺼낼 수가 없었다. 동생을 불렀지만 그 새벽에 잠이 들었는지 아니면 형을 골탕 먹이고 싶었던 건지 아무 반응이 없었다.

고래고래 소릴 질렀더니 뛰어오는 소리가 들렸다. '진작 그렇게 올 것이지. 형님이 화장실이 급하시다. 갔다 오면 너는 죽은 목숨이다'라며 벼르고 있는데, 얼굴을 들이민 자는 개구쟁이 동생이 아닌 어머니였다. 문을 열자 아들놈이 새벽에 온몸이 의자에 꽁꽁 묶인 채 소리를 지르고 있었으니 안 그래도 잘 놀라시는 어머니는 거의 주저앉으실 뻔했다.

하지만 큰 사단을 냈던 이 방법도 오래가지 못했다. 어떤 날은 고문당한 독립투사마냥 묶인 채로 잠이 들었다. 사실 독립을 외쳐 보지도 못한 채 조용히 잠에 굴복했다. 눈을 떠 보니 바닥에 또 침을 흘리며 자고 있었다. 뭔가! 내가 탈출 마술을 부리는 건가. 버둥대다가 로프에서 몸만 빠져나와 잠을 잔 것인가. 도무지 잠을 이길 수가 없었다.

잠에 대해서는 정말 할 말이 많다. 하루는 30센티미터 자를 가지고 구부렸다 튕겨서 볼을 때려 보기도 하고, 또 하루는 다 쓴 볼펜으로 손톱 밑을 찔러 보기도 하고, 파스를 눈 밑에 발라 보기도 했다. 정말 별별 짓을 다했다.

아침에 일어나는 것도 온갖 쇼를 다 해 봤다. 알람을 맞춰 놓으면 깰 수가 없었다. 끄고 잠깐만 1분만 더 자고 일어나야지 하면 어느새 30분, 1시간이 흘러가 버렸다. 나중엔 끄고 잔 기억조차 없다. 잠결에 끄고 다시 자서 알람이 울렸다는 사실조차 잊어버린 것이다.

결국 알람을 네 개 정도 동원해서 하나는 침대 밑 저 멀리에, 하나는 장롱 위에 던져 놓았다. 또 다른 알람은 책상 사이에 숨겨 놓고, 마지막 하나는 거실에 던져 놓았다. 동시에 네 개가 울리면 일단 가족들을 깨우지 않기 위해 거실로 뛰어가 하나를 끄고, 방에 불을 켜고 긴 작대기로 침대 밑에 있는 알람을 꺼내 끄고, 의자를 가져와 밟고 올라가서 장롱 위 알람을 끄고, 책상 사이 알람을 찾아서 껐다. 그 난리를 치면 조금 잠이 깨고 세수를 하면 더 정신이 났다. 그렇게 깨도 조금 있으면 책상에서 잠을 잘 때도 있었다.

많은 후배들이 나처럼 오늘도 잠과의 싸움을 벌이고 있을지 모른다. 선배 입장에서 말하면 대부분의 경우는 무의미한 노력이다. 한동안 잠과의 사투를 벌이다 보니 어느 순간 '과연 밤에 이렇게 고생할 만큼 낮에도 열심히 하는가'라는 생각이 들었다. 답은 아직 아니었다. 나는 여전히 낮에 무의미하게 보내는 시간이 많았다. 잠을 줄여 힘이 드니 마치 공부를 열심히 하는 것처럼 느껴지긴 했다.

무엇보다 어느 순간부터는 공부가 되든 안되든 잠만 줄이려 노력하는 나를 보게 됐다. 잠을 줄이는 것은 공부를 하기 위한 수단일 뿐인데 수단과 목적이 뒤바뀐 것이다. 사실 열심히 공부했다면 밤에 자야 하고, 졸린 것이 당연한 것이다. 그걸 망각하고 잠을 줄이려고 안간힘을 쓴 것이다. 그래도 다양한 방법으로 잠을 줄이려고 노력하는 동안 터득한 방법이 있다. 만약 잠을 꼭 참아야 한다면 가장 좋은 방법은 질문을 하거나 뭔가를 씹는 것이다. 필요할 때 활용해 보시길.

깨어 있는 시간이나 똑바로 해라

/

잠은 못 줄인다. 사람에게는 정해진 적절한 수면 시간이 있다.

밤에 잠을 줄이면 그만큼 낮에 자야 한다. 설령 겉으로는 자지 않았다 해도 가수면 상태가 되는 것이다. 실제로 부족한 수면은 기억력과 IQ를 현격히 떨어뜨린다. 나의 잠과의 사투는 낮 시간의 나를 거의 좀비로 만들었다. 체력도 약하다 보니 오히려 공부를 더 못했다.

늦잠 탓에 아침을 못 먹고 가니 굶어 죽을 지경이었다. 쉬는 시간에 매점에서 기름 줄줄 흐르는 군것질을 폭풍 흡입한다. 그러고 점심을 쑤셔 넣고 나면 피곤함과 과식이 겹쳐 좀비로 몇 시간을 보내다 끝내 전사한다. 이런 식으로 하루가 다 망가졌다.

그런 생활이 극에 달했을 때, 불현듯 이게 무슨 의미인가 싶었다. '꼭 잠을 줄여야 하나?'는 생각이 들었다. 사람은 당연히 자야 한다. 며칠 잠 안 자고 아무리 공부를 해 봤자 오래 버틸 수가 없을 게 뻔했다. 그래서 생각을 바꿨다. 잠을 미워하지 않기로.

나는 잠만이 유일한 오락이자 스트레스 해소 방법이라 생각했다. 어차피 잠은 자야 하는 것이고, 자고 나면 더 공부할 수 있으니 오히려 잠은 공부에 도움이 되는 휴식이었다.

토막잠을 많이 잤다. 그런데 나는 토막잠을 자고 나면 정말 집중이 잘된다. 피로감도 덜하고 감각이 좀 먹먹해지면서 하나에만 온전히 집중할 수 있었다. 나에겐 이것이 정말 중요한 발견이었다. 평소보다 훨씬 효율적으로 공부하게 되니 이때를 놓칠 수 없었다.

토막잠을 이용하기로 마음먹었다. 이때부터 공부를 하다 졸리면 조금씩 잤다.

오히려 피곤하길 바란 적도 있다. 물론 쉬는 시간이 얼마 남지 않았을 때는 좀 참았다가 잤지만 그렇지 않을 때는 일부러 잠을 쫓으려고 애쓰지 않았다. 그렇게 잠깐 자고 일어나면 다음 시간부터 엄청난 집중력을 유지할 수 있었다.

자는 것도 처음에는 책상에서 엎드려 자다 나중엔 의자를 붙여서 자고, 막판엔 사물함 위에 길게 누워서 편히 잤다. 다른 사람 눈치는 보지 않았다. 수험생이 뭐가 두려운가? 웃긴 건 이렇게 돌출 행동을 하면 꼭 따라 하는 친구들이 있다. 쉬는 시간이 되면 우리 반 창문 너머 사물함 위로 몇 구의 송장들이 줄지어 얹혀 있는 것 같은 모습이 종종 연출되곤 했다.

이쯤 되다 보니 나에게 더 이상 잠은 공부의 적이 아니었다. 공부를 효율적으로 할 수 있는 최고의 특효약이었다. 자고 나면 마치 필살기를 쓰는 게임 캐릭터처럼 열공할 수 있었다. 토막잠은 마치 나에게 공부에 있어 폭발적인 순간 에너지를 가져다줬다. 일어난 순간부터 그 약발이 꺼질까 봐 나도 엄청나게 집중해서 공부했다.

다만 조심할 것은 잘 때 15분을 넘기지 않는 것이다. 그 이상 자면 머리가 멍하고 허리도 아프다. 우리의 뇌가 토막잠이 아닌 진짜 잠으로 착각하는 것이다. 긴 시간을 자면 밤잠으로 착각하여 수

면할 준비에 들어가고 그 와중에 깨 버리니 오히려 머리도 아프고, 밤에 진짜 잠을 잘 때 지장이 크다.

세상 그 어떤 장사도 자기 눈꺼풀을 이길 수 있는 사람은 없다고 했다. 천하장사도 졸릴 땐 그 얇은 눈꺼풀을 들지 못하고 잠을 잔다는 뜻이다. 졸린 것을 죄악으로 생각하지 말라. 효율적으로 하라.

'오늘 자서 내일 일어난다.'

잠에 대한 생각이 바뀐 후 나는 12시를 넘겨서 잔 적이 별로 없었다. 위 문구가 내 생활의 규칙이 되었다. 야자를 마치고 집에 오면 아무것도 안 하고 바로 잤다. 오히려 이 시간에 뭔가를 하려고 하면 야식을 꼭 먹어야 했고, 이리저리 준비하고 책상에 앉으면 12시가 훌쩍 넘어가 버렸다. 그러고 앉아도 얼마 버티지 못했다.

사실 낮 시간에 최선을 다한다면 집에서 더 공부할 체력이 남아 있을 리가 없다. 다음 날 공부에 피해를 주지 않는 선이라면 말이다. 내일 효율적인 공부를 생각한다면 이게 훨씬 나은 선택이었다. 나는 나름대로 규칙적인 생활을 즐기기 시작했다. 생활이 단순하고 규칙적이면 몸도 가벼웠다. 지금 생각해도 이건 정말 잘한 일 같다.

하루하루 열심히 수업을 듣고, 혼신의 힘을 다해 공부했던 자습

시간을 마치고 집에 들어오면 그냥 쿨 하고 깔끔하게 잠들었다. 그 땐 늘 기절하듯 쓰러져 잠이 들었다. 그냥 눕는 순간 잠이 들었다. 순식간에 잠으로 빠져들 땐 어렴풋이 이런 생각이 잠깐 스치듯 지나가곤 했다.

'아, 오늘 참 잘했다, 강성태!'

우리나라 학생들 대부분은 잠을 줄이려 한다. 그런 학생치고 낮 시간에 똑바로 공부하는 학생을 본 적이 없다. 낮에 하는 둥 마는 둥 어영부영 시간을 보내면서 밤잠 줄이려고 혈안이 돼 있다. 밤에 잠이 부족하니 낮에는 졸려 집중도 못 하고 더 성적이 오르지 않는다. 악순환의 반복이다. 깨어 있는 시간이나 똑바로 해라. 그것만 해도 성적은 반드시 오른다.

1초도 버리지 않는 공부

/

잠을 줄이지 않고 집중하기로 했지만 그래도 뭔가 부족함이 느껴졌다. 그 당시 나는 공부를 잘하는 친구들과 비슷해지거나 나아지는 것이 목표였다. 그 친구들은 벌써부터 공부를 많이 해 왔고 제대로 해 온 친구들이었다. 나는 달라도 뭔가 달라야만 했다. 거의 비슷한 시간을 공부하고 비슷한 시간을 자면 현상유지밖에 안 될 것 같았다. 어찌해야 하나 고민해 봤지만 뾰족한 수가 없는 것 같았다. 잠자는 시간도 줄이지 못하는데 시간을 거꾸로 돌릴 수는 더더욱 없는 노릇이었다.

공부를 하다가 해결책을 찾아냈다. 공부를 하다가 자리를 뜰 때면 가끔 '더 해야 하는데'라는 아쉬움에 공부하던 걸 들고 가곤 했다. 그것이 연습장이라면 뜯어서 주머니에 넣고 일어서서 다시 보곤 했다. 생각해 보니 공부를 꼭 책상에서만 해야 할 필요가 없었다. 그때까지 나는 책상에 앉아 있는 것이 공부라는 고정관념이 있었던 것이다. 그날 이후로 나는 공부를 마치고 나면 절대로 그냥 일어나지 않았다. 중요한 것이나 잘 외워지지 않는 것을 연습장에 적고 그것을 찢어서 뒷주머니에 넣고 틈틈이 계속 봤다.

나중에는 적지 않았다. 머릿속에 다섯 개를 넣고 난 이후에 자리에서 일어났다. 그리고 다섯 개를 돌려 가면서 떠올렸다. 처음엔 한 가지만 머릿속에 담아 두고 외웠지만 별로 효과는 없는 것 같았다. 두 개, 세 개, 늘려 가다 다섯 개까지 하게 되었다. 다섯 개까지가 한계였기 때문에 여섯 개, 일곱 개로 더 늘리지는 않았다. 나는 이런 식으로 공부했다. 일종의 복습인 셈이다. 걸어 다니면서도, 밥 먹으면서도 계속 생각하고, 끊임없이 중얼거렸다.

이런 방법으로 나는 깨어 있는 시간 동안은 거의 다 공부했다. 걸어 다니면서, 밥 먹으면서, 급식 받으러 기다리면서 계속 생각했다. 심지어 말하는 도중에도 한 번씩 상기시켜 보았다. 그냥 보면 멍하게 있는 것 같아도 머릿속으로는 계속해서 생각에 생각을 거듭했다. 머릿속에 넣어 둔 것이 없으면 수업 시간에 들은 내용이라도 상기해 보려 노력했다.

여러분도 한 번쯤 시도해 보기 바란다. 처음에는 멍하니 있는 게 편하고 생각하기가 귀찮다. 하지만 게임 끊을 때처럼 딱 2주일만 해 보길 바란다. 해야 한다는 의지만 있다면 누구나 할 수 있다. 나의 경우 계속 생각하려 노력하다 보니 나중에는 멍하게 있는 시간이 아까워 참을 수 없게 되었다. 지금도 나는 멍하니 있는 시간에 뭐라도 생각한다. 나는 이때 필통에 또 하나의 문구를 적었다.

"1초도 그냥 보내지 않겠다."

계속 생각하니 나에게는 자투리 시간이 따로 없었다. 전부 공부 시간이었다. 또한 뒷주머니엔 항상 영어 단어 수첩을 가지고 다녔다. 처음에는 단어장 펴 놓고 써 가며 외웠는데 고3이 기본 단어장을 외고 있으니 왠지 약간은 한심하다는 생각도 들었다. 친구들 중엔 영어를 벌써 마스터하여 거의 공부하지 않아도 되는 친구들도 있었다. 나는 단어 외우는 시간을 아예 없애고, 수첩에 단어를 적은 다음 마찬가지로 머릿속으로 계속 떠올렸다. 결과적으로 따로 시간을 내서 단어를 외우는 것보다 훨씬 나았다. 단어는 한 번에 보는 시간과 노력이 아니라 횟수로 외우는 것이다. 또 여러 장면에서 봐야 단어의 뜻만 머릿속에 남게 되기 때문에 자투리 시간에 외우는 것이 훨씬 효과적이다.

오답노트 대신 오답봉투

학창 시절 오답노트가 유행이었다. 그야말로 대히트였다. 심지어 공부 잘하는 사람의 오답노트를 그대로 베껴서 책으로 출간되기도 했다. 굳이 번거롭게 오답노트를 만들지 않아도 되니 얼마나 편한가. 불티나게 팔렸다.

어이없다 못해 웃음이 나올 노릇이다. 오답노트의 목적은 내가 부족한 부분을 '반복'하기 위해서 만드는 것이다. 그런데 이건 뭐 하자는 건가? 남이 만든, 남의 부족한 부분을 '반복'하고 있으니 개그도 이런 개그가 없다. 이들의 성적표 또한 개그에 가까웠다.

당시 고등학교 야간자율학습 시간에 가 보면 상당수가 오답노트를 만드느라 여념이 없었다. 예전 같았다면 나도 덩달아 친구들 사이에서 가위 들고 풀칠하며 오답노트 만들고 있었을 것이다. 하지만 나는 오답노트를 만들지 않았다. 오답노트가 생각만큼 효율적이지 않다는 것을 이미 경험했기 때문이다.

사실 공부를 막 시작했을 때는 오답노트를 만드는 것 자체가 불가능했다. 워낙 틀린 문제가 많았으니까 말이다. 문제집의 거의 절반이 틀린 문제인데, 이걸 오려 내고 있으면 내가 학생인지 재단사인지 헷갈릴 지경이 된다. 가위질 풀질 연습하려고 밤늦게까지 야간 자율학습한 기분이다. 그래서 그때는 문제집 자체를 오답노트처럼 활용했다. 틀린 문제들을 엄청나게 눈에 잘 띄게 형광펜으로 테두리를 하고 문제집을 손에 놓지 않을 정도로 반복해서 봤다.

이후에 틀린 문제가 줄었을 땐 대봉투를 샀다. 문제 밑에 왜 틀렸는지 그 이유와 몰랐던 개념을 아주 간단히 적었다. 그리고 오려낸 뒤 봉투에 집어 넣고, 카드처럼 다시 꺼내 숱하게 봤다. 틈만 나면 봤기에 틀린 문제들은 사실상 모조리 암기했다.

이런 방법으로 나는 가위질하고, 풀칠하고, 가위나 풀이 없으면 빌리고, 틀린 문제를 꾸미고 하는 시간을 아낄 수 있었다. 대신 오답노트 본연의 목적인 '반복'에 몇 십 배 집중할 수 있었다. 비교할 수 없이 효과적이었다. 이것이 오답봉투였다. 내 책을 본 학생들이 이 방법을 활용하기 시작했고 지금은 많은 학생들이 사용하는 방법이 됐다.

오답노트가 불필요하다는 이야기는 절대 아니다. 다만 오답노트의 본질을 망각한 채, 오답노트 자체를 만드는 데 많은 시간을 낭비해서는 안 된다는 것을 이야기하고 싶을 뿐이다. 오답노트를 예쁘게 만드는 것은 공부가 아니다. 가뜩이나 공부할 시간이 부족한데, 오답노트를 만드는 데 온갖 정성을 쏟아서는 안 될 일이다.

계획, 나한테 맞으면 장땡이다

나는 사실 계획이란 걸 믿지 않게 됐다. 이유는 간단했다. 그동안 수도 없이 계획을 세웠지만 지키지 못했기 때문이다. 세우고 나면 안 지키는 정도가 아니라 내가 계획을 세웠다는 사실조차 잊어버릴 때가 있었다. 가장 큰 문제는 계획을 어기는 것이 습관이 되어버린 것이었다. 안 지키는 것이 버릇이 됐다. 나는 이게 가장 큰 문제라 생각했다. 이때부터 나는 계획에 큰 의미를 두지 않았다. 사실 계획이 없어도 공부는 할 수 있었다. 계획이 뭐든 하는 게 가장 중요했다.

대신 고민 끝에 내가 생각해 낸 방법은 이렇다. 작심삼일이니까 결국 삼일은 간다는 이야기다. 실제로 계획을 세우면 못해도 하루 정도는 지키니 매일매일 계획을 짜면 되겠구나라고 생각했다. 그래서 유치원 때 배웠던 일일 생활계획표를 매일 짜서 공부를 했다. 계획이 거창할 필요도 없었다.

내용도 정말 간단해서 하루 공부 일과는 거의 단 두 부분이었다. 하나는 국영수 모든 과목을 매일 조금이라도 푸는 기본적인 공부 시간이다. 수능이라는 것은 문제 접근하는 방법이 매우 중요한 시험이라 이 실력을 유지하기 위해서 한 문제라도 매일 풀어 보았다. 여러 과목을 바꿔서 공부하니 지루한 것도 줄일 수 있다. 그리고 다른 하나는 특정 취약 단원을 골라서 그 단원만 공부하는 시간이다. 이때는 목차를 보고 가장 취약한 단원을 파서 자신 있는 단원으로 만들어 나갔다.

우리는 보통 정석 책을 공부하겠다고 마음먹으면 1쪽부터 펼친다. 그러곤 이내 포기해서 나중에는 책 첫 단원만 새까맣게 되는 경우가 있다. 그래서 집합만큼은 전 국민이 박사급이다. 이것이 비효율적이라 생각했다. 시간이 없으니 가장 안 되는 부분부터 먼저 공부를 하기로 했다. 책 목차를 펴서 단원명 옆에다가 가장 못하는 과목은 X, 보통은 △, 잘하는 과목은 O 표시를 해 놓았다. 물론 대부분 X였고. X단원 먼저 공부했다. 매일 소단원 하나씩 가장 자신 없는 단원을 자신 있는 단원으로 바꿔 나갔다.

계획을 세울 때는 하루 중 공부를 하다가 정말 공부가 하기 싫을 때 짰다. 계획을 짜면 약간 머리를 식힐 수도 있었고, 왠지 계획을 짜고 나면 결의를 다지면서 다시 열심히 하게 되었다. 많은 친구들이 계획을 짜는 데 많은 시간을 할애하곤 한다. 계획 짜는 시간이 공부하는 시간이라 착각을 하기도 하는데 절대 그렇지 않다. 백날 계획을 짜 봐야 성적은 1점도 오르지 않는다.

기껏 계획을 세워 놓고 이런저런 이유로 어기기 시작하면 나중에는 습관으로 굳어지게 된다. 계획을 우습게 여기게 되는 것이다. 심지어 계획을 짜면서도 '이걸 내가 지키겠어?'라는 생각까지 한다. 이 얼마나 바보 같은 짓인가.

자신의 '공부속도'를 먼저 알아라

꼭 지킬 수 있는 계획을 짜는 것만이 의미가 있다. 지금까지 짰던 계획을 한 번이라도 완벽하게 지켰던 적이 있는가? 아마 별로 없을 것이다. 그 이유 또한 자기 자신을 잘 몰랐고 관심도 갖지 않았기 때문이다. 자신을 정확하게 모르니 상상력으로 그림을 그리듯 계획표도 '대충 이럴 것이다' 상상력으로 짠다.

보통 처음 계획을 짤 때는 사기와 포부가 하늘을 찌른다. '이번 방학에 수학 세 권, 영어 세 권, 국어 네 권 다 풀어야지' 하는 계획으로 문제집을 잔뜩 사들인다. 하지만 처음의 기세는 금방 꺾이고 계획은 곧 흐지부지된다. 결국 개학을 할 때까지 책은 마치 방부제라도 뿌린 듯이 깨끗한 상태를 유지한다. 서점에 그대로 환불해도 될 정도다.

그렇다면 어떻게 해야 지킬 수 있는 계획을 짤 수 있을까? 우선 자기 스스로를 잘 알아야 한다. 그래야 나에게 맞는, 실천 가능한 좋은 계획을 짤 수 있다. 예를 들어 앞으로 한 달간 영어 한 권을 끝내기로 정했다. 그렇게 생각하게 된 근거가 있는가? 단순히 공부 잘하는 친구가 한다고 따라 하는 것은 아닌가? 흔히들 지키지 못할 계획은 세우지 말라고 하는데 여러분은 어디까지 지킬 수 있고 어디까지 지킬 수 없는 것인지 알고 있는가?

한 시간 동안 시간을 재면서 영어 문제집 한 권을 풀어 보자. 한 시간에 열 문제 정도 풀 수 있었다. 만약 문제집의 문제가 총 400개이고 내가 앞으로 하루 한 시간씩 공부하면 며칠이 걸리는가? 40일이 걸릴 것이다. 두 시간씩 공부한다면 20일 정도로 생각할 수 있다. 이 것이 공신 인강과 방송을 통해서 널리 알렸던 '공부속도'다. 따라서 이번 달 4일부터 매일 하루 두 시간씩 영어 문제집을 푼다면 24일 이면 다 풀 수 있다는 계산이 나온다. 나의 공부속도를 알면 현실적 이면서도 구체적인 목표일이 자동으로 정해지는 것이다.

물론 언제나 컴퓨터처럼 딱 맞아떨어지지는 않는다. 하지만 나의 공부를 근거로 세워진 계획이기에 전보다 훨씬 효과적으로 계

획을 참고하고 지켜 나갈 수 있다. 내 공부속도를 근거로 세운 계획이어서 지킬 수 있다는 자신감도 갖게 된다.

또한 이렇게 세운 계획은 매우 단순하다. 간단하다 보니 계획표를 따로 확인할 필요가 없을 때도 많았다. 아침에 눈을 뜨면 각 과목별로 계산해 둔 오늘 하루 공부할 분량이 떠올랐다. 하루 안에서는 조금 융통성을 발휘하기도 했다. 오후에 다른 일이 있으면 오전에 좀 더 많은 양을 공부하거나 오전에 공부를 잘 못했으면 오후에 더 많이 공부하는 식으로 조절해 나갔다. 이렇게 하루 안에서의 시간은 융통성 있게 운영했지만 하루 안에 정해진 분량은 무슨 일이 있어도 끝냈다. 공부를 일찍 시작했거나 집중이 잘돼 일찍 끝나면 이후 시간은 휴식을 취하기도 했다.

이렇게 자신의 능력을 근거로 해서 합리적인 계획을 짜야 한다. 막연히 문제집 몇 권 이상을 풀겠다는 식으로 계획을 짜는 것은 지킬 수 없는 계획을 짜는 것이나 마찬가지다. 문제집을 샀으니 막연히 열심히 문제를 많이 풀겠다는 생각으로 공부하면 십중팔구 작심삼일로 끝난다.

과목별로 교재 한두 권 정도를 자신의 공부속도에 맞춰서 계산하면 각 과목별로 하루에 총 공부할 분량이 나온다. 그것을 한 주 동안 내가 자습할 수 있는 시간대에 나누어 배치하면 주간 계획표는 금세 완성된다. 각 교재마다 언제까지 끝내게 되는지 목표일까지 동시에 나온다(공신 카페에 동영상 칼럼이 있다).

'공부속도'는 여러분 스스로를 파악해 여러분만의 자를 만드는 것과 같다. 이제 그 자로 여러분에게 주어진 시간이라는 원단을 재서 계획을 세우면 된다. 아무리 좋은 원단이 있어도 여러분에게 맞지 않는 자로 잘못 재거나 아예 재 보지도 않는다면 자기에게 어울리는 멋진 옷을 만들 수 없다. 계획도 마찬가지다. 자신을 알지 못하고 세우는 계획은 자 없이 눈대중으로 옷을 만드는 것과 다름없다.

자기에게 맞는 계획은 아주 간단하고 실천하기도 쉽다. 직접 해 보라. 그냥 아무 근거 없이 욕심만 내세워 대충 계획을 세웠을 때보다 훨씬 효과가 좋다는 것을 느끼게 될 것이다.

원래 공부는
혼자 하는 것이다

독학이 공부의 즐거움을 알려 주다

본격적으로 수험생이 됐을 때 나는 학원을 그만두었다. 학원 다닐 시간조차도 사치였다. 시간이 너무 아까웠다. 이동하는 시간도 아까웠고 체력도 아까웠다. 나에겐 여유롭게 강의를 듣고 있을 시간이 없음을 알고 있었다. 학원에서 듣는 강의 내용 중에는 내가 이미 아는 내용들도 있었다. 모르는 내용이 나올 때까지 수업을 들으며 기다릴 여유가 내겐 없었다. 모르는 것만 죽기 살기로 공부해도 시간이 부족한 상황이었다.

무엇보다 지난 시간, 학원을 다니는 동안 아무런 변화가 없었다. 학원을 다녀 4등급이 1등급이 되는 식의 드라마틱한 변화는 적어도 내게 있어서만큼은 학원 광고지에나 존재하는 이야기였다. 특히 문제를 풀어 주기만 하고 해설지를 거의 그대로 읊어 주는 식의 강의는 정말이지 도움이 안 된다는 것을 그간 경험을 통해 절실히 깨닫게 됐다. 차라리 그 시간에 혼자 집중해서 자습하는 게 훨씬 효과가 좋았다. 내가 잘 모르는 부분만 쏙쏙 빼서 공부할 수 있었다.

잘되는 방법이 있는데 불안하다고, 혹은 친구들 다닌다고 같이 다닐 필요는 없었다. 그 무렵에 나는 저녁식사까지 줄여 가며 자습시간을 알차게 보내는 법을 알게 되었기 때문에 확신도 있었다. 공부법이 곧 자신감으로 이어졌다. 방법을 몰랐다면 아마 계속 학원에만 목을 매고 있었을 것이다.

내가 가장 공부를 많이 한 시간은 단연코 자습시간이었다. 교실이나 도서관을 이용하기도 했다. 모든 것을 끊고 공부만 하는 이 시간이 내겐 최고였다. 공부가 잘되는 클래식 음악을 듣거나 귀마개를 꼽고 공부할 때면 누구도 내 자습시간을 방해할 수 없었다. 정말 이 시간이 없었다면 나는 어떤 성과도 내지 못했을 것이다. 공부 잘하는 친구들이 학원에 의존하지 않고 혼자 공부한다는 말이 실감이 났다.

집에서 공부하는 것은 결국 포기했다. 유혹이 많고 어수선해서 애당초 집에서 공부할 생각을 안 했다. 고3 시절 집에서 공부한 건 손에 꼽을 정도였다. 집은 잠자는 곳이었다. 휴일에도 교실이나 학교 도서관에 나와 공부했다. 이러다 보니 특히 아버지는 아직도 내가 얼마나 많은 시간 공부했는지 잘 모르신다.

이렇게 하루하루 알차게 공부하다 보면 정말 뭔가 할 수 있을 것만 같았다. 책에만 집중하면 마치 내가 책 속에 빠져들어 헤엄치고 있는 듯한 기분이 들었다. 다른 것은 신경 쓰이지 않았고, 세상에 나와 교재만 있는 느낌이었다. 공부를 열심히 하면 할수록, 집중을 하면 할수록 걱정이 사라지고 뿌듯함이 남았다. 이러니 행복감마저 느꼈다.

몽테스키외는 한 시간의 독서로 누그러들지 않는 그 어떤 슬픔도 알지 못한다고 말했다.

그 시절 내게 어울리는 표현이었을 것이다. 진정한 공부는 모든 근심과 걱정을 잠재워 주는 힘이 있었다. 뿐만 아니라 굼뜨고 찌질하고 촌에서 올라와 늘 주눅 들어 있던 나를 그야말로 초인으로 만들어 주었다.

이 얼마나 엄청난 경험인가? 공부를 통해 나는 무엇이든 할 수 있었다. 국사 과목을 공부하며 선조들이 죽음을 무릅쓰고 한반도에 처음 정착했던 시절로 날아간다. 국어 시간에 배우는 문학작품을 통해 인간을 이해할 수도 있다. 소설을 읽으며 다양한 등장인물들의 모습들과 그 사이의 갈등과 화해를 통해서 인간과 삶, 그리고 배경이 되는 시대를 이해하고 체험한다. 수학을 통해 이 속도로 움직이면 언제 목적지에 도착하게 될 지는 물론 건물의 높이, 뉴스에 나오는 통계와 확률의 의미를 이해할 수 있게 됐다. 영어를 통해 미국인의 말을 이해하고 그들의 글을 통해 생각과 문화를 배울 수 있었다. 언젠간 나도 그들의 나라를 여행하고 그들에게 뭔가 배울 날이 올 것이다. 미드도 재밌게 볼 날이 오겠지.

물리를 통해 지금 이 책을 밝히는 전구의 전기가 어떻게 전달되는지, 자동차가 어떤 원리로 앞으로 나아가는지 알 수 있었다. 지구과학을 통해 내가 존재하는 우주는 물론 밟고 서 있는 이 지구 그리고 해와 별과 달이 어떤 식으로 뜨고 지는지 알 수 있었으며, 화학을 통해 주변에 보이는 모든 것들이 어떻게 구성되는지 알게 됐고 전자레인지가 왜 음식을 데울 수 있는지 알게 되었다.

지리 과목들을 통해 우리나라는 물론 가 본 적도 없는 극지방 혹은 열대 우림을 탐험하고 수만 년 전 그것의 탄생 과정을 알 수 있었다. 윤리를 통해 삶을 어떻게 살아야 하는지 인류의 선배들이 삶에 대해 어떤 생각을 가지고 있었는지, 어떤 삶을 사는 것이 제대로 된 삶을 사는 것인지 이해하고 성찰할 수 있었다.

공부를 통해 나는 타임머신이 없어도 온 시대를 누비고 다니곤 했다. 초능력이 없어도 지구 끝과 우주의 모습을 바라보고 미래를 예측할 수 있었으며, 마법사처럼 화학 반응을 일으킬 수도 있었다. 어느 순간부터 공부는 내게 구속이 아니라 자유였다.

특히 저녁식사를 줄이면서 얻게 된 성과가 컸다. 가급적 적게 한 식사가 몸을 가볍게 하고 집중력을 높여 주었다. 나중에는 음식을 꼭꼭 씹기 위해 의도적으로 아주 천천히 식사를 했다. 그러면서 음식의 진정한 맛까지 알게 되었다. 그 전에는 상당히 급하게 먹곤 했다. 음식 맛을 제대로 음미도 하지 못하고 허겁지겁 먹어 치우고 놀기 바빴으니까.

'왜 진작 이렇게 보내지 않고 매일 썩은 동태눈을 하고 잡념만 하고 앉아 있었을까'

'공부는 내가 하는 것인데 왜 학원이 책임져 주길 바라고만 있었을까.'

피곤했지만 하루하루가 보람 있었다. 지금까지 살면서 그렇게 하루를 알차게 보낸 적이 없었다. 당시 공부를 할 땐 머리가 풀가동 된다는 느낌이 들었다. 밤이 되면 기절하듯 쓰러져 잠이 들었지만, 공부를 통해 내가 성장하고 있고, 살아 있다는 것을 온몸으로 느낄 수 있는 소중한 시간들이었다. 비로소 나는 공부의 의미를 깨닫기 시작했다. 공부는 행복이었다. 살면서 느낄 수 있는 커다란 행복 중의 하나였다.

선행학습의 두 얼굴

/

"고등학교 때 별로 공부 별로 안 했어요. 할 게 없었어요. 이미 다 공부한 것들이어서. 즐겁게 학교 다녔죠."

공신 멘토 중 한 명의 이야기다. 그녀는 고등학교 시절을 귤 까먹듯 탱자탱자 놀았다. 아주 행복했다고 한다. 본인의 입으로 하는 말이라 아무래도 꽤 과장된 부분도 있다. 그럼에도 이야기를 들어보면 다른 고3들처럼 엄청난 시간을 공부하며 보낸 것 같지는 않다. 그런데 지금 그녀는 서울대학교 재학 중이다.

어떻게 공부도 열심히 안 했는데 서울대에 갔을까? 그녀는 중학생 때 과학경시를 공부했다. 목표는 과학고였다. 수학과 과학을 고등학교 과정까지 거의 공부했다고 한다. 고3 수험생 못지않게 열심히 노력한 끝에 경시대회 수상을 했고 과학고를 도전할 정도의 요건을 갖추게 되었다. 그런데 막판에 과학고 지원을 못할 사정이 생겨 일반고에 진학했다.

일반고에 진학한 뒤 그녀는 어떻게 됐을까? 가히 날아 다녔다. 과학고 준비를 하면서 고등학교 수학은 이미 다 공부한 상태나 마찬가지였다. 중등 과학 경시를 하려면 그 당시 고등학교 과정의 물리, 화학, 생물, 지구과학 2과정을 다 공부해야 한다. 국어는 어린 시절부터 책을 많이 읽어서 큰 어려움이 없었다. 유일하게 영어가 자신이 없었다는 말을 남겼다. 사실상 영어 공부만 한 것이다.

공신 멘토들 중에는 이런 사람들이 흔하다. 당장 내 동생인 강성영 공신의 경우 경시대회로 민족사관고등학교를 입학하고 올림피아드로 서울대를 합격했다. 거의 100퍼센트 선행이라 보면 된다. 심지어 당시 민족사관고등학교는 가장 먼저 입시 전형이 마감됐다. 가장 일찍 선발했기에 가장 우수한 학생들이 지원했다고 해도 과언이 아니다. 중요한 것은 일찍 선발된 뒤 중학교 3학년 2학기를 민족사관고등학교에서 선행학습을 한다. 정식 입학도 하기 전에 학교에서 수업을 듣는다. 애초에 잘하는 학생들인데 일찍 선발하여 일찍 공부를 시작하니 경시대회를 해도 민사고 학생들은 과학고나 자사고를 쉽게 발라 버리는 넘사벽의 존재가 되어 버렸다.

또 한 명의 공신은 고등학교를 일찍 자퇴했지만 수능에서 차석으로 서울대 의예과에 합격했다. 학교 대신 재수학원을 다니며 공

"한 시간의 독서로 누그러들지 않는 그 어떤 슬픔도 없다"

부했기에 99퍼센트 사교육이라 봐도 좋다. 물론 이런 케이스를 일반화할 순 없다. 다만 나는 선행학습이 무조건 나쁘기만 한 것은 아니라는 얘기를 하고 싶은 것이다.

학생들마다 지식을 습득하는 정도가 저마다 다르다. 똑같이 공부를 해도 어떤 학생은 내용을 굉장히 빨리 습득할 수도 있다. 그런 학생들은 다 이해한 내용을 복습하기보다는 빨리 심화 내용이나 다음 내용을 공부하고 싶어 한다. 그럼 그것을 절대 못 하게 하고 놀게 놔 둬야 하나? 막말로 한국에서 아이슈타인이 태어났다고 해 보자. 선행을 막아야 하는가?

선행학습이 꼭 불필요한 것만은 아니다. 하지만 문제는 선행학습을 할 상황이 아닌데도 선행을 하는 학생들이 너무도 많다는 것이다. 초등학생부터 고등학생까지 거의 대부분 선행학습을 하고 있다고 봐도 무리는 아니다. 과연 선행학습을 하는 모든 학생들이 효과를 보고 있는 것일까? 답은 분명하다. 절대 아니다.

왜 그렇게 선행학습을 하는데도 효과가 없는 것일까? 그 원인을 알기 위해서는 몇몇 사교육의 수업방식을 이해할 필요가 있다.

"이것도 모르냐, 무뇌충들아? 머리는 폼으로 달고 다녀? 너희 같은 열등인간은 학원 안 나오면 끝장나. 계속 다녀. 딴생각은 하지도 마."

"이 강좌 안 듣는 사람 중에 수능 망치고 후회하는 놈들이 꼭 있다. 매년 쌤, 그 강좌 들을걸 그랬나 봐요. 제발 부탁하건대 이런 소리 하지 마. 분명히 말했어. 하지 말라고. 정말 마음 아파 그러는 거야. 그때 울면서 찾아와 후회해도 소용없어. 쌤이 돈 때문에 이러는 것 같니. 나 원 참 어처구니가 없어서. 내가 이래 봬도 대한민국 최고 강사야. 뭐가 부족하다고. 이런 것 안 해도 충분히 먹고살기 부족함 없어. 이 교재 연구하고 제작하는 거 엄청난 노력이 들어가는 일이야. 굳이 안 해도 된다고. 내가 없는 말을 지어내겠어? 다시 한 번 말하지만 나중에 후회하고 질질 싸는 소리 하지 마세요."

학원을 다녀 본 학생이라면 이와 비슷한 소리를 들어 본 적이 있을 것이다. 두 번째 말은 소위 말하는 스타 인강 강사의 첫 강의 부분을 거의 그대로 옮겨 놓은 것이다. 학원은 대부분 이런 불안의 메시지를 알게 모르게 계속 던진다.

사교육 입장에서 선행을 하면 좋은 게 한두 가지가 아니다. 일단 학생들을 불안하게 할 수 있다. 선행은 아직 배우지 않았기에 모르는 것이 당연하다. 처음 배우는 것이기에 잘 이해하지 못하는 것 또한 당연하다. 그것으로 학생을 병신 취급하기 시작한다. 주눅이 들어 학생들은 질문도 잘 못한다. 공부의 신이라는 나도 한 번에 이해하는 경우는 거의 없다. 아마 그것을 가르치는 선생님께서도 그 내용을 처음 배웠을 때 퍽이나 헤맸을 것이 분명하다.

선생님 입장에서 선행학습은 가르치기 쉽다. 애들이 모르는 내용이니까 개판으로 가르쳐도 뭐라 할 사람도, 알아채는 수강생도 거의 없다. 선행은 보통 심화내용이 아닌 새로 배우는 내용이기에 난이도로만 보면 기초에 해당된다. 선생님 입장에선 심화까지 준비하지 않아도 되니 강의하기 편하다.

여기에 학부모들의 욕심을 자극시킬 수 있다. 부모의 마음은 갓난아기 때부터 내 아이가 다른 아이들보다 먼저 뒤집고 먼저 걷고 먼저 말하면 희열을 느낀다. 그 욕심을 자극시킬 수 있다. 다른 애들은 3단원 나가는데, 우리 아들은 8단원을 나간다면 부모의 마음은 왠지 으쓱해진다. 반대로 어느 모임에서 같은 반 동훈이가 벌써 수1을 배우고 있다는 소릴 들으면 불안하여 당장 우리 아이도 뭐라도 시켜야 할 것 같은 조바심이 든다. 그래서 허겁지겁 선행을 시킨다.

수학 10과정(공통수학) 과외를 받고 있는 초등학교 5학년 학생과 학부모가 있었다. 혹시나 하여 중학생이 기본적으로 풀 수 있는 문제를 냈다. 기본 개념에 해당하는 문제임에도 풀지 못했다. 이것이 현실이다. 고등학교 과정을 배우고 있다면 중학교 기본 과정은 당연히 알아야 하는 것 아닌가? 한마디로 이해도 못 하면서 앉아서 시간 낭비하고 있는 것이다. 한순간에 무너질 모래성 쌓기다.

선행으로 학생은 자기만족을 얻을 수도 있다. 내실이 있건 없건 일단 난 여기까지 진도 나갔다는 안도감 같은 것이 있을 것이다. 순간적으로 내가 다른 친구들보다 앞서 있을 것이라는 생각이 들 수도 있다. 하지만 오히려 그게 독이 된다. 어설프게 알고 있기 때문이다.

더 큰 문제는 이런 학생들 대부분이 학교 수업을 우습게 안다는 것이다. 자기가 어렴풋하게라도 아는 것이 나오면 기고만장이다. 자기 머리가 좋아서 아는 줄 착각한다. 내용을 제대로, 착실히 알고 있는 것도 아니면서 말이다.

현행 입시 체계에서 선행은 당연히 유리하다. 단 그것이 제대로 된 공부일 경우만 그렇다. 선행도 가능한 학생이 있고, 오히려 해가 되는 학생이 분명 있다. 학생마다의 이런 차이를 고려하지 않고 무조건 시키는 것은 잘못된 일이다. 당장 지금 공부하는 내용도 잘 따라가지 못한다면 선행이 급한 게 아니다. 내일 모레가 중간고사인데 선행 학습하는 학원 숙제 때문에 시험공부를 제대로 못 해 내신을 망치는 게 현실에서 일어난다. 선행 학습 숙제 때문에 맨날 학교 수업 시간에 자고 있으니 시험을 잘 볼 리 만무하다.

모든 사교육이 나쁘다는 것은 당연히 아니다. 훌륭하고 멋진 선생님들도 분명 있다. 잘못된 방법을 알려 주거나 학생의 능력을 무시하는 것, 학교를 경쟁 상대로 놓고 무조건 깔아뭉개려 드는 사교육이 문제일 뿐이다.

사교육이 독학을 이길 수 없는 이유

나 또한 학원을 여기저기 다녀 봤다. 그러면서 절실히 깨달은 것이 있다. 우리는 학원에서 수업 듣는 것을 공부라 생각한다. 천만의 말씀이다. 학원 수업 과정을 지켜 보라. 선생님은 칠판에다 문제를 풀어 주신다. 학생들은 그걸 보거나 받아 적는다. 그리고 공부했다고 생각한다.

대체 그게 왜 내가 한 공부인가?

문제를 풀고 설명한 건 선생님이다. 학생이 아닌 선생님이 한 공부다. 여러분의 실력이 된 것이 결코 아니다. 남이 문제 풀고 있는 걸 구경하는 것. 이게 무슨 놈의 공부인가.

대학생 중에는 과외 덕분에 반수를 성공하는 경우가 종종 있다. 고등학생을 가르치다 보니 자기 실력이 쑥쑥 늘게 된다. 남을 이해시킬 정도로 차근차근 설명하고 예까지 들다 보니 기본 개념이 탄탄해진다. 본인이 현역 시절 공부하던 것보다도 오히려 더 효과가 좋은 것이다.

몸짱이 되고 싶지만 운동하긴 싫다. 그래서 알바를 시켜 나 대신 운동을 하게 했다. 그럼 어떻게 될까? 알바생은 몸짱이 되겠지만 정작 본인은 축 처진 뱃살과 지방 충만한 살덩이 그대로일 것이다. 우리 모두 이런 짓이 정신 나간 바보짓이라는 것을 알고 있다. 그런데 학원에서 멍 때리고 선생님이 풀어 주는 문제를 보고 있는 것이 이것과 무엇이 다른가?

단언하건대, 학원이나 과외를 비롯한 모든 사교육의 가장 효과적인 공부법은 질문이다. 그래야 제대로 된 공부가 가능하다. 질문하지 않을 것이라면 학원을 다니지 않는 것이 낫다. 제대로 공부하려는 마음이 있다면 수업 전에 내가 고민하고 연구한 질문거리를 열 개씩 준비해서 가져가라. 그리고 내가 부족하고 몰랐던 것에 확실한 답을 얻어 오라.

간혹 학원 다니는 시간, 심지어 이동시간까지도 공부시간으로 착각하는 분들이 있다. 엄청난 착각이다. 공부시간은 순수 자습하여 내 것으로 소화시키고 익히는 시간만을 따져야 한다. 극단적으로 생각해 보자. 자습 한 번 안 하고 문제 한 번 손수 안 풀어 보고 강의만 수천 수만 시간을 들었다. 이 학생이 시험을 보면 100점을 맞을 수 있겠는가? 택도 없는 소리다.

또한 학원의 경우 1:1로 공부하지 않는 이상 다수를 상대로 수업을 진행한다. 처음 듣는 강의라면 학생들의 이해도가 절대로 같을 수가 없다. 이미 배운 상태가 아니라면 이해 못 하는 것이 분명히 생길 것이다. 이럴 때 질문을 해야 하는데 문제는 아무도 질문을 안 한다는 것이다. 그냥 가슴속 깊이 넣고 묵힌다. 이해 안 되는 걸 넘기고 나니 다음 내용도 당연히 이해가 안 간다.

공부에 있어 중요한 것은 사교육을 얼마나 받아야 하는지 얼마나 선행했는지가 아니다. 그것을 소화할 만한 공부법과 공부태도가 잡혀 있는지 먼저 스스로에게 물어보라. 공부는 '제대로 된 방법'으로 '많은 양'을 공부하면 누구나 잘할 수 있는 것이다. 본질이 안 돼 있으니 대한민국 수많은 학생들이 매일매일 학원과 과외 인강을 해도 발전이 없는 것이다.

명심해라. 공부는 혼자 하는 것이다. 혼자 하는 것이 공부다.

시험을 치르는 건 여러분 개인이다. 시험장도 떨리는 마음으로 혼자 가게 될 것이다. 그 어떤 것도 여러분의 인생을 고스란히 책임져 주는 것은 없다. 인생의 쉬운 길은 없는 법이다. 애써 내가 구하고 나의 인내와 노력으로 개척해 나가는 것이 삶이다. 가혹한 것 같기도 하지만 내 스스로 온전히 내 삶을 만들어 갈 때 진정한 기쁨과 즐거움도 느낄 수 있다.

공부를
재미있게 할 수 있는 비결

보상이 빠르면 공부가 재미있어진다

공부는 정말 힘들다. 왜 그렇게 공부하는 게 힘들까? 이유는 여러 가지일 것이다. 공부해야 할 분명한 동기, 꿈이 없어서일 수도 있고, 공부하는 내용이 별로 관심이 없는 분야여서일 수도 있다. 하지만 가장 중요한 이유 중의 하나는 공부를 해도 당장 달라지는 것이 없기 때문이 아닐까 싶다.

공부하면 다음 날 달라지거나 좋아지는 것이 있나? 없다. 하다못해 게임을 해도 바로바로 아이템이 주어지고 경험치가 오른다. 떨

거지 몹을 한 마리 잡아 죽여도 얜 뭘 먹고 컸는지 각종 금은 보화를 내놓고 돌아가신다. 내 캐릭터가 얼마큼 성장했는지도 바로바로 확인할 수 있다. 하지만 공부에 경험치 같은 것이 있는가? 시험을 보면 그나마 성적으로 실력이 늘었는지 가늠해 볼 텐데, 평소에는 스스로 실력을 평가해 볼 방법이 마땅치가 않다. 공부법을 모르면 제대로 하고 있는지조차 알기 어렵다.

만약 공부했을 때 어떤 형태로든 바로 보상이 주어지고, 달라진다면 어떨까? 예를 들어 공부를 10만큼 하면 10만큼 성적이 즉시 오르고, 등수가 오른다면 아마 공부할 맛이 날 것이다. 혹은 오늘 하루 열심히 공부해 10만 원을 벌 수 있다면? 아마 눈에 불을 켜고 열심히 공부할 사람이 많을 것이다.

공부는 분명 충분한 보상을 해 준다. 다만 보상이 좀 느릴 뿐이다. 공부는 결코 배신하지 않는다.

하루하루 최선을 다해 공부하면 반드시 노력한 만큼 보상해 준다. 그럼에도 당장 아무런 보상이 없어 공부하는 것이 힘들다면 전략적으로 보상을 당겨 보는 것도 좋다. 남의 도움을 받을 필요도 없다. 혼자서도 얼마든지 열심히 공부한 자신을 보상할 수 있다.

스스로에게 빠른 보상을 하는 방법은 다양하다. 주중에 열심히 공부한 보상으로 주말에 좋아하는 게임을 한판 하거나 맛있는 음식을 먹는 것도 보상의 한 방법이 될 수 있다. 하지만 나는 가능한 한 공부에 방해되는 게임이 아니라 공부 안에서 빠르게 보상할 수 있는 방법을 찾아볼 것을 권한다. 공부에 대한 보상으로 10시간 이상 혹은 하루 온종일 게임을 하면 공부 리듬이 흐트러져 다시 공부하는 데 시간이 오래 걸릴 수 있기 때문이다.

내가 추천하는 방법은 공부의 간격을 조금 더 빠르게 하는 것이다. 공부를 하면서 얻을 수 있는 보상 중 하나는 문제를 맞히고 해결하는 것이다. 그래서 좋은 점수를 확인하면 그것이 사실 가장 큰 보상이다. 그래서 가급적이면 문제집을 풀 때도 한꺼번에 너무 많은 문제를 풀고 그걸 다 채점해서 오답 공부를 하기보다, 많지 않은 양의 문제를 풀고 그 결과를 확인하는 것이 좋다. 애써 공부한 것으로 문제를 풀어 맞히는 경험이 또 큰 보상이다. 그것을 좀 더 앞당기면 성장하고 있다는 느낌도 더 자주 받게 되고 공부에 속도감도 느낄 수 있을 것이다.

상대성 이론을 알면 공부가 재미있다

/

누군가 태어나서 지금까지 먹었던 음식 중 가장 맛있었던 음식을 묻는다면 나는 주저하지 않고 바로 '이색팥빵'이라 대답할 것이다. 나는 나약하고 자신감 없는 나를 극복하고 싶어 해병대에 지원했다. 해병대는 가입소 기간까지 총 7주간의 훈련을 받는다. 전투수영, IBS기초 훈련, 유격, 공수, 화생방, 각개, 침투훈련 등 그중에 대미를 장식하는 것이 바로 '극기주'다. 극기주란 한 주간 인간의 한계에 도전한다는 뜻이다. 이 기간 목봉, 무장구보, 각개전투, 100킬로미터가 넘는 주/야간 행군 등을 한다. 더불어 배급량이 3분의 1로 줄고 잠도 하루 서너 시간밖에 못 잔다.

극기주의 가장 마지막 하이라이트가 바로 천자봉 행군이다. 천자봉이란 무게 30킬로그램의 완전 무장을 하고 새벽부터 약 12시간 동안 산을 오르는 것이다. 천자봉에서 무사히 내려오면 비로소 해병대가 되었다는 상징적인 의미의 빨간 명찰을 달 수 있게 된다. 해병대에선 굉장히 중요한 의식 중 하나다.

극기주 과정에서 천자봉 행군만을 남겨 놓은 그 시점이었다. 그간 훈련으로 얼굴은 온통 텄고 겨울임에도 세수를 제대로 못 해 얼굴이 꼬질꼬질 새까맸다. 냄새는 좀 지독한가. 더러워서라도 가까이 가고 싶지 않았을 것이다. 옆에 서 있는 동기들의 꼴을 보면 이게 과연 인간인지, 오크인지, 슈렉인지 웃음이 나왔다. 내 몰골 역시 그들과 다름없었으리라. 힘든 와중에도 서로를 쳐다보면 둘 다거지 같은 모습에 웃음이 나왔다. 나중엔 너무 힘이 들어 이런 웃음도 안 나왔다.

"야! 저게 뭐냐! 말도 안 돼!! 저거 봐, 저거 저거!"

동기 한 놈이 소리를 지르자 우린 눈을 의심했다. 포카리스웨트와 빵을 나눠 주고 있었다. 순간 내 눈을 의심했다. 그동안 제대로 먹지도, 마시지도 못한 터라 보자마자 입에 침이 한 가득 고였다.

"지금 나눠 주는 빵. 손도 대지 않고 그대로 완전 무장(군용 배낭)에 넣는다. 배고프다고 지금 처먹는 것들은 목구멍에 야삽(야전에서 쓰는 삽)을 꽂아 버리겠다(보통 이런 식의 참신한 말투가 사용된다). 이 빵과 음료는 행군 도중에 먹을 것들이다."

DI(훈련교관)의 한마디에 모두 기운이 빠졌지만 빵과 음료수를 먹을 생각을 하니 빨리 산을 오르고 싶었다. 하지만 말로만 듣던 천자봉 행군은 결코 쉬운 일이 아니었다. 발에 물집이 잡힐 때마다 바늘로 터뜨리기를 반복했다. 당시 겨울이라 폐렴에 걸려 골골거리는 동기들이 꽤 많았다. 결국 다른 동기가 업고 올라가기도 했고, 급기야 앰뷸런스에 실려 가는 동기도 있었다.
나도 마찬가지였다. 폐렴 증상이 있어 기침을 심하게 했다. 힘에

242

부쳐 고개를 들 수가 없었다. 산을 오르니 산세가 멋지게 펼쳐져 있었던 것 같은데 제대로 보지도 못했다. 주변 경치가 어디 눈에 들어오겠는가. 앞에 걸어가는 동기의 군화만 보고 걸을 뿐이었다. 너무 힘들었다.

난 정상에 올랐단 사실도 몰랐다. 그냥 꾸역꾸역 오다 보니 어느 순간 정상이라는 이야기를 듣게 됐다. 기쁨보다는 빨리 앉고 싶은 마음뿐이었다. 정상엔 헬기 착륙장이 있었다. 965기 동기들은 그곳에 앉았다.

"천자봉에 온 너희들을 환영한다. 수많은 해병들이 이곳을 거쳐 갔다. 너희들도 무적 해병이 될 것이다."

아마 교관이 이런 말을 했을 것이다. 감동적인 말이었겠지만 이내 잊었다. 가져온 빵과 음료를 마시라는 말만 들렸다. 빵에는 '이색팥빵'이라는 이름이 붙어 있었다. 한입을 물었다.

"아⋯⋯⋯⋯⋯⋯⋯⋯⋯⋯⋯⋯⋯⋯."

신음소리가 저절로 났다. 곳곳에서 탄성이 쏟아져 나왔다. 그렇게 맛있는 빵은 처음 먹어 봤다. 마치 천상에서나 맛볼 수 있을 것 같은 환상적인 맛이었다. 폭신한 빵 사이에 단팥과 크림이 듬뿍 들어 있는 빵을 먹다 보니 정말 온 세포가 반응하는 기분이었다. 이제 음료수를 한입 마셨다.

"오······························아··········."

포카리스웨트 역시 환상의 맛이었다. 목구멍에 흘러들어 가기 전부터 몸이 반응하는 느낌. 세상에 음료수가 그렇게 달고 맛있을 수가 없었다. 세포 하나하나에 수분과 당분이 알뜰히 공급되는 그 느낌. 정말 눈물이 날 지경이었다.

첫 휴가를 나오자마자 빵집에 가서 찾았던 것이 바로 이색팥빵이었다. 하지만 어찌된 일인지 당시 천자봉 꼭대기에서 먹던 그 맛이 나지 않았다. 요즘도 가끔 이런 종류의 빵을 먹곤 있지만 그때 그 맛이 전혀 아니다. 왜일까?

훈련을 받던 당시에는 도통 제대로 먹지를 못했다. 특히 과자 같이 단 음식은 꿈도 못 꿨다. 사실 군에 있을 때는 이색팥빵이 아니라 건빵조차도 입에서 살살 녹았다. 졸병 시절, 나는 몰래 건빵을 숨겨 놓고 선임들이 안 볼 때 하나씩 꺼내 먹었다. 걸리면 큰 사단이 일어나는 것을 알면서도 모험을 했다. 그만큼 맛있었다.

세상의 모든 쾌락은 상대적이다. 만약 사탕이나 초콜릿을 매일

먹던 상황이었다면 이색팥빵이 맛있게 느껴지지 않았을 것이다. 민간인이 된 지금 나는 배가 고프지도 않고 마음만 먹으면 얼마든지 단 것을 먹을 수 있다. 이런 상황에서 그 당시 이색팥빵의 맛을 느끼기란 불가능하다. 배고플 때 밥을 먹으면 반찬이 없어도 맛있는데, 배가 부르면 그 어떤 진수성찬이라도 별로 맛이 없는 것과 같다.

어디 음식뿐일까? 세상 모든 일이 그렇다. 하루 종일 서 있을 땐 의자에 앉기만 해도 세상 모든 것을 다 가진 것처럼 너무나 편하다. 하다못해 군에 있을 때 이전엔 그토록 힘들었던 공부가 하고 싶었다. 당시 일기장을 보면 이렇게 적혀 있다.

"공부가 너무 하고 싶다. 공부가 너무 하고 싶다. 밖에 나가면 원 없이 공부를 할 것이다."

어떻게 이런 일이 가능하단 말인가? 바로 상대성 이론 때문이다. 훈련이 너무 힘드니 상대적으로 공부가 하고 싶어진 것이다. 고된 훈련에 비하면 차라리 공부는 너무 편하고 재미있는 일이었다. 지옥 같은 훈련을 뒤로 하고 책을 볼 수 있다면 짜릿하고 행복할 것만 같았다.

하지만 훈련 중에는 책이란 존재를 아예 구경조차 할 수 없었다.

혹 있더라도 절대 볼 수 있는 여건이 아니었다. 그래서 책은 아니더라도 공부할 수 있는 방법을 찾기 시작했다. 나는 동생에게 영어 문장을 몇 개 써서 보내 달라고 했다. 그것을 전투복 앞주머니에 넣어 놓고 틈만 나면 몰래몰래 보며 공부했다.

이처럼 모든 일은 상대적이다. 공부보다 상대적으로 더 힘든 일을 경험함으로써 공부의 재미를 느낄 수도 있지만 공부의 재미를 느끼려면 유혹거리들을 멀리하는 것도 중요하다.

나는 시험기간만 되면 평소 거들떠도 안 본 책들이 눈에 들어왔다. 평소 재미없었던 한국 문학 단편선집도 그렇게 흥미진진할 수가 없었다. 심지어 세상에 존재하는지도 몰랐던 20권짜리 대하소설 『토지』도 너무 읽고 싶어졌다. 하다못해 광고 전단지도 교과서보다는 재미있을 것 같아 읽고 싶어 안달이 났다. 실제로 읽어 보면 아주 재미있었다.

왜 그럴까? 이 또한 상대성 이론으로 설명할 수 있다. 시험 공부하는 것보다는 상대적으로 책 읽는 것이 낫기 때문이다. 그러다 시험이 끝나면? 더 이상 책 읽는 게 재미있지 않다. 재미있게 놀 거리가 지천인데, 책이 눈에 들어올 리 없다.

이처럼 재미도 상대적이다. 예를 들어 게임은 상대적으로 공부보다 재미있다. 사실 인정하기 어렵겠지만 공부는 원래 재미있는 것이다. 공부를 통해 새로운 것을 알아 나가고, 세상 원리를 터득할 때의 재미는 상상 이상으로 크다. 그럼에도 공부보다 재미있고 짜릿한 게임을 하면 공부가 상대적으로 재미없는 것이 된다. 따라서 공부의 재미를 느끼려면 반드시 공부보다 더 재미있는 유혹거리를 멀리해야만 한다.

Part4

공부,
당신은 할 수 있다

공부는
능력이 아니라 용기다

공부하겠다는 의지를 주변에 알려라

사람들은 누구나 공부를 잘하고 싶어 한다. 하지만 하지 않는다. 실은 이것이 핵심이다. 공부를 잘하고 싶다고 말하지만 정작 행동은 하지 않는다. 그저 말뿐이다. 그러니 당연히 공부를 잘할 수 없는 것이다.

그럼 어떻게 해야 할까? 지금부터 방법을 알려 주겠다. 하지만 조건이 있다. 단 하나의 조건. 지금 알려 주는 것을 그대로 해야 한다. 결코 어려운 일은 아니다. 돈이 드는 것도 아니고, 시간이 오래 걸리는 것도 아니다. 몸이 고통스러운 일도 아니다. 다만 약간의 용기는 필요하다.

일단 약속해라. 내가 시키는 대로 하겠다고. 약속하겠는가? 할 수 없으면 더 이상 이 책을 읽지 않아도 좋다. 약속한 사람만 읽을 수 있다. 이 정도 용기도 없다면 그냥 책을 덮어 버리는 게 나을지도 모르겠다.

자, 지금 만약 중고등학생이 이 책을 보고 있다면 바로 지금, 혹은 내일이라도 학교에서 담임선생님을 찾아가라. 그리고 아래 적힌 대로 말씀드려라.

"선생님, 저 좀 도와주세요. 제가 꿈이 있는데요. 이 꿈 반드시 이뤄야 합니다. 그래서 ○○대학에 가야 해요. 지금은 부족하지만 선생님이 도와주시면 저도 할 수 있습니다. 앞으로 수업 한 자도 빼놓지 않고 집중해서 들을게요. 만약 수업 시간에 제가 딴짓을 하거나 집중하지 않으면 어떤 벌이라도 받겠습니다. 선생님께서 알려 주시는 대로 공부하겠습니다."

담임선생님께 부탁드렸으면 각 과목별로 선생님을 찾아다니면서 말씀드린다. 진심으로, 진지하게. 표정부터 목소리까지 다 진지해야 한다. 만약 학원을 다니거나 과외를 하고 있으면 학원 선생님

252

이나 과외 선생님한테도 말씀드려라.

다음은 부모님이다. 말씀드리기 전 준비물로 서약서를 작성한다. 서약서는 여러분이 앞으로 지켜 나갈 것들을 적는 것이다. 밤 9시 이후 컴퓨터 하지 않기, 저녁 X시에 자고 아침 X시에 일어나기 등 스스로의 약속을 적는다. 서약서를 부모님께 보여 드리면서 여러분들의 명확한 꿈과 계획을 말씀드려라. 여러분의 의지를 보여 드리면 된다.

"다음 시험 목표가 OO점 OO등이에요. 열심히 해 볼 테니 좀 도와주세요. 이게 제 계획표인데, 이 계획대로 공부할 것이니 집에서 쉴 때는 공부하란 말은 하지 않으셨으면 좋겠어요. 마냥 쉬는 게 아니라 공부하고 쉬는 거니까. 이건 거실에 붙여 둘게요."

다음은 친구들이다. 공부하기로 마음먹은 친구들을 찾아서 이야기하면 좋다. 그런 친구들이 없다면 되도록이면 장난 많이 치는 친구들 말고 조금은 거리가 있는 친구가 오히려 괜찮다.

"야, 나 마음 잡고 공부할 거야. 진짜 독하게 한번 해 볼란다. 난 반드시 OO가 돼야 해. 인생 시시하게 살고 싶지 않아. 너희들이 아는 나는 다시 태어났다. 내가 만약 수업 시간에 졸면 한 번 졸 때마다 니들한테 빵 하나씩 사 줄 테니 감시해도 좋아. 이게 내 계획 표인데 다음 달 12일까지 영어 단어 이만큼 외울 건데, 만약 못 외우면 틀린 개수만큼 운동장 돈다. 농담 아니다. 나 지금 진지하다."

할 수 있겠는가? 기가 차다는 표정 짓지 말라. 나 또한 지금 매우 진지하다. 닭살 돋을지 모르겠지만 딱 몇 분만 질끈 눈 감으면 할 수 있는 말이다. 이 말 못 할 사람은 이 책 읽는 사람 중 단 한 명도 없다. 단, 용기가 있다면 말이다.

이런 말을 하고 나면 어떤 변화가 생길까? 이렇게까지 이야기하고 나서 수업 시간에 졸 수 있겠는가? 혹은 친구들과 하루 종일 게임만 할 수 있는가? 자기가 큰소리친 게 있어서라도 할 수밖에 없다. 계획을 지킬 수밖에 없다. 쪽이 팔려서라도 해야만 한다. 친구들에게 용돈을 쪼개 빵 사 줄 생각을 하면 안 할 수가 없단 말이다.

학생이 이렇게 진지한 말을 하면 선생님들도 발 벗고 도와주신다. 스승이라는 직업적 소명의식 때문에라도 혹은 젊은 학생의 열정에 감동해서라도 관심을 더 가져 주실 것이 분명하다. 공부법을 알려 주고 심지어 수행평가 때 기회라도 한 번 더 주실 수 있다. 혹시 아는가. 교사용 문제집을 공짜로 주시거나 교무실에 질문하러 찾아갔을 때 롤 케이크라도 한쪽 잘라 주실지. 공신 멘토 한 명은 이런 식으로 도움을 요청하자 선생님께서 주기적으로 1:1 상담까지 해 주셨고 따로 숙제도 내 주셨다. 교사용 문제집을 지원받아 다른 교재를 거의 사지 않고 공부할 수 있었다. 그는 선생님과의 약속을 지켰고 서울대생이 됐다.

작은 용기가 큰 도움을 부른다

"이젠 그만 좀 놀고 공부해야지?"

꼭 공부하려고 하면 부모님이 하필 그 순간 딱 맞춰 초를 친다고 불만을 토로하는 친구들이 많다. 조금 성급하신 부모님들은 한 걸음 더 나가 "작작 자빠져 놀고 공부 좀 해라. 누굴 닮아 저래"라는 말씀을 하기도 한다. 그럴 때마다 부모님이 미워지고 원망스러워지는 것이 사실이다.

하지만 과연 부모님이 자식이 미워서 이런 말씀을 하실까? 그렇지 않다. 걱정스러워서 그런 말씀을 하시는 것이다. 무엇을 꿈꾸든 공부를 해야 꿈을 이룰 수 있는데, 늘 숙제도 안 하고, 성적도 안 나오면 걱정이 되는 것은 당연하다. 아무 말씀하지 않는 게 더 이상하다.

부모님이 잔소리를 한다고 불평하기 전에 직접 공부하는 모습을 보여 드리거나 여러분들의 의지와 계획을 말씀 드려라. 부모님 마음 편하게 해 드리고 싶고, 잔소리도 덜 듣고 싶다면 시도해 보라. 이제 잘해 보겠다고 비장하게 말하는 자녀를 두고 "넌 이미 인생 망한 거야. 이래 봤자 소용없어" 혹은 "너 약 먹었니? 갑자기 왜 이래. 정신 차려라"라고 말씀하실 부모님은 없다. 만에 하나 이렇게 말씀하시는 부모님이 있다면 그건 진심이 아니다. 그건 여러분도 알 것이다.

대학생도 마찬가지다. 교수님을 찾아가서 꿈을 이야기하고 진심 어린 도움을 요청해 보라. 공신 멘토 중 한 명은 가정형편이 너무나 어려웠다. 교수님께 꿈과 함께 자신의 상황을 솔직하게 말씀드렸더니 무슨 일이 생겼는지 아는가? 교수님이 장학금을 주선해 주셔서 무려 4년 동안 대학 학비를 지원받을 수 있었다. 수천만 원에 해당하는 돈이다. 그는 지금 무료로 대학을 다니고 있다. 뿐만 아니라 교수님들로부터 굉장한 관심과 배려를 받으며 대학생활을 하는 중이다. 중간에 해외 연수 기회도 얻을 수 있었다. 만약 그가 솔직히 자신의 사정과 꿈을 이야기하지 않았다면 어떻게 됐겠는가? 상상은 여러분에게 맡기겠다.

사이버 대학을 다녀도 마찬가지로 교수님께 도움을 청할 수 있다. 독학을 하면 독서실 실장님 혹은 나를 지켜보는 누군가에게 가서 꿈과 목표, 계획을 말하고, 그것을 지키지 못했을 때 벌칙까지 말해 보라. 분명 스스로 한 약속을 지키기도 쉽고, 그 말을 들은 사람도 도와주고 싶어 할 것이다.

하지만 이 글을 읽는 대부분의 사람들은 슬프게도 이것을 실행하지 못할 것이다. 고작해야 10분 정도 걸리는 일이고, 멀리 한라산 꼭대기까지 올라가서 할 일도 아닌데, 대부분 못 한다. 왜? 용기가 없기 때문이다. 물론 막상 해 보면 별것 아니지만 생전 해 보지 않았던 일을 하는 게 그리 쉽지는 않다. 용기를 내지 않으면 아무리 공부를 잘하고 싶은 마음이 굴뚝같아도 잘하기가 어렵다.

'용기 있는 자만이 미인을 얻는다'는 말은 그냥 우스갯소리가 아니다. 용기 내서 말하지 않으면 그녀가 혹은 그가 어떻게 여러분의 마음을 알 수 있겠는가? 어떻게 잘될 수 있겠는가? 하늘이 도와 그녀 혹은 그가 나에게 반해 용기를 내서 내게 먼저 말해 주는 것 외엔 방법이 없다.

공부 또한 용기가 있어야 한다. 용기가 있어야 도전도 하지 않겠는가?

모든 일이 다 그렇다. 원하는 것을 얻고자 한다면 용기를 내야한다. 최소한의 용기라도 말이다. 용기를 낼 수 없다면 세상은 바뀌지 않는다. 우리가 아는 모든 세상은 용기 있는 자들이 만든 것들임을 명심하라.

이 책을 읽는 독자들 중에는 공부를 하고 싶어도 할 만한 여건이 안되는 후배도 있을 것이다. 가난은 죄가 아니다. 가난을 이유로 주저앉고 포기하고 아무것도 시도조차 하지 않는 것이 죄이다. 바로 여러분들의 젊음 그리고 여러분들이 가진 그 무한한 가능성에 죄를 짓는 것이다.

태어날 때부터 혹은 자라 온 과정에서 집안 사정이 어려워질 수도 있다. 정말 비극적이게도 가족 중 누군가가 아프거나 불의의 사고로 세상을 떠날 수도 있다. 그래서 공부할 만한 상황이 안될 수도 있지만 그건 여러분의 잘못이 아니다. 죄책감 느낄 필요도 없고, 주눅이 들 필요도 없다.

그럴 땐 당당히 도움을 요청하라. 선생님, 혹은 주민센터, 구청장님 할 것 없이 도움을 줄 수 있는 분들에게 말씀드려라. 단 여러분의 꿈과 진심을 담아서. 세상에는 따뜻한 분들이 참 많다. 여러분을 응원해 줄 누군가가 반드시 있다. 또한 여러분들이 그런 도움을 받고 죽을 듯 노력하여 은혜를 갚거나 훌륭한 사람이 되어 어려움에 처한 사람들과 이 사회에 크게 기여하면 된다.

꼭 내가 적어 준 글자 그대로 해야 된다는 법은 없다. 하지만 어떤 표현을 쓰든 여러분들의 진심을 전하길 바란다. 최대한 많은 사람들에게. 그들은 여러분 편이 되어 줄 것이다. 조력자는 물론 여러분들에게 책임감을 부여하는 일종의 감시자가 될 수도 있다.

용기 없이 세상 어떤 꿈을 이룰 수 있겠는가?

/

"안녕하세요. 주파수 계수기(간단한 형태의 전자회로)를 만들고 있는데 부품이 부족해서요. 혹시 남는 부품이 있으시면 저에게 주실 수 있나요?"

전자제품 서비스 센터나 전파사에나 걸려 왔을 이 전화. 전화를 받은 사람은 빌 휴렛이었다. 당시 초거대 기업인 휴렛팩커드의 전설적인 창립자이자 CEO 그리고 미국의 실리콘 밸리를 만든 장본인 중의 한 사람인 휴렛에게 전화를 걸어 부품을 요구한 사람은 열두 살짜리 초등학생이었다.

그는 이 꼬마의 용기를 가상하게 여겨 그 아이가 원하는 부품을 보내 줬다. 뿐만 아니라 그에게 더 많은 세상을 보여 주기 위해 여름 방학 때 그 아이가 휴렛팩커드에서 일할 수 있도록 인턴 자리를 마련해 줬다. 꼬마는 그곳에서 자기가 좋아하는 주파수 계수기를 만드는 일을 할 수 있었다.

이쯤 되면 궁금할 것이다. 과연 이 꼬마는 어떻게 되었을까? 훗

날 이 아이는 기업체만 쓸 수 있는 컴퓨터를 개인들이 쓸 수 있게 만들어 이른바 PC(Personal Computuer) 시대를 열었으며, MP3 플레이어를 대중화하여 전 세계 음악산업을 뒤바꿔 놓은 것은 물론, PC를 결국 우리의 손 위에 올려놓는다. 그것이 바로 스마트폰이다. 누군지 감이 잡히는지. 바로 애플의 창업자 스티브 잡스다.

그가 살던 곳은 미국 캘리포니아 팰로앨토. 당시에는 동네가 크지 않아 전화번호부에 모든 주민의 이름이 있었다. 그는 도움을 받고 싶었고 실행에 옮겼다. 무작정 전화를 건 것이다.

그때 휴렛팩커드에서 일했던 경험은 스티브 잡스가 성공하는 데 큰 도움이 되었다. 인생에서 가장 큰 기회 중 하나였던 것이다. 그 시절 전 세계에서 휴렛팩커드처럼 첨단 기술을 볼 수 있는 곳은 사실상 없었다. IT 산업의 태동이 일어나는 그 시기에 불과 열두 살에 미래 세상을 접했으니 얼마나 큰 기회인 것인가? 그가 그곳에서 보고 듣고 느끼게 된 것은 그야말로 그에게 꿈을 만들어 주었으며, 미래에 그가 창업을 하고 회사를 경영할 때 엄청난 영향을 주었다.

스티브 잡스는 훗날 "그곳은 나에게 천국이었다"고 회상한다. 동업자였던 스티브 워즈니악 또한 휴렛팩커드에서 만났고, 함께 애플을 창업한다. 말년에 그는 이런 이야기를 했다.

"공부하고 싶다. 정말 공부하고 싶다.
미치도록 공부하고 싶다."

"사람들 대부분이 '그 경험'을 하지 못하는 이유는 도움을 요청하지 않았기 때문입니다. 전화를 걸지 않죠."

열두 살의 스티브 잡스가 용기를 내어 전화를 하지 않았다면, 도움을 요청하지 않았다면 어떻게 되었을까? 당연히 휴렛팩커드라는 당시 최고의 IT 기업을 경험해 볼 기회를 갖지 못했을 것이고, 미래 컴퓨터 시대를 예상하지도 못했을 것이다. 무엇보다 남는 부품을 얻지 못해 주파수 계수기는 영영 완성하지 못했을 가능성이 크다.

여러분은 이런 용기가 있는가? 도움이 필요할 때 도움을 청하는가? 가만히 있으면 세상이 움직여 여러분에게 기회를 가져다주거나 공부의 계기를 마련해 주지 않는다. 최소한의 용기는 내야 한다. 대단한 노력 이전에 최소한의 용기라도 말이다.

내가 꿈을 온 사방팔방 이야기하고 다니는 것 또한 같은 이유다. 대학생 시절 나는 가진 것이 없었다. 가진 것이라곤 통장에 몇 만 원 그리고 고물 컴퓨터 정도? 하지만 꿈은 있었다. 나는 만나는 사람들마다 꿈을 이야기하고 다녔다. "빈부와 지역에 상관없이 모든 학생들에게 공신 멘토 한 명씩을 만들어 주겠습니다"라고 정말 입이 닳도록 말하고 다녔다. 겁도 없이 대통령에게 이 꿈을 반드시 이룰 테니 도와 달라는 말씀까지 드린 적이 있다. 경호원에게 잡혀

갈 뻔했다.

반응이 어땠을까? 의외로 많은 사람들이 멋진 꿈이라 응원해 주었다. 나에게 도움을 줄 수 있는 누군가를 소개시켜 주기도 하고, 공신의 꿈에 대한 기사를 써 준 기자님도 있었다.

주변에 말하면 말할수록 꿈이 구체화되는 느낌이 들었다. 또한 이렇게까지 말하고 다녔는데 최선을 다하지 않는다면 그것 또한 부끄러운 일이다. 나는 그들에게 말한 것만으로도 책임감을 느낄 지경이었다. 열심히 뛰었다. 그들의 응원에 힘을 얻었고 도움을 주겠다고 하신 그분들에게 도움을 받았다.

성공한 많은 사람들이 사실 이런 식으로 주변의 도움을 받았다. 딱 한 번만 용기를 내면 된다. 그것이 곧 여러분을 공신으로 만들어 줄 것이다. 용기 있는 자는 미인뿐 아니라 성적도, 꿈도 얻을 수 있다. 용기를 내라. 눈 딱 감고 행동으로 옮겨라. 열두 살의 꼬마 스티브 잡스를 생각하면서.

'할 수 있는 방법' 대신 '안 할 수 없는 방법' 찾기

나는 내 자신을 믿지 않는다. 내가 잘 해낼 것이라는 믿음과 가능성에 대한 확신은 늘 확고하다. 조금의 의심도 없다. 하지만 일상생활에서의 강성태란 존재는 믿을 수 없다.

나는 계획을 세우면 지키지 못했다. 지키지 못하는 정도가 아니라 계획을 세우고 나면 계획을 세웠다는 사실조차 잊어버렸다. 한참 후에 연습장에 적힌 나의 계획표를 만나면 '어떤 놈이 여기다 계획표 낙서를 해 놨네. 누구야?'라고 생각할 정도다. 물론 내가 공부하겠다고 세웠던 계획표였지만.

지금도 마찬가지다. 오히려 더 심해졌다. 오늘 열심히 공부하거나 일을 하겠다고 마음먹는다. 하지만 보통 컴퓨터를 가지고 일을 해야 하는 경우가 많다. 이런 경우 컴퓨터를 켜면 한 번에 일을 시작한 경우가 거의 없다. 포털에 들어가 인터넷 뉴스를 한 번 훑는다. 그놈의 스캔들과 열애는 하루가 멀다 하고 터져 나오고, 충격적인 사건 사고는 충격적이어서 봐야 한다. 날씨 뉴스는 내일 얼어 죽거나 쪄 죽을지도 모르니 봐 줘야 하는 것 아닌가?

교육 관련 뉴스나 취업, 미래와 관련된 기사도 꼭 봐야 한다. 왠지 이런 기사는 안 보면 직업적으로 소홀한 느낌이 든다. 댓글 많이 달린 뉴스는 댓글 많이 달렸으니 봐야 하고, 내 나이 또래가 많이 본 뉴스는 또래 뉴스니까 봐야 한다. 이것저것 검색하다 보면 30분이 훌쩍 지난다. 그러다 나도 모르게 SNS에 들어간다. 일단 SNS에 들어가면 빠져나오기 힘들다. 그러다 하루해가 다 저물 때가 되면? '내일 하지. 뭐' 하고 가방 싸서 집으로 간다.

왜 이렇게 되는가? 그건 혼자만의 목표이자 계획이기 때문이다. 내가 세운 계획이고 나 혼자만 알고 있는 계획이다. 어긴다고 아무도 뭐라 하지 않는다. 잠깐 '아휴, 또 못 지켰네. 등신 삼룡이. 멍게 해삼 말미잘 같은 인간아' 하고 죄책감과 자괴감이 든다. 그러고 그냥 국에다 밥 말아 먹듯 잊어 먹으면 그만인 것이다.

그래서 나는 혼자만 알고 있지 않으려고 노력한다. 사람은 누구나 거짓말쟁이로 낙인찍히기 싫어한다. 약속도 못 지키는 무책임한 사람으로 인식되고 싶어 하지 않는다. 사회적 동물이기에 누구나 그렇다. 그래서 나는 나의 계획이나 꿈이나 목표를 되도록이면 알린다. 이렇게 자기 제어 장치를 만든다. 말 그대로 자기를 제어하도록 장치를 마련해 두는 것이다. 나는 '하게 하는 방법'을 고민하지만 '안 할 수 없는 방법' 또한 고민한다. 경우에 따라서는 안할 수 없는 방법이 더 강력한 힘을 발휘한다.

수험생 시절 의자에 몸을 밧줄로 묶고 공부했던 것 또한 자기 제어 장치의 일종이다. 내 스스로가 나를 제어하기 참 어렵다. 그래서 밧줄이라는 장치를 만든 것이다. 동생을 시켜 의자에 앉은 나를 밧줄로 꽁꽁 묶으라고 시켰다. 나도 모르게 냉장고 문을 열거나 배도 고프지 않지만 뭔가를 먹으러 갈 때, 혹은 별로 급하지도 않은데 화장실을 가려 할 때 그러다 컴퓨터로 향할 때 밧줄은 나를 제어한다. 나는 다시 공부를 시작한다. 최소한 '아까 공부 열심히 하기로 마음먹었었지'라는 생각을 떠올리며 조금이라도 더 공부하게 된다.

공신 멘토 중에는 심지어 공부로 도박을 한 경우도 있다. 친구를 모아서 방학 계획을 공유한다. 이 계획대로 문제집 한 권을 마스터 하지 못하면 혹은 친구가 테스트를 해서 못 맞히면 10만 원을 벌금으로 내는 식이다. 설날 세뱃돈까지 합쳐도 10만 원이 있을까 말까인데, 전 재산이나 마찬가지인 그 큰돈을 도적놈들 같은 친구들에게 빼앗길 수 있겠는가? 악착같이 공부하여 내 전 재산을 지켜야 한다. 공부를 안 할 수가 없는 것이다.

집안 냉장고에 인강 혹은 자습 계획표를 붙여 놓고 하루하루 목표를 달성할 때마다 표시했던 공신도 있다. 가족들에게 계획표대로 공부한다고 다 이야기를 해 놓았기 때문에 안 하기도 눈치 보인다. 안 할 수 없게 되는 것이다.

앞서 여러분의 꿈이나 계획을 주변에 말하라는 것 또한 자기 제어 장치다. 만약 주변에 말할 용기가 없다면 종이에 쓰기라도 해라. 여러분의 꿈과 목표를 적어라. 꿈은 여러분을 설레게 하는 커다란 비전을 적으면 된다. 목표는 단기적으로 정한 목표를 적는다. 이번 시험은 몇 등, 몇 점을 달성하겠다. 혹은 이번 주는 문제집을 몇 문제까지 풀겠다는 식의 구체적인 목표이다. 이 두 가지를 적어서 책상 앞에 붙여라. 여러분의 방문에도 붙이고 집 안 벽 곳곳에 붙인다. 현관에도 붙인다. 선생님, 친구, 부모님에게 꿈을 당당히 말하고 도움을 요청하기가 죽어도 어렵다면 이렇게 종이에 적어 붙이는 것만이라도 꼭 해라. 지금 책을 잠시 접어 두고 이것 먼저 적어 붙여라. 오래 걸릴 일도 아니다. 나중에 할 생각하지 말고 지금 해라. 반드시 지금 해야 한다. 사진을 찍어 공신카페에 올리면 내가 직접 확인하겠다.

적은 것은 나중에 바꿔도 된다. 꿈이 바뀔 수도 있고 공부 계획이 바뀔 수도 있다. 혹시라도 미래 꿈이 바뀌는 것을 너무 두려워하지 말라.

"강성태 공신님, 저는 하고 싶은 건 있지만 정하지를 못하겠어요. 정했다가 나중에 바뀌면 어떡해요."

이런 후배들이 있다. 두려워하지 마라. 그건 당연한 일이다. 여러분이 더 많은 세상을 보고, 대학에서도 배우고 사회에서도 경험을 쌓는다면 얼마든지 새로운 꿈이 생기거나 꿈이 변형될 수 있다.

나도 주구장창 기회가 있을 때마다 꿈을 이야기한다. 하지만 지금과 다른 꿈이 생길지도 모르는 일이다. 세상도 변하고 나도 변한다. 무슨 바람이 들어 공부 못하는 학생을 전문적으로 연기하는 연극인이 되겠다고 한다거나, 통일을 위해 노력하는 시민단체에서 일하고 싶어질지도 모를 일이다. 하지만 꿈이 바뀔까 두려워 어떤 꿈도 시작하지 못한다면 어떤 성장도 기대할 수 없다.

여러분의 가능성은 믿어도 여러분의 의지는 믿지 마라. 자기를 제어할 장치를 곳곳에 마련해 두어라.

여러분이 못나서가 아니다. 누구에게나 마찬가지로 혼자서 사는 게 외롭고 견디기 힘든 것처럼 나 혼자만의 공부를 하기란 참 쉽지 않기 때문이다.

자, 지금 고개를 들어 책상 앞을 보라. 소리 내어 그 앞에 적힌 꿈과 목표를 읽어 보라. 눈앞에 적힌 그 종이마저도 여러분이 꿈을 이루도록 지켜봐 주고 응원해 줄 것이다.

덤벼라,
더 큰 목표와 꿈을 향해서

무모한 도전이 아름답다

나는 여러분이 도전했으면 좋겠다. 특히 여러분들은 젊고, 어리고, 멋지고, 성실하고, 착하고, 정의로운 사람들이니까. 비단 공부만을 이야기하는 것이 아니다. 꼭 공부가 아니더라도 좋다. 무엇이 되었든 겁내지 말고 도전하면 그만큼 발전하고 성장할 수 있다.

도전을 하기 위해 가장 먼저 이겨야 할 것이 있다. 바로 여러분들의 뇌다. 뇌가 도전의 가장 큰 적이 되기 때문이다. 인간의 뇌는 사실 도전에 소극적이도록 진화했다.

잠깐 생각해 보자. 원래 인간은 거친 자연에서 살고 있었다. 지금처럼 안락한 집에 기계와 도구로 편안한 생활을 하기 시작한 것은 길어야 몇 백 년도 채 되지 않는다. 인간이 지구상에 탄생한 것은 20만 년 전이고, 산업혁명이 일어난 것은 불과 200여 년 전이다. 인간은 최소 수만 년을 위험한 세상에서 살아왔고 살아남았다.

거친 자연에서는 생존이 최우선 조건이다. 사자에게 물어뜯길 수도 있고, 발을 헛디뎌 낭떠러지로 추락할 수도 있다. 생존을 위해 뇌는 가급적 새로운 도전을 경계하도록 진화했다. 괜히 잘 알지 못하는 곳이나 위험해 보이는 곳에 가지 못하도록 말이다.

하지만 세상이 변했다. 여러분들 중 자다가 호랑이에게 물려 갈까 걱정스러워 밤에 이불을 몇 겹 뒤집어쓰고 자는 사람 있는가? 중고생이라면 기껏 이불 뒤집어쓰고 폰 게임하다 들킬 염려 정도가 가장 큰 위험이다. 여러분은 원시시대를 사는 원시인이 아니다. 도전해도 된다.

특히 공부는 더더욱 도전해도 된다. 실수를 한다고 다치는 것도 아니다. 물어뜯길 염려도 없다. 합격을 목표로, 최고를 목표로 공부한다고 목숨을 위협받을 일도 없다. 그럼에도 수만 년 동안의 진화 과정을 통해 안정을 추구하고 도전을 회피하려는 생존본능이 밑바탕에 깔려 있어 도전을 두려워하는 것일 뿐이다. 의식적으로 억지로라도 최대한 덤벼야 한다. '1등을 하겠다' 소리치고 '만점을 받겠다'며 이를 악물고 공부하는 것이다. 뇌에게 '이젠 도전해도 돼! 능력을 보여 주자' 이렇게 신호를 보내란 뜻이다.

신기한 것은 우리 뇌는 그런 신호를 받아들이면 이내 엄청난 능력을 보여 주도록 설계되어 있다. 여러분도 잘 알다시피 우리 뇌의 능력은 상상을 초월하는 수준이다. 사실 여러분의 꿈이나 목표를 이루고도 남을 역량을 이미 가지고 있다. 현실적으로 무모하다 싶은 꿈이나 목표도 거뜬히 달성할 수 있을 정도로 말이다. 그러니 그 뇌가 생존이 아닌 도전으로 작동하게끔 끊임없이 신호를 보내라.

안주에 익숙한 뇌를 도전에 적응시키려면 매일매일 꿈을 상기시키고 도전 중임을 생각해야 한다. 그러지 않으면 쉽게 잊어버릴 뿐 아니라 우리 뇌는 수만 년 간 그래 온 것처럼 안정을 취하고 제자리로 돌아가려 할 것이다.

공신 카페에는 '매일매일 결의 다지기' 게시판이 있다. 이곳은 말 그대로 매일매일 자신의 꿈을 적는 것이다. 꿈이나 목표가 달라지지 않으면 매일 같은 내용을 올리는 것이다. 바보같이 뭐하러 올리나 싶지만 그 효과는 크다. 적으면서 다시 새롭게 다짐할 수도 있고, 무의식중에라도 기억되고 뇌가 반응한다. 어려운 일이 아니고, 꿈을 적을 때마다 기분도 좋아지고 이뤄진 듯한 느낌도 들기에 매일 해 보길 권한다.

자, 여러분은 충분히 할 수 있다. 어디로 갈지 몰라 제 능력을 발휘하지 못한 우리의 뇌를 깨워라. 이제 몸을 사리지 않아도 된다. 언제까지 신석기 시대에 살고 있을 것인가. 도전해도 되는 지금 이 시대에 감사함을 느껴라. 그리고 과감하게 여러분의 꿈과 목표를 외쳐라. 그리고 덤벼들어라!

내 이름은 빈센트 강

나의 영어 이름은 빈센트 강(Vincent Kang)이다. 내 외모와는 어울리지 않는 세련된 이름이다. 빈센트라는 이름은 영화 「가타카」의 주인공에서 따왔다. 그는 SF 영화의 가상 인물이지만 실존 인물 이상으로 내 삶에 큰 영향을 미쳤다.

영화의 배경은 미래. 유전 조작을 통해 실험실에서 완벽한 우성 인간을 만들어 낼 수 있는 시대다. 그러나 주인공 '빈센트'는 실험실의 샬레 위가 아닌 부모님의 사랑으로 태어났다. 유전자 조작이 없었기에 그는 안타깝게도 열성 유전자를 그대로 안고 태어난다.

그 결과 불행히도 태어나는 순간부터 축복은커녕 서른 살에 심장병으로 죽을 거란 일종의 사망선고를 받는다. 미래 사회는 유전자를 통해 모든 질병과 미래를 예측하기 때문이다. 열성 유전자를 가진 자는 보험도 들 수 없다. 심한 난시로 두꺼운 안경 없이는 앞

272

"공부 또한 용기가 있어야 한다.
용기가 있어야 도전도 하지 않겠는가?"

도 보지 못하는 빈센트는 교육기관에서조차 받아 주지 않아 완전히 뒤처진 낙오자로 전락한다.

빈센트의 동생은 실험실에서 완전한 우성인자로 태어난다. 이제 그는 동생에게도 늘 지는 패배자가 됐다. 특히 어린 시절 누가 더 빨리 바다에서 멀리 나가는지를 가리는 수영시합은 늘 동생의 승리였다. 이처럼 삶은 늘 빈센트에게 가혹했다.

하지만 그에겐 꿈이 있었다. 우주로 나가는 꿈이다. 제약 많은 지구를 떠나 우주로 나갈 날을 꿈꾸지만 우주인으로 뽑히는 것은 완전한 우성인간에게도 어려운 일이다. 더구나 그 시대는 실험실에서 태어난 우성인간과 그렇지 못한 열성인간의 신분이 완전히 갈려 모든 면에서 제약이 따른다. 열성인간은 우주인이 될 꿈조차 꿀 수 없다. 결국 현실을 안 그는 집을 떠나 자신의 길을 개척하기 위해 홀로 떠난다.

세월이 흘러 성인이 된 형과 동생, 동생은 자신이 쫓고 있던 살인 사건의 용의자가 형이란 사실을 우연히 알게 된다. 놀랍게도 30살에 죽었을 줄로만 알았던 형 빈센트는 완벽한 우성인간이 되어 있었다. 아니, 우성인간과의 경쟁에서 이겨 그들보다 더 완벽한 인간으로 우주인에 선발돼 교육을 받고 있었던 것이다.

빈센트는 살인하지는 않았지만 열성인간인 자신을 우성인간 신분으로 위장한 죄가 있었다. 실제로 그는 하루하루 우성인간에게 빌린 머리카락과 핏방울 등으로 열성인간인 자신을 숨기고 있었다. 성공은 노력으로 만들어 냈지만 유전자는 노력으로 바꿀 수 없었던 것이다.

우주로 떠나는 로켓 발사 이틀을 남겨 두고 죄를 지은 형과 그를 체포해야 하는 동생. 둘의 만남은 논쟁 끝에 어린 시절 항상 수영 시합을 하던 그곳을 향했다. 아무 말 없이 폭풍이 몰아치는 바다로 뛰어든다.

결과는 수년 전과는 정반대였다. 빈센트, 그가 이긴 것이다. 결국 폭풍이 몰아치는 와중에 지쳤던 동생은 중간에 시합을 포기하기에 이르렀다. 동생 안톤은 형에게 소리친다. 어떻게 이 모든 것들이 가능했냐고. 어떻게 열성으로 태어났으면서 우성인간보다 더 뛰어날 수 있었냐고. 그는 대답한다.

"You want to know how I did it? This is how I did it, Anton. I never saved anything for the swim back."

(넌 내가 어떻게 해냈는지 알고 싶겠지. 이게 나의 비결이야. 안톤. 나는 돌아갈 힘을 남겨 놓지 않아.)

'돌아갈 힘을 남기지 않는다.' 이 장면을 보고 눈물이 주르륵 흘렀다. 열성인간이었고, 사실상 시한부 선고마저 받은 그였다. 그에겐 유일한 비결이 있었다. 매일매일 돌아올 힘조차 남기지 않을 정도로 소진하는 것. 반면 우성인간들은 항상 남겨 놓았다. 모든 것을 다 쓰지 않았고 최선을 다하지 않았다. 그들은 절박하지 않았다. 하지만 빈센트에게는 매 순간이 목숨을 건 승부였던 것이다.

나는 눈물을 흘릴 수밖에 없었다. 내 모습을 보는 것 같았다. 어리버리하고 겁 많고 약하고 덩치도 작아 맞고 다녔던 시골 촌놈. 친구가 뱉은 담배 냄새 섞인 가래침을 얼굴에 맞고도 찍소리도 못했던 찌질이이던 나다. 빈센트와 다름없었던 그런 나였다. 나를 닮은 빈센트가 벗어날 수 없을 것 같은 시련을 온몸이 부서질 듯한 노력으로 이겨 내는 것을 보면서 말로 표현할 수 없는 감정이 북받쳐 올라왔다. 눈물이 났다. 그날부터 나는 영어 이름을 빈센트로 정했다. 매 순간 그를 떠올리기 위해서. 돌아올 힘을 남기지 않기 위해서였다.

수험생 시절, 나는 내게 주어진 하루하루에 내가 가진 모든 에너지를 완전히 방전시키기로 했다. 체력은 물론 혼과 정신력까지 모두 쏟아부었다.

하루하루 나의 일상은 똑같았다. 밤 12시가 다 될 때까지 학교에서 자습하고 집으로 돌아오면 더 이상 공부하는 것은 불가능했다. 나에게 남은 에너지는 없었다. 잠자리에 드는 것은 너무나도 쉬웠다. 머리를 대자마자 바로 기절이었다. 불면증 따위는 없었다. 마치 블랙홀에 빨려 들어가듯 잠이 들면 몸을 뉘였다는 쾌락과 편안함과 함께 순간적으로 '아, 오늘 보람 있구나'라는 생각이 살짝 들 뿐이었다.

공부하기 싫어지면 의자에 몸을 밧줄로 묶어 공부했다. 집중력이 흐트러질까봐, 1초라도 허비할까 봐 문제 하나하나마다 초를 재면서 사력을 다해 공부했다. 그러니 밤에는 실신하듯 쓰러짐과 동시에 잠이 드는 하루하루였다. 배가 불러 집중력이 떨어질까 식사량을 줄였다. 배고픔만 사라지면 급식에 아무리 맛있는 음식이 나와도 바로 갖다 버렸다.

수능이 가까워지자 큰 위기가 찾아왔다. 극심한 체력 저하로 온갖 고3병에 시달렸고 급기야 심한 두드러기 증상이 나타났다. 몸에 조금이라도 열이 오르거나 당황하면, 피부가 너무나 따가워 서 있지도 못할 지경이었다. 수능을 치르지 못할 위기였다. 모의고사 도중 약간의 열이 올라 도중에 뛰쳐나온 적도 있었다. 결국 난 부모님께 말씀드려 시험을 포기하기에 이르렀다.

그때 빈센트를 떠올렸던 것이 큰 힘이 되었다. 이를 악물고 다시 시작했고 이겨 낼 방법도 궁리해 냈다. 열이 나면 안 되니 추운 복도 창틀에 나 홀로 책을 놓고 서서 공부했다. 밤이 되면 흐릿한 복도 조명 아래 창밖, 건물 사이로 보이는 하늘을 보며 우주를 꿈꾸던 빈센트를 떠올렸다.

마인드 컨트롤과 함께 운명을 믿어 보기로 하고 선생님께 말씀드려 시험을 양호실에서 보기로 했던 것을 취소하기로 했다. 몸이 아프면 일반 교실이 아닌 양호실에서 시험을 치를 수 있다. 그러나 그런 특이한 환경에서 제대로 시험을 치는 건 사실상 불가능하다고 생각했다.

그 시절은 내가 가진 모든 에너지를 쥐어짜내고, 또 짜냈다. 영화의 빈센트처럼 멋진 모습은 아니지만 꾸역꾸역 버티고 또 버텼다. 촌놈, 더러맨, 일진들의 노리개에 불과했던 강성태에게, 초등학교 시절 극심한 축농증으로 콧물을 입술까지 달고 살던 강성태에게, 공부는 투쟁이자 생존이었고 속박을 벗어 던질 수 있는 유일한 방법이었기 때문이다.

빈센트는 결국 수많은 제약들로 가득한 지구를 벗어나 우주로 떠난다. 그가 남긴 '돌아갈 힘을 남기지 않는다'는 말 한마디 덕분에 나도 내 나름대로의 우주에 도달할 수 있었다.

뿐만 아니라 나는 언젠가부터 더 먼 우주로 향할 준비를 하고 있다. 이미 여러분은 알고 있을 것이다. '빈부와 지역에 상관없이 대한민국 모든 학생들에게 공신 멘토 한 명씩 만들어 준다'는 바로 그 꿈을 향해 가고 있는 중이다. 너무나 큰 꿈이어서 만에 하나라도 이루지 못할 가능성도 있다. 하지만 이번에도 마찬가지로 돌아갈 힘을 남겨 놓지 않을 정도로 노력해 볼 자신은 있다.

　이 글을 보는 누군가는 열등감으로 똘똘 뭉친 못난이로 태어나 살 가치도 없다 느낄지도 모른다. 좋다. 나도 내가 그렇다고 생각한 적이 많기에 이해도 된다. 하지만 위로하고 싶지는 않다. 오히려 잘됐다. 내가 모자란 것을 인정하는 건 그만큼 더 부지런해야 한다는 뜻이다. 빈센트처럼 돌아갈 힘을 남겨 놓지 않고 최선을 다한다면 무엇이든 이룰 수 있을 것이다.

　끝으로 빈센트가 우주로 떠나기 직전 자신의 연인에게 했던 말을 전한다. 영화 마지막에 빈센트는 자신이 열성인간임을 연인에게 들키고 만다. 그녀 또한 빈센트만큼은 아니지만 심장질환이 있어 많은 것을 포기한 상태였다. 그녀를 붙잡고 그는 외친다.

"You are the authority on what is not possible, aren't you Irene? They've got you looking for any flaw, that after a while that's all you see. For what it's worth, I'm here to tell you that it is possible. It is possible."

(무엇이 가능한지 아닌지 정하는 건 바로 당신이잖아요. 아이린. 그들은 당신에게 어떤 결점이 있는지만 찾으려 했고 결국 그게 당신이 보는 모든 것이 돼 버렸어요. 소용 있을지 모르지만 난 당신에게 이 말을 하려고 왔어요. 가능해요. 당신의 꿈은 가능해요.)

믿음이
결과를 만든다

왜 나는 서울대생이 되었는가?

/

'어떻게 내가 성공했을까? 왜 하필 나일까?'

입시가 끝난 이후 나의 머릿속을 떠나지 않았던 궁금증이었다. 수험생이 되고 시험이 임박하면 다들 열심히 공부한다. 내가 공부를 특별히 열심히 한 것처럼 보이지만 나만큼 혹은 나보다 더 오랜 시간 공부한 친구들도 분명 있었을 것이다. 그런데 왜 나는 서울대에 합격할 수 있었을까?

바로 확신이었다. 된다는 생각. 믿음 말이다. 나는 의도적으로라도 확신을 가지려 노력했다. 시험이 얼마 남지 않은 시점이었다. 문제집을 풀었다. 그런데 안타깝게도 틀린 문제가 꽤나 많이 나왔다. 모르는 문제가 쏟아져 나왔다. 이런 상황에서 여러분은 어떤가?

'난 쓰레기다. 시험도 얼마 남지 않았는데 도저히 가망이 없다. 이번 입시는 안될 것 같다. 내년에 다시 해야 할 것 같아.'

아마 대부분의 학생들은 이렇게 생각할 것이다. 당시 내 친구들도 대부분 이렇게 생각했다. 지레 안될 것이라고 생각하는 친구들은 반복이나 복습은 별로 하지 않는다는 공통점을 가지고 있다. 하지만 나는 정반대로 생각했다. 기분이 나쁘지 않았다. 나쁘기는커녕 고마웠고 다행이란 생각마저 했다.

'지금 알게 됐으니 정말 천만다행이다. 시험에서 처음 만났으면 그냥 작살났을 텐데.'
'완전 난 행운아야. 이거 지금 알아 두기만 하면 수능에 나와 맞히기만 하면 된다.'

나의 발상은 매우 단순했다. 단순함을 넘어 거의 바보 같았다.

아무리 틀린 문제가 많아도 괜찮다. 이것을 지금 당장 공부해서 머릿속에 우겨 넣고 시험장에 가서 맞히면 장땡이다. 이 얼마나 단순하고 마음 편한 생각인가!

나는 확신했다. 내가 몰랐던 문제를 하나씩 풀고 나면 그와 비슷한 문제가 수능에 나올 거라고 믿었다. 그러니 철저하게 반복하고 연구할 수밖에 없었다. 이렇게 한 문제를 완전히 풀고 나면 이와 비슷한 문제가 나올 때 반드시 맞힐 수 있을 것이라 믿었다. 그 모습을 생생하게 상상할 지경이었다. 한 단원을 끝내면 '이 단원에서 한 문제도 틀리지 않겠다'라고 다짐했다. 다음 단원도 마찬가지 방식으로 공부했고, 책 한 권을 끝내면 마침내 '나는 수학을 잘할 것이다'라고 또 믿었다. 자신감을 넘어설 정도의 이런 믿음은 나를 공부하게 만들어 주었다.

하지만 다른 친구들을 보면 그러지 못한 경우가 대부분이었다. 한 문제를 풀어도 '이걸 왜 푸나' 회의를 품거나 공부에 집중하지 않고 걱정만 하는 친구도 있었다. 스스로 안 될 것이라 굳게 믿고 공부하는 친구들도 많았다. 아무리 내가 "넌 잘될 거야"라고 말해도 도무지 이런저런 온갖 이유를 갖다 대면서 자기는 안 될 것이라는 주장을 굽히지 않았다.

많은 친구들이 안 될 것이라며 꿈조차 꾸지 않는다. 이 친구들은 의도적으로라도 큰 꿈을 갖지 않기 위해 노력하는 것 같기도 하다.

경쟁률이나 학교 이름만 보고 지레 겁먹고 상상조차 하지 않는다. '나 같은 게 무슨 수로 되겠어.' 이렇게라도 생각하면 다행이다. '무슨 수로 되겠어'라는 생각조차도 하지 않는다.

공부할 때뿐 아니라 시험을 치르는 바로 그 순간도 마찬가지다. 골프라는 스포츠를 예를 들어 보자. 근처에서 홀에 마지막 퍼팅을 하는 순간. 그런데 문득 '안 들어가면 어떡하지?'라는 걱정이 고개를 내민다. 이런 걱정을 하면 몸이 긴장해 실패하기 쉽다. 한번 실패하고 나면 향후 비슷한 상황에서 또 똑같은 걱정을 하게 될 가능성이 크다. 그래서 그들은 안 된다는 생각은 절대로 하지 않는다.

의심하지 마라. 그것 또한 공부의 매우 중요한 능력이다. 할 수 있다는 생각 자체가 실력이다.

시험을 보는데 '이거 망치면 어떡하나', '수학 시험 안 풀리기 시작하니 다 글렀네' 같은 걱정은 하지 마라. 부들부들 떨기 시작하면 몸과 마음이 긴장돼 실수를 연발하고 아는 문제도 틀린다.

이 글을 읽고 있는 누구라도 자신의 가능성을 믿어야만 한다. 우린 너무나 자기 스스로를 믿지 못하는 경향이 있다. 자기 나름대로 한계를 정해 두고 그것을 그대로 믿는다. 마음속의 한계를 넘지 못하고 가까이 가려 하지도 않는다.

"강성태 공신님, 저는 중간고사를 망친 죄인입니다."

공신 사이트를 보면 시험을 망쳤다고 좌절 중이라는 글들이 많다. 그러면서 이런저런 대학을 못 가는 것 아니냐고 묻는다. 학년을 보면 이제 고등학교 1학년인 친구도 있다. 만약 누군가가 안된다, 못 간다고 대답하면 모든 공부를 접고 시골에 내려가 농사라도 지을 텐가. 그런 질문은 안 하는 것이 좋다.

공신 선배들 중에는 서울대 최고 학과에 재학 중이지만 내신 성적 9등급 받은 경우도 있다. 이런 공신들이 의외로 많다. 특히 자사고나 특목고 출신들은 대부분 이렇다. 이 선배들이 만일 한 과목에서 9등급을 받았고 공부를 접었으면 어떻게 됐겠는가?

공부뿐만이 아니다. 어떤 일을 하더라도 그 일이 달성될 가능성이 1퍼센트도 안된다고 믿는다면 그 일에 의미를 부여하고 열심히 할 수가 없다. 내가 좀 더 열심히 하면 가능한 일이라고 믿을 때 의욕도 생기고, 방법도 떠오르기 마련이다.

믿어라. 여러분의 성공, 여러분의 합격이 당연히 가능한 일이라고 믿기 바란다. 우리가 치르는 대부분의 시험은 엄청난 수재를 찾아내기 위한 시험이 아니다. 토익은 누구나 쓸 수 있는 영어를 어느 정도 할 수 있는지 측정하는 시험이다. 각종 고시공부 또한 천재를 가려 내기 위함이 아니라 자격을 보려는 시험이다. 고교 과정까지의 공부는 말할 것도 없다. 중요한 건 제대로 된 방법과 노력이다. 공부는 노력으로 커버할 수 있다. 부디 어떤 어려움이 와도 확신을 가지기 바란다. 여러분은 할 수 있다.

할 수 있다고 믿는 게 곧 실력이다

'나는 머리가 나빠서 안 돼. 수학은 타고나야 돼. 언어 감각이 없어서 영어를 못해.' 이미 공부 잘하는 것들은 정해져 있고, 안되는 놈들은 늘 안된다는 생각이다. 이런 사고방식을 '고정형 사고방식'이라고 한다. 능력이란 게 사실상 고정돼 있다는 뜻이다. 그 반대가 '성장형 사고방식'이다. 노력을 통해서 능력이 성장한다는 믿음. 여러분은 어떤 생각을 가지고 있는가?

이 생각의 차이에 대해 초등학교 5학년과 6학년 학생 330명을 대상으로 조사를 했다. 이들 중 고정형 사고방식을 가진 학생과 성장형 사고방식을 가진 학생을 뽑았다. 이 학생들에게 열두 문제를 주고 시험을 보게 했다. 앞의 여덟 문제는 매우 쉬웠고, 뒤 네 문제는 매우 어려웠다.

고정형 사고방식을 가진 학생들은 어려운 문제가 나오자마자 번개처럼 포기했다. 70퍼센트가 문제 푸는 전략이 현저히 떨어졌고,

50퍼센트 이상이 완전히 삼천포로 빠졌다. 동시에 자신의 능력을 탓하며, "원래 기억력이 나빠요", "이런 거 잘 못해요", "전 영리하지 못한가 봐요" 등의 이야기를 하기 시작했다.

정말 그들 말대로 머리가 나쁘거나 기억력이 좋지 않았을까? 아니다. 지능도, 기억력도 모두 정상이었고 성장형 사고방식을 가진 학생들과 차이가 없었다.

반면 성장형 사고방식을 가진 학생들은 놀라운 반응을 보였다. 그들은 아무 탓도 하지 않았다. 심지어 실패했다는 생각 자체를 하지 않았다. 어려운 문제를 푸는 동안 80퍼센트 이상이 긍정적인 생각을 하고 있었다. 25퍼센트는 문제 푸는 동안 새로운 전략을 깨우쳤다. 실제로 일부는 그 어려운 문제를 풀어 내기도 했다.

혹시 두 그룹에 각각 다른 동기부여를 했느냐고? 그것도 아니다. 처음부터 동기수준은 같았다. 두 그룹 모두에게 '문제를 풀면 원하는 선물을 주겠다'고 한 것이다. 지능도 차이가 없었다. 영향을 끼친 건 바로 자신에 대한 믿음, '나는 할 수 있다. 하면 된다'는 생각이었다. 할 수 있다고 믿은 학생과 그러지 않았던 학생들의 차이는 실로 어마어마했다. 스탠포드 대학의 드웩 교수가 했던 이 연구는 그야말로 교육학, 심리학 전 분야에 걸쳐 너무나 중요한 업적이 됐다.

타고난 재능이 전부라고 믿는 사람들의 공통점이 있다. 시험을 두려워한다는 것이다. 무슨 수를 써서라도 최대한 피한다. 시험을 봤는데 혹여 성적이 낮게 나오면 그것은 자신의 타고난 지능이 좋지 않다는 증거가 되고, 공부 못하는 열등한 인간으로 보일 것이라 믿기 때문이다. 반면 노력이 가장 중요하다고 믿는 사람은 시험 성적이 좀 낮아도 괜찮다. 노력하여 만회하면 되니까.

잘 알겠지만 시험을 피하면 부족한 부분을 알 방법이 없다. 발전이 없단 뜻이다. 결국 실제로 재능이 뛰어나도 타고났다고 믿는 사람들은 더 발전시키려는 노력을 하지 않는다. 결국 그들은 머물러 있고 도태된다. 아무리 머리가 좋아도 늘 똑같은 수준일 것이다.

할 수 있다고 믿는 사람, 하면 된다고 믿는 사람은 실패를 크게 두려워하지 않는다. 오히려 그 실패를 성장할 수 있는 기회이자 배움이라 생각한다.

공부가 타고나는 것이라 믿는다면 누가 공부를 하겠는가? 아무리 천재라도 공부하지 않으면 성적은 떨어진다. 즉, 공부 능력이 고정된 것이 아니라 하면 할수록 성장한다는 생각, 나는 성장할 수 있다는 생각이 실제로 그 사람을 성장시킨다.

실제로 공신이 되는 사람들은 천재가 아니다. 대부분 일반 학생들과 다르지 않은 사람들이다. 다만 차이가 있다면 그들은 하면 된다는 생각을 믿는다. 실제로 그렇게 해서 이뤄 낸다. 자신의 발전을 굳게 믿고 있는 것이다.

나는 멘토링을 하기 전에 꼭 멘티들과 약속을 한다. 어떤 경우에도 "난 못해. 능력이 안 돼. 머리가 나빠서 못해" 혹은 "이 과목은 원래 못했어. 해도 안돼"라는 말을 하지 않겠다는 다짐을 받는다. 스스로 못한다고 믿는 사람들은 사실 '나는 노력하지 않겠다'고 말하는 것과 다름없다. 결국 못한다고 믿는 사람은 노력하지 않고, 노력하지 않기 때문에 실제로 더 못하게 된다. 더 못하게 된 걸 직접 확인하게 되니 못한다는 믿음은 더욱 더 강해진다. 악순환이다. 심지어 주변 시선들로부터도 공부 못하는 사람으로 낙인찍히게 된다. 그 뒤론 온 세상이 미워지게 된다.

'할 수 없다'는 생각을 '할 수 있다'는 믿음으로 바꾸지 못하면 그 어떤 공부법도 소용이 없다. 오랜 시간 동안 멘토링하면서 가장 힘든 것이 실은 이것이다. 난 해도 안될 놈이라는 본인 스스로의 믿음. 이 장벽을 깨부수지 못하면 성장도 진보도 없다. 그래서 공신의 모든 멘토링 프로그램에서 가장 심혈을 기울이는 것도 이 부분이다.

어떤 경우에는 어이가 없다. 멘토링을 할 때 난 할 수 있다고 이런저런 근거를 대서 설명한다. 그런데도 끝까지 자신은 안되고 패배하고 찌질이로 살 수밖에 없는 이유만을 늘어놓는 친구들도 있다. 참으로 불쌍하기 짝이 없다. 그 학생이 불쌍한 것이 아니라 그 학생과 함께 존재하는 그 청춘이 안타깝다. 그 가능성과 잠재력이 불쌍하다. 자신이 얼마나 값진 것을 들고 있는지도 모르고 스스로 미래를 죽이고 있는 것 아닌가. 그래서 청춘은 청춘들에게 주긴 너무 아깝다는 말이 생겨난 것인지도 모르겠다.

믿어야 한다. 할 수 있다고 믿으면 많은 부분이 열린다. 그 전과는 달리 방법을 찾아보게 되고 노력까지 하게 된다. 좋은 결과를 만들어 내는 것은 타고난 재능이 아니라 노력이다.

믿음은 불가능을 가능하게 만든다

미국에서 상위권 학생들은 늘 아시아계 학생들이다. 특히 한국 학생들은 수학에서 두드러진 성과를 보여 준다. 아시아계 사람들이 수학을 잘한다는 생각은 거의 일반 상식처럼 받아들여진다. 이런 비슷한 고정관념은 성별에도 존재한다. 남자는 여자보다 수학을 좀 더 잘한다는 그 믿음이다. 사실이고 아니고를 떠나서 우린 이런 이야기를 한 번쯤은 들어 봤을 것이다.

미국에서 공부하는 아시아계 여학생을 모았다. 그리고 한 번은 아시아계와 비아시아계로 나눈 후 이학생들을 아시아계로 소속시

커 시험을 치렀다. 또 한 번은 여자와 남자로 나눠서 시험을 치렀다. 당연히 이 학생들은 여성에 소속된 채 시험을 보았다.

결과는 어땠을까? 시험 수준이 동일했으니 결과 또한 동일해야 마땅했다. 그런데 예상과는 완전히 다른 결과가 나왔다. 아시아계로 소속되었을 때 성적이 훨씬 높게 나온 것이다. 왜 그런 것인가? 아시아계로 소속된 채 시험을 볼 때는 이런 생각을 했을 것이다.

'난 한국인(아시아계)이야. 수학을 잘할 수 있어. 식은 죽 먹기야. 시험을 아주 잘 봐서 친구들 코를 납작하게 해 주겠어. 날 좀 부러워해야 할 걸.'

반면 여성 그룹에 속해 시험을 볼 때는 아마도 다음과 같은 생각을 했을 가능성이 크다.

'난 여자야. 연약하고 순수한 여자는 남자들보다 수학을 못하는데. 남자들과의 경쟁에서 어떻게 이기나. 우리 반 수학 1등도 남자인데……'

의식적으로 이런 생각을 했을 수도 있고, 느끼지는 못했지만 자신감에 변화가 왔을 수 있다. 이 생각의 차이가 결과의 차이를 불렀다. 달라진 건 없었다. 실력은 그대로였고, 차이가 있다면 시험 볼 때의 마음가짐이 달라졌을 뿐이다. 이 실험을 통해서도 스스로 할 수 있다고 믿는 것이 얼마나 중요한지를 잘 알 수 있다.

나도 이와 비슷한 경험을 하곤 했다. 자신감을 갖고 시험을 보면 늘 예상보다 성적이 높게 나왔다. 작든 크든 늘 그랬다. 반면 '쫄아서 망할 것 같아. 난 못해' 이런 생각으로 봤던 시험은 최악의 결과가 나오곤 했다. 그때는 공신을 시작하기 전이었고, 대학에서 교육학과 심리학을 배우기 전이라 왜 그런지 설득력 있게 설명할 길이 없었다. 그럼에도 당시 멘토링 하던 후배들에게 이렇게 말했다.

"자신감을 가져. 잘될 거야. 형은 잘될 거라 믿으면 찍어도 더 잘 맞더라. 늘 그랬다구! 믿기지 않겠지만 정말이야!'

'할 수 있다'는 믿음은 생각보다 힘이 아주 세다. '할 수 있다'고 굳게 믿고 노력하면 소위 말하는 불가능한 일도 기적처럼 가능해진다. 한계라고 생각했던 선을 훌쩍 넘을 수 있다.

올림픽 육상에서 가장 큰 관심을 끄는 종목은 단연 100미터 단거리 경기다. '인간 탄환'이라 불리는 자들의 경주. 올림픽이나 육상 선수권 대회에서 100미터 경기는 항상 세계 신기록이 수립될지, 인간의 한계가 또 깨어질지 전 세계의 이목이 주목된다.

그 이상으로 주목을 받던 육상 종목이 있었다. 바로 1마일, 즉 1,609킬로미터를 4분 안에 주파하는 것이었다. 4분의 기록을 깨기 위해 숱하게 많은 사람들이 도전했지만 어느 누구도 이 기록을 깨지 못했다. 시간이 흐를수록 초미의 관심사가 되었다. 심지어 의학계에서는 인간이 4분 벽을 깨는 것은 불가능하다는 것을 증명해 보이기 시작했다. 4분 안에 들어온다면 그 사람은 산소가 부족하여 심장이 터지거나 골절로 그 자리에서 즉사한다는 주장을 펼치기도 했다. 그래서 붙은 이름이 '마의 4분'이다.

하지만 역사를 돌이켜보면 항상 겁을 상실한 괴짜 같은 사람이 등장하기 마련이다. 모두가 포기하고 있던 그 기록을 혼자서 깨 보겠다는 의지를 가진 젊은이가 한 명 있었다. 바로 영국의 의학도 로저 길버트 배니스터였다. 그는 감히 1마일을 4분 안에 주파하는 것이 가능하다고 믿었다. 그리고 실천에 옮겼다. 동료들과 훈련 일정을 짜서 하루도 빠짐없이 훈련에 훈련을 거듭했다.

그는 신념을 가지고 있었다. 자신이 가지고 있던 의학적인 지식을 바탕으로 기록을 단축시키기 위한 수많은 시도를 했다. 지구력과 순발력을 높이기 위해 자신만의 훈련 방법을 고안해 냈다. 1마일을 네 구간으로 나뉘어 중간에 2분을 휴식하며 전력 질주했다.

때는 1954년 5월 6일, 영국 옥스퍼드 이플리 육상 경기장에서 아마추어 육상 연합 대회가 열리는 날이었다. 약간의 바람만 불 뿐 매우 평범한 어느 날. 1마일 경기가 열렸지만 어느 누구도 4분 벽을 넘는 사람이 있을 것이라 믿지 않았다. 출발 총성이 울렸고 선수들은 온 힘을 다해 전력 질주하기 시작했다. 4분 정도가 지나자 앞서 말한 배니스터가 첫 번째로 우승 테이프를 끊고 들어왔다.

그런데 장내 아나운서가 잠시 중계를 멈췄다. 전광판이 없던 시절이었기 때문에 사람들은 그의 기록을 알 수 없었고 아나운서의 발표를 기다려야만 했다. 얼마간의 정적이 흐른 후 아나운서는 기록을 발표했다. '3분'이라는 말이 들리는 순간 사람들은 모두 기립하고 말았다. 기적이 일어났다. 새로운 영웅이 탄생한 것이다. 육상 역사에 길이 남을 크나큰 기록이었다. 그의 정확한 기록은 3분 59초 4였다. 그토록 악명 높은 마의 4분 벽이 깨지는 순간이었다.

"손이 미치는 곳 너머로 손을 뻗어라. 하늘이 왜 있겠는가?"

배니스터가 남긴 멋진 말이다. 배니스터 이야기도 놀랍지만 더 놀라운 일들이 일어나기 시작했다. 기록이 깨진 지 불과 6주 뒤 또 다른 사람이 4분 벽을 깨고 말았다. 처음 4분 벽이 깨졌을 때만큼은 아니지만 사람들은 경악했다. 그런데 더 놀랄 일이 생기기 시작했다. 배니스터 경이 4분벽을 깨고 채 1년이 지나지 않아 무려 37명의 선수들이 4분 내에 1마일을 주파했다. 이것 또한 전부가 아니다. 그다음 해까지 4분 기록을 깬 사람은 300명이 넘었다. 지금까지 이 기록을 깬 선수는 수천 명에 이른다.

어떻게 된 것일까? 배니스터가 기록을 경신하고 나니 갑자기 6주 만에 초인적인 능력이 생긴 사람들이 많아진 것인가? 아니다! 이들은 이미 4분 벽을 넘을 수 있는 능력을 가지고 있었다. 그럼에도 누구도 인간이 4분 벽을 넘지 못할 것이라 믿었기 때문에 기록을 깨지 못했던 것이다.

공부도 마찬가지다. 모든 사람은 의식 중에 혹은 무의식중에 저마다 자신의 한계를 규정하고 사는 경향이 있다. 어떤 대학을 진심으로 가고 싶지만 속으로는 '에이, 내가 무슨 수로 거길 가겠어.' 이런 생각을 갖고 애초에 포기하는 것이다. 그 결과 최선을 다하지 않으면 갈 수 있는 학생들조차 가지 못한다.

멘토링을 하다 보면 스스로를 믿지 못하는 것이 얼마나 치명적인지를 종종 실감한다. 못한다고 생각하니 노력도 적게 한다. 시험을 보다 실수를 해서 아깝게 틀려도 그러려니 한다.

예를 들어 어떤 학생이 나는 노력하면 서울대가 가능하고 반드시 가겠다고 마음먹었다고 생각해 보라. 서울대에 가기 위한 노력을 시작할 것이다. 실수를 하면 눈물을 흘리며 안타까워하고, 다음 시험부터 절대 그러지 않겠노라 다짐하고, 반드시 만회하겠다고 이를 간다. 그리고 다음번엔 정말로 좋은 성적을 받는다.

모든 것은 마음에서부터 시작된다. 왜 여러분은 4분 벽을 깰 수 있음에도 불가능하다 믿고 있는가? 왜 시도조차 하지 않고 물러서 있는가? 대부분은 본인 스스로 주눅이 들어 감히 마음조차 먹지 못한다. 지금부터라도 생각을 바꾸자.

여러분은 할 수 있다. 할 수 있다.

멘토,
자신감을 북돋아 주는
또다른나

단 한 명의 멘토가 있다면

나는 2002년부터 교육봉사 활동을 했다. 저소득층 학생들을 대학생들이 찾아가서 공부를 가르쳐 주는 일이다. 요즘엔 대기업의 사회 공헌으로 이런 활동들이 많아졌지만 당시만 해도 사회적 관심이 많지 않았고, 지원도 없었다.

내가 주로 가르쳤던 친구들은 좀 특별한 친구들이 많았다. 일상생활 말투나 생각부터 보통의 평범한 학생들과는 전혀 다른 세상의 친구들이라고 생각하면 된다. 집은 가난하고 공부는 포기한 상태다. 소위 말하는 '학교 밖 아이들'이다. 말이 좋아 '학교 밖'이지 한마디로 사고 쳐서 퇴학당한 아이들이다. 학교에서도 버림받고 사회에서도 무시당한다.

이 아이들은 돈도 없고 꿈도 없고 자신감도 없다. 물론 그것도 어느 정도 사실이지만 아이들에게 진정 부족한 것은 그것이 아니었다. 바로 '멘토'였다. 그들에겐 멘토가 없었다. 아이들에게 '너는 할 수 있어', '너는 정말 소중한 사람이다' 혹은 '방법을 알려 줄게, 힘을 내 보렴' 이런 말을 해 주는 사람이 아무도 없었다. 누구라도 다가와 이렇게 말해 줄 수 있는 한 사람이라도 있다면, 정말 단 한 명이라도 있다면 그 아이들은 절대 나쁜 길로 가지 않는다. 나는 확신할 수 있다.

나는 경험했다. 아무리 현실이 각박해도 멘토가 있다면 일어설 수 있다. 오히려 그런 역경을 딛고 꿋꿋이 일어나는 아이들을 보게 됐다. '멘토'가 단 한 명이라도 있다면 말이다.

공부도 마찬가지다. 방법을 알려 주고 지겹고 힘들 때 '형도 그랬어' '언니도 참 힘들었는데 이렇게 참아 냈어. 열심히 하면 분명히 좋은 꿈을 이룰 수 있단다' 이런 말을 해 주는 사람이 있다면 누가 힘을 내지 않을 수 있겠는가?

그래서 꿈을 꾸기 시작했다. 가능성을 모른 채 시간을, 기회를 죽여 가는 아이들에게 기회를 줄 수 있다면, 최소한 너는 소중하다

"의심하지 마라. 그것 또한 공부의 매우 중요한 능력이다.
할 수 있다는 생각 자체가 실력이다"

고, 너는 할 수 있다는 말 한마디 전해 줄 수 있다면, 더 나아가 저소득층 학생들뿐 아니라 모든 아이들에게 이런 멘토를 만들어 줄 수 있다면 얼마나 좋을까 생각했다. 생각만 해도 소름이 돋을 일이었다. 이런 생각을 하니 다른 일은 할 수가 없었다. 내게는 공신 외에 다른 일을 하는 것이 오히려 참 어려운 일이었다.

내가 멘토링 강의 마지막에 꼭 하는 말이 있다. 아마 내 강의를 들어 본 분들이라면 귀에 못이 박히도록 들었을 것이다.

"너는 할 수 있다. 너는 소중하다. 우린 너를 믿는다."

스스로가 귀한 존재임을, 소중한 존재임을 깨닫지 못하면 그 어떤 자신감도 가질 수 없다. 생각보다 많은 사람들이 자신의 소중함을 모르고 스스로를 나락으로 떨어뜨린다. 그것도 무한한 가능성과 잠재력을 갖고 있는 10대들이 말이다. "이번 시험 성적이 너무 안 나왔습니다. 포기해야 할까 봐요" 혹은 "죽고 싶습니다. 그냥 죽어 버릴까요? 이제 가망이 없을 것 같아요"라는 글을 10대들이 공신닷컴에 글을 올린다. 입에도 올리기 힘들 정도로 극단적인 단어로 심경을 토로하는 학생들도 많다.

그들을 탓하기 전에 손을 잡아 주고 싶었다. 혼자서 자신의 가치를, 무엇이든 할 수 있음을 깨닫기 어렵다면 누군가는 도와주는 것이 맞다. 힘들 때 손 잡아 주고, 자신감이 떨어져 있을 때 '할 수 있다'고 격려해 주는 멘토가 있다면 얼마나 든든할까? 또 조금은 쉽게 자신감을 찾고, 자신의 꿈에 도전해 볼 수 있을 것이다.

그래서 나는 오늘도 꿈꾼다. 모든 학생들에게 멘토가 있고, 누구도 혼자가 아니며 쉽게 멘토를 찾을 수 있는 세상. 더 나아가 중고생뿐 아니라 대학생 심지어 사회인들도 멘토가 필요하다. 모든 이들에게 멘토를 만들어 줄 수 있는 것. 이 글을 적는 이 순간에도 가슴이 벅차다.

공신닷컴에서 모교 선배를 멘토로 추천하는 이유

미국의 심리학자 그레고리 월턴과 제프리 코엔은 학생들에게 수학 문제를 풀게 했다. 매우 어려운 문제였다. 그런데 문제를 풀기 전 학생들 모두에게 수기를 읽게 했다. 예일 대학교를 졸업하고 대학에서 수학 강의를 하는 네이션 잭슨이란 교수가 쓴 수기였다. 수기는 그가 수학에 흥미를 갖게 된 배경과 지금 대학에서 수학을 가르치게 된 계기에 대한 내용이었다. 중간중간 나이나 생일, 학력에 관한 내용도 나와 있었다. 그런데 이건 완전한 거짓말이었다. 네이션 잭슨이란 허구의 인물이었다. 생일도 물론 지어낸 것이다.

이제 학생들을 두 그룹으로 나누었다. A그룹은 네이선 잭슨이란 사람의 생일날을 문제 푸는 사람과 동일하게 조작한 것이다. B그룹은 다르게 조작했다. 한마디로 A그룹의 모든 학생은 네이선 잭슨과 같은 생일이었다. 자, 이제 모든 학생들에게 수학 시험을 보게 했다. 수기를 읽은 학생들의 성적은 어떻게 달라졌을까?

놀라지 않길 바란다. 잭슨의 생일과 같은 A그룹의 학생들은 B그룹의 학생보다 월등히 수학문제를 잘 풀었다. 풀 수 없는 문제를 풀기 위해 노력한 시간은 65퍼센트나 길었고 문제를 풀고자 하는 동기가 압도적으로 높았다. A그룹, B그룹 모두 무작위로 선별된 사람들로 두 그룹 간의 수학적 능력의 차이는 없었다. 그저 자신과 관련된 성공한 사람의 이야기를 본 것만으로도 시험 성적이 향상된 것이다!

이 현상을 대체 어떻게 설명해야 하는가? 이들이 수기를 읽었다 해서 갑자기 수학 능력이 향상된 것일까? 아니다. 혹은 생일이 같다고 하여 갑자기 없던 수학적 재능이 길러진 건가? 그것도 아니다. 하지만 마음은 달라졌다.

'엇? 나와 생일이 같네. 나도 수학을 잘할 수 있겠는데?'

이런 생각이 무의식중에 들었고 마음을 변화시킨 것이다. 바로

'할 수 있다'는 생각이 들었던 것이다. 간단히 생각해 보면 당연한 일이란 생각도 든다. 시골 벽촌 오지에서 서울대 수석 합격생이 나왔다고 한다면 그 동네 학생들은 어떤 생각을 갖게 되겠는가?

'아! 우리 동네에서도 열심히만 하면 할 수 있구나! 나도 해 보겠다.'

이런 생각을 하면서 동네에 공부 열풍이 불지도 모른다. 나와 많은 연관성을 가진 사람이 무언가를 잘하면 하고자 하는 동기가 생긴다. 1998년 5월 18일이 무슨 날인지 아는지. 바로 박세리 선수가 LPGA 선수권대회에서 한국인으로서 처음으로 우승한 날이다. 그 소식을 접한 대한민국은 열광했다. 영미권 선수들이 날고 기던 최고의 골프 대회에서 듣보잡(듣도 보도 못한 잡것)에 가깝던 한국이라는 나라에서, 그것도 여자 선수가 우승을 차지한 것이다.

게임 내용 또한 드라마틱했다. 벙커에 빠진 공을 그녀는 눈 하나 깜짝하지 않고 신고 있던 양말을 벗고 늪으로 들어가 극적으로 쳐내 건져 올렸다. 이 장면은 어떤 난관과 실패에도 포기하지 않는 한국인의 정신을 대변하는 장면이 됐다. 애국가 방송에 삽입되기도 했다. 나 또한 수십 번 수백 번을 보아 또렷이 기억한다.

박세리 선수의 우승도 놀라웠지만 중요한 것은 그 이후다. 그 이후 LPGA는 혁명이라 표현할 수밖에 없는 일이 생겨났다. 한국인 여자 골퍼들이 세계 여자 골프를 평정한 것이다. 현재 세계 랭킹 25위까지 한국인은 10명 이상이다. 어떻게 그런 일이 가능했을까? 박세리 선수를 보면서 아이들과 부모님들은 '한국인도 골프를 잘할 수 있다'는 생각을 하기 시작했다. 만약 박세리 선수가 세상에 없었다면 아마 여전히 한국은 골프 불모지였을 것이다.

김연아 선수의 경우도 비슷하다. 그녀는 피겨스케이팅 불모지에서 올림픽 금메달을 땄다. 박세리 선수를 보고 수많은 박세리 키드들이 생겼고, 그들이 세계 여자 골프 대회를 석권했듯이 앞으로 피겨스케이팅에서도 훌륭한 선수들이 많이 나올 것이다. 김연아 선수를 보고 나도 할 수 있다는 생각이 든 많은 아이들이 도전할 것이기 때문이다.

나와 연관성이 있는, 그것도 아주 가까이서 '할 수 있다'는 사례를 확인하면 좀 더 쉽게 자신감을 가질 수 있다. 그래서 공신닷컴에서는 모교 선배로부터 멘토링을 받을 수 있는 장치를 만들어 놓았다. 공신닷컴에 들어가면 각자 프로필에 초중고별로 자신의 출신 학교를 입력할 수 있다. 그러면 수천 명의 공신 멘토 중 해당 학교 출신, 혹은 인근 지역 출신의 공신 멘토가 추천된다. 이렇게 멘토링 기능을 학연 기반으로 만든 이유는 두말할 것도 없이 '할 수 있다'는 생각을 하게 하기 위해서이다. 생일만 같아도 도전하는데 같은 지역 심지어 같은 학교 출신의 선배의 강의나 칼럼을 볼 수 있고, 직접 멘토링까지 받을 수 있다면 더 빨리, 더 큰 자신감을 갖게 될 것이라 믿는다.

멘토는 선생님이 아닌 파트너

/

"아니, 당신이 신입니까? 무슨 수로. 어떻게 모든 학생들에게 멘토를 만들어 줄 수 있다는 겁니까?"

이미 여러 차례 내 꿈을 이야기했다. 내 꿈을 들으면 이렇게 의문을 갖는 분도 있을 것이다. 그 많은 멘토를 어디서 찾을 수 있을까? 어디서 잡아 온단 말인가? 중국? 대학교? 아니다. 지금 가능한 단 하나의 방법이 있다. 바로 여러분들이다. 이 책을 읽고 있는 바로 당신 말이다.

"우리는 선생님이 아니다. 우리 모두는 멘토이기 이전에 학생이다. 멘티와 함께 발전해 나가는 파트너다."

이것이 공신의 정신이다. 나 또한 선생님이 아니다. 공신은 원칙

304

적으로 선생님이란 표현을 쓰지 못한다. 멘토들 또한 누군가의 도움이 필요한 멘티이며 언제든 배울 수 있는 자세가 돼 있어야 하기 때문이다. 공신들은 친형 같은 멘토, 함께 미래를 꿈꾸고 성장하는 파트너인 것이다.

마찬가지로 공신에서는 후배들을 그냥 학생이라 생각하지 않는다. 그들은 지금 우리에게 도움을 받고 있지만 머지않아 공신에서 함께 멘토링을 할 멘토이다. 무슨 뜻인지 이해가 되는가?

처음 공신은 고작 두 명이 시작했다. 나와 내 동생 강성영 공신 두 명이 기숙사에서 후배들에게 도움을 주는 활동을 하기로 마음먹었다. 친구들을 모았다. 스무 명을 모았지만 당시에는 공신이란 인지도도 없었고 방학이라 이런 핑계 저런 핑계로 모두 떠나 버렸다.

결국 가장 가까운 친구 아홉 명만 남았다. 그것이 공신 1기다. 1기가 공신닷컴에 멘토링 강의를 올리자 전국에 도움을 받는 친구들이 생겨나기 시작했다. 그런데 이 멘티들이 어느 순간부터 공신을 찾아오기 시작했다. 멘토가 되겠다는 것이었다.

"저는 공신에 큰 빚을 졌습니다. 가장 힘든 시절 늘 공신 멘토 분들께 힘을 얻고 공부법을 배웠어요. 덕분에 지금의 대학생이 될 수 있었고, 오래 전부터 꿈꾸었던 제 꿈을 실현해 보고자 합니다. 작은 힘이겠지만 공신 멘토가 되어 후배들을 도와주고 싶어요."

이렇게 새로운 공신이 탄생했다. 멘토가 된 멘티. 그들에게 도움을 받은 누군가가 또 누군가의 멘토가 되겠다고 찾아왔다. 도움받은 사람이 도움도 줄 수 있는 것. 그렇게 멘티가 멘토가 되어 공신 2기, 3기, 4기, 5기…… 지금까지 17기에 이르렀다. 지금 공신 멘토는 무려 2,000명에 육박한다.

이 책을 읽는 분 중에 반드시 나와 만날 분들이 있을 것이다. 이 책을 읽고 꿈을 찾고 꿈을 이루고 누군가를 도울 수 있는 사람이 된 후 공신에 찾아올 사람들이 분명 있다. 수많은 공신 멘토들이 그랬던 것처럼, 반드시 그렇게 될 것이다.

공신의 비전, 그리고 나의 꿈을 이룰 수 있는 방법이 여러분에게 있다는 뜻이 바로 이것이다. 여러분이 공신 멘토가 되는 것. 이것은 내가 꿈에 다가가는 가장 현실적이고 이상적인 방법인 것이다.

나는 지금 이 순간 정말 행복하다. 글을 통해 여러분들에게 공신의 비전을 알릴 수 있어 너무 좋다. 강연을 갈 때 학생들을 만날 때 너무 신난다. 왜냐하면 내 꿈과 바로 직결되어 있기 때문이다. 여러분이 곧 공신이 되어 내일이라도 같이 만나 밥을 먹고 이야길 나눌 수 있을 것만 같다. 나는 생생히 그려진다.

공부는 현실이다

전국 수석 하기 vs 연예인 되기

연예인을 꿈꾸는 학생들이 많다. 나무랄 일은 아니다. 초등학생 때부터 연예인이 되겠다는 꿈을 꾸고, 오랜 기간에 걸쳐 고된 연습생 시절을 견뎌 내고 당당하게 데뷔해 대중들의 사랑을 받는 아이돌이나 연예인을 보면 뜨거운 박수를 보내고 싶다.

하지만 많은 학생이 연예인이 되기까지의 과정은 잘 모른 채, 연예인이 된 이후의 화려한 모습만을 주목한다. 설령 연예인이 되는 것이 쉽지 않다는 것을 알더라도 하기 싫은 공부를 억지로 하는 것보다는 견뎌 내기 쉬울 것이라 생각한다. 과연 그럴까?

한때 대한민국은 오디션 열풍이었다. 우리나라 오디션 프로그램의 효시는 〈슈퍼스타 K〉라 할 수 있다. 2009년에 처음 시작해 매년 새로운 시즌을 여는 슈퍼스타 K는 케이블 채널 역사상 19,379퍼센트라는 경이로운 시청률을 기록하기도 했다. 시즌마다 화제를 불러 일으켰지만 개인적으로는 시즌2를 가장 인상 깊게 봤다.

시즌2의 우승자는 알다시피 '허각' 씨다. 환풍기 수리공이었던 허각 씨는 우승을 차지하면서 2억 원의 상금을 손에 넣을 뿐만 아니라 가수로 성공적으로 데뷔했다. 가히 인생 역전이라 할 만하다.

그런데 기억해야 할 것이 있다. 허각 씨는 과연 어느 정도의 경쟁을 뚫고 정상을 차지하게 된 것일까? 〈슈퍼스타 K2〉의 경쟁률은 얼마나 될까? 자그마치 1,340,000 : 1이다. 다시 한 번 말해 주겠다. 백삼십사만 대 일이다.

한 해 수학능력시험을 보는 인원은 잘해야 60만 명 정도가 된다. 인문계, 자연계, 예체능계 모두 합친 수치다. 전국 수석을 하려면 60만 대 1의 경쟁률을 뚫어야 한다는 얘기다. 엄청난 경쟁률이지만 〈슈퍼스타 K2〉의 경쟁률과 비교하면 약 절반밖에 안 된다. 한마디로 허각 씨는 수능 전국 수석보다도 훨씬 심한 경쟁을 거쳐 우승자가 된 것이다.

여기까지도 이해할 만하다. 더 큰 문제는 우승자가 아닌 사람들에게 있다. 혹시 〈슈퍼스타 K2〉의 우승자를 제외한 나머지 사람들을 기억하는가? 마지막까지 살아남은 서너 명의 사람을 제외한 대부분의 사람들은 사람들에게 기억조차 되지 않는다.

그들 태반은 가수라는 직업을 갖지도 못했다. 공중파에 얼굴을 비추고 노래를 부를 기회는 당연히 없다. 기껏 누군가의 결혼식 축가를 불러 주는 대가로 살아가거나 이름 모를 업소에서 노래를 부르는 것으로 생계를 유지하고 있을지 모를 일이다. 우리가 흔히 생각하는 멋진 밴에 팬들을 구름처럼 몰고 다니는 가수는 134만 명 중에서 단 한 명, 잘해야 몇 명 정도다.

그럼에도 우리는 환상을 갖고 있다. 텔레비전만 틀면 나오는 게 연예인이니까 매우 쉽게 생각한다. 화려한 모습에 쉽게 끌릴 수밖에 없다. 하지만 실상은 어떤가? 공부는 수석이 아니어도 원하는 과에 갈 수 있고 취직할 수도 있다. 먹고살 수 있는 방법이 다양하다. 그러나 연예인은 TV에 나오지 않으면 어떤가? 알아주는 사람도 없고, 생계를 유지하기조차 어렵다.

진로에 대한 그 환상이 얼마나 심각한지는 매년 대학 학과별 경쟁률을 보면 알 수 있다. 과거 제목 자체가 〈카이스트〉라는 드라마가 있었다. 카이스트 학생들의 사랑과 열정을 그린 드라마였다. 당연히 그해 카이스트 경쟁률은 엄청났다. 한때는 〈허준〉이란 드라마가 시청률 1위로 국민 드라마라 불린 적이 있었다. 한의대 경쟁률은 상상을 초월한 수준으로 경희대 한의대가 서울대 의대와 함께 최고 커트라인으로 치솟았다. 〈호텔리어〉라는 드라마가 나올 땐 각 대학 호텔 경영학과의 인기가 폭발적이었다.

드라마는 드라마일 뿐이다. 백마 탄 왕자님은 없다. 허준처럼 침한 방으로 죽어 가는 사람을 살리는 드라마틱한 장면 또한 현실에선 극히 드물다. 대부분 이때 이런 학과를 들어간 분들은 굉장히 높은 커트라인을 넘고 합격하지만 본래 생각했던 모습이 아님에 많은 실망감을 느끼곤 한다.

가수가 꿈인 분들의 꿈을 무시하거나 드라마를 보고 꿈을 정한 분들을 폄하하려는 것이 아니다. 어디까지나 현실을 이야기해 주는 것이다. 특히 최소한 연예인을 꿈꾼다면 현실을 어느 정도 알고 있는 것이 좋을 것이다. 부디 텔레비전과 현실을 구별하길 바란다. 연예인이 되는 것은 전국 수석만큼 혹은 그 이상으로 어렵다. 무엇보다 아무리 애를 써도 안 되었을 때는 대안도 없다는 사실을 기억해야 한다.

부모님들은 이런 현실을 알고 있다. 그래서 대부분의 부모가 자녀가 공부가 아닌 다른 길을 가겠다고 할 때 선뜻 지지해 주지 못하거나 반대한다. 공부도 어렵지만 다른 길을 가는 것보다는 그래도 공부를 하는 것이 쉽고, 다른 대안도 많기 때문에 공부하기를 원하는 것이다. 이런 부모의 마음을 모르고, 그냥 이유 없이 반대만 한다고 생각하는 친구들이 있을지도 모르겠다.

물론 경쟁률이 아무리 세도 간절한 꿈이라면 도전하는 것이 맞다. 하지만 그저 공부하기 지루해 선택한 길이라면 지금이라도 생각을 고쳐 먹길 바란다. 그런 학생들은 다른 길을 택해도 똑같이 지루하다는 이유로. 다시 돌아오기 마련이다. 세상엔 그저 이뤄지는 일이 없으며 어떤 분야를 택하든 공부를 하지 않고 성장할 수 없기 때문이다.

과연 직업에는 귀천이 없는가?

세상에 무의미한 직업은 없다. 세상은 수많은 직업이 공존하며 서로 조화를 이루며 돌아간다. 만약 하나의 직업이라도 없어지면 우리가 겪을 불편함은 상상을 초월한다. 당장 내일부터 물이 안 나올 수도 있고, 온 동네에 쓰레기가 넘쳐 날 수도 있다. 어떤 직업이든 다 저마다의 역할이 있고, 가치가 있음은 분명하다. 한마디로 직업에는 귀천이 없다.

하지만 조금만 더 솔직해지자. 정말 직업에는 귀천이 없을까? 귀천은 없을지 몰라도 적어도 인기를 끄는 직업이 있는가 하면 모두가 꺼리는 직업이 있다. 돈을 많이 버는 직업이 있는가 하면 일은 힘든데 돈은 많이 벌지 못하는 직업도 존재한다. 존경을 받는 직업이 있는가 하면 그렇지 못한 직업도 분명 있다. 모든 직업이 귀하고 하나라도 없다면 사회가 돌아가지 않는 것은 맞지만 똑같은 대우를 받는 것은 아니라는 얘기다.

어떤 직업을 갖고 싶은가? 어떤 직업이든 자신이 진정 원하는 직업이라면 사회적 평가나 대우가 아무런 문제가 되지 않는다. 건물 청소를 하더라도 그 일을 원해서 선택했고, 재미있게 일하고 보람을 느끼며 행복하다면 그 직업은 최고의 직업이다.

문제는 원하지도 않는데, 선택의 여지가 없어 어쩔 수 없이 직업을 선택한 경우다. 사람들은 대부분 편하면서 대우받고, 존경받는 직업을 갖고 싶어 한다. 물론 쉬운 일은 이 세상에 하나도 없다. 어떤 일이든 다 힘들다. 하지만 똑같이 힘들게 일하는데도 어떤 직업은 보수도 적고, 사회적으로 존경도 받지 못한다. 그런 직업을 일부러 선택하는 사람이 얼마나 있을까?

사람들이 많이 원하는 인기 있는 직업을 가지려면 공부를 열심히 해야 한다. 공부를 열심히 하면 그만큼 선택의 폭도 넓어진다. 단적인 예로 열심히 공부해 수능시험 전 영역에서 1등급을 받았다면, 그것도 상위 1퍼센트에 해당하는 높은 점수를 얻었다면 원하는 대학 어디라도 갈 수 있다. 의대든, 약대든, 공대든 원하는 대학 원하는 학과를 골라서 가면 된다.

반면 평소 공부를 열심히 하지 않아 내신도 좋지 않고, 수능시험 결과도 좋지 않다면 다르다. 선택의 폭이 확 줄어든다. 선택은커녕 점수에 맞춰 전혀 원하지도 않았던 엉뚱한 대학에 갈 수도 있다.

물론 원하는 대학에 들어갔다고 원하는 직업을 가질 수 있는 것은 아니다. 설령 원하는 대학에 가지 못했어도 노력하기에 따라 얼마든지 좋은 직업을 가질 수도 있다. 하지만 처음부터 원하는 대학, 학과를 갔을 때보다 두 배, 세 배 이상의 노력을 해야 가능하다. 애초에 열심히 공부해 원했던 좋은 대학과 학과를 가면 그것을 발판으로 노력을 더해 자기가 원하는 직업과 직장을 골라 가기가 한결 수월하다.

한마디로 공부 잘하고 못하고가 직업을 결정한다고 해도 과언이 아니다. 여기서 말하는 공부란 절대 대입을 위한 입시 공부만을 말하는 것이 아니다. 그것이 예술이 됐든, 연예가 됐든, 춤과 노래가 됐든 배우지 않고 공부하지 않는 사람은 자유롭지 못한 것이 진리이다. 심지어 배운 게 없고 할 줄 아는 게 없다면 가질 수 있는 직업의 종류도 매우 제한되고 선택할 것이 거의 없다.

나를 세상을 삐딱하게 보는 염세주의자라고 생각할지 모른다. 나는 현실을 이야기해 주는 것뿐이다. 사회는 냉정하다. 사회는 못 배우고 가난한 사람마저 필요로 한다. 무슨 말이냐고? 누군가는 아무도 하고 싶어 하지 않는 일을 해야만 한다. 그래야만 사회가 돌아간다.

아무도 하고 싶어 하지 않는 일은 누가 하게 될까? 많이 배우고 돈 많은 사람이 그런 일을 할까? 아니다. 그들은 그 일 외에도 다른 할 수 있는 일이 많다. 결국 못 배우고 가난한 사람이 하게 된다.

"선생님. 정말 힘들게 살아왔습니다. 제 자식 세대만이라도 달라져야 할 것 아닙니까. 제가 배우질 못해 이렇게 살고 있는데……, 평생 노예로 살아도 좋으니 자식 공부만 좀 시켜 주십시오."

이 말은 드라마의 대본이 아니다. 공신에 찾아와 애원하셨던 한 학모님의 말씀이었다. 부모들의 마음은 기본적으로 이 분의 생각과 다르지 않다. 배우지 못해, 공부를 하지 못해 당신이 겪어야 했던 현실을 잘 알기에 자식들이 열심히 공부하기를 간절히 바라는 것이다. 자식만큼은 존경받고 무시당하지 않고 살기를 바라는 우리 부모님들의 마음을 조금이라도 이해했으면 좋겠다.

당신이라면 누굴 채용하겠는가?

/

'취업 스펙 타파! 열정과 잠재력만으로 취업이 가능한 세상!'

이 문구는 내가 적은 것이 아니라 선거 때 모 정당의 현수막이었다. 전국 곳곳에 이 문구가 걸렸었다. 취업 때문에 힘들어 하는 청년들의 표를 얻어 보려고 노력한 흔적은 보이지만 정말 현실과 동떨어져 있다는 이유로 많은 지탄을 받았다. 나도 동네에서 처음 이 문구를 보는 순간, 미안하지만 헛웃음이 나왔다. 기업 입장에선 이게 불가능하기 때문이다.

잠재력과 열정? 정말 아름다운 말이다. 그게 좋다고 나도 생각한다. 하지만 잠재력만큼이나 애매모호한 말도 없다. 잠재력을 대체 어떻게 측정하고 비교한다는 말인가? 스펙은 안 보고 열정 가지고 뽑겠다고? 취업 원서 내는 사람들은 어떻게든 뽑히길 간절히 바라는데 그중 열정 없는 지원자가 어디 있겠는가? 이런 기준들은 공정하지도 않을 뿐더러 측정하기도 너무 어렵다.

물론 방법은 있다. 직접 경험해 보는 것이다. 최소 1년 이상 함께 일해 보면 그 사람이 갖고 있는 잠재력도 어느 정도 알 수 있고, 업무에 적합한지도 파악할 수 있다. 하지만 급속도로 변하는 기업환경에서 한두 명도 아니고 수백, 수천, 수만 명을 데리고 1년간 지켜본다는 것은 불가능하다. 인사과에서 다른 업무 다 제쳐 두고 신입사원 선발만 한다 해도 모든 지원자의 잠재력을 평가하는 것은 불가능한 일이다. 그랬다간 회사는 망할 것이다. 그래서 인턴사원을 미리 뽑고 함께 일해 보지만 인턴을 선발하는 것 자체가 또한 전쟁이다.

여러분이 인사 담당자다. 지금 당장 마케팅 팀에 일손이 부족해 다음 주까지 한 명을 뽑아야 한다. 그런데 지원자가 넘쳐 난다. 기업 중엔 1:600 경쟁률도 있다. 2명 뽑는데 1,200명이 지원한 것이다. 1,200개의 서류 다 읽을 수 있을까? 못 읽는다. 그럴 시간도 없고 사실은 그럴 필요도 없다.

그럼 대안은 무언인가? 마치 대입에서 1차로 합격정원의 2배수 혹은 3배수를 뽑듯 걸러 내야 한다. 그렇다면 이력서에서 어떤 항목을 보고 걸러 내야 하는가? 여러분이 답해 보라.

관상? 형제 관계? 살아온 곳? 물론 이런 것들로 거를 수는 없다. 업무와 거의 관계가 없다. 부인하고 싶겠지만 대부분 '학벌'을 보게 된다. 예를 들어 지원자 중에 서울대생이 있다. 어떤 생각이 들겠는가?

'공부 아주 잘했구만, 1등을 놓치지 않았겠네'라는 생각을 할 것이다. '성실할 거야. 맡은 바 일에 대한 약속은 잘 지킬 거야. 학교생활하며 선생님 말씀도 잘 듣고 착실했겠지?'라는 평가도 가능하다. 어디 그뿐인가. '자녀를 서울대에 보내다니 대단한 부모님이시네. 집안도 좋은가 보다'라며 부모님에 대한 평가도 할 수 있다.

학벌이란 정말 무시무시한 것이다. ○○대학 졸업. 이 한 문구에 엄청나게 많은 것들이 내포되어 있다. 더 솔직해지자. 학벌은 일종의 낙인이다. 한 번 정해지면 평생 따라다닌다. 신분이나 다름없다. 학벌로 생기는 문제들도 많다. 현실적으로 생각해 보라. 물론 학벌이 문제는 많지만 그나마 가장 효과적인 판단 방법이기 때문에 존재하는 것이다. 사회가 정말 느리게 돌아가서 한 명 한 명 온전히 만나고 서로를 느끼는 시간이 충분하다면 학벌이 문제가 되지 않을 수도 있다. 학벌을 철폐하자고 하지만 뾰족한 대안이 있는가? 없다.

스펙 없이, 학벌 없이 누구나 열정으로 취업하는 세상? 이런 대책도 없는 멍멍이 소리가 어디 있는가. 표를 얻기 위해 걸어 놓은 것일 뿐이다.

36,000원 vs 6,000원

대학은 공짜가 아니다. 고등학교 학비와 비교한다면 등록금은 상상을 초월하는 수준이다. 올라도 너무 올랐다. 소득에 따라 등록금을 국가에서 조정해 주긴 했지만 여전히 비싼 것은 마찬가지다. 또 그곳에 가기까지 얼마나 많은 돈이 드는가.

대학은 생각 없이 남들 간다고 가는 곳이 절대 아니다. 부모님들의 피와 땀의 캠퍼스를 여러분이 거닐게 되는 것이다. 엄청난 비용을 쏟아붓는데 그만큼의 무언가를 얻어야만 한다. 그게 아니라면, 그럴 생각이 없다면 안 가는 게 맞다.

많은 대학생들이 아르바이트를 한다. 그중 많이 하는 아르바이트 중에 하나가 과외다. 실제로 명문대생들은 하나 이상 과외를 하고 있거나 해 본 적이 있다. 공신 선배들 중 과외 아르바이트를 하는 학생들에게 금액을 물어 봤다. 그 금액을 시간으로 계산해 보니 시간당 30,000~40,000원 정도가 된다. 대학생 입장에서는 상당히 괜찮은 아르바이트인 셈이다.

하지만 누구나 과외 아르바이트를 할 수 있는 것은 아니다. 조건이 까다롭다. 따라서 대다수의 대학생들은 편의점, 카페, 음식점 등에서 아르바이트를 한다. 이런 아르바이트를 했을 때 받는 보수는 시간당 약 6,000원 수준이다. 6,000원은 우리나라 시간당 최저임금이다. 엄밀하게 말하면 6,000원도 안 된다. 2015년 기준 시간 당 최저임금은 5,580원인데, 단지 계산을 편하게 하기 위해 그냥 6,000원으로 잡은 것이다. 태반의 아르바이트가 최저임금이다. 그나마 저 액수를 받으면 다행이다. 적지 않은 곳은 저마저도 벌지 못한다.

같은 반이었던 두 친구가 있다. A라는 한 친구는 더운 여름에 에어컨 밑에서 어머님이 가져오신 과일을 쩝쩝대며 과외학생이랑 수다를 떤다. B라는 다른 한 친구는 더운 여름 무거운 짐을 나르며

"이 하루는 나의 손에 달려 있다.
그래, 오늘만큼은 나의 것으로 만들 수 있다"

혹은 아슬아슬하게 오토바이를 운전하며 혹은 싸가지 없는 손님들의 쌍욕을 들어 가며 멘붕을 하루에도 몇 번씩 경험하며 겨우겨우 돈을 번다. 이렇게 8시간 정도를 일하면 과외 아르바이트 하는 친구의 1시간 일한 정도의 보수를 받는다.

문제는 여기서 끝나지 않는다. A는 등록금도 자신이 충당할 수 있다. 낭비하지 않고 용돈도 좀 받는다면 남는 돈으로 방학 때 배낭여행도 떠날 수 있다. 남는 시간에 동아리 활동을 하여 공모전에 나가서 상도 받고 해외도 나가게 됐다. 기업체 인턴 프로그램도 선발되어 교육받았다. 거기서 이성친구도 만나 연애를 시작했다. 이런저런 스펙이 스펙을 부른다고 지금까지 쌓은 스펙으로 다른 스펙 기회에 선발된다. 어학 연수도 다녀왔다. 취업할 때쯤 되면 갈 수 있는 회사 몇 개를 앞에 두고 고민하게 된다.

B는 365일 명절에 집에 내려가지도 못하고 죽어라 몸까지 상해 가며 일을 하지만 등록금조차 벌기 빠듯하다. 부모님이 대주지 않으면 학자금 대출을 받아야 한다. 생활비는 아껴 쓸려고 하지만 이미 장난이 아니다. 연애는 꿈도 못 꾼다. 학교 숙제를 못 해갈 때도 부지기수다. 피곤해서 도저히 펜을 들 수가 없다. 수업 시간에 꾸벅꾸벅 졸다가 교수님께 된통 혼났다. 결국 취업할 때가 되니 적을 내용이라곤 비정규직 알바밖에 없다. 안 그래도 좋은 대학이 아니어서 서러운데 원서를 쓰는 족족 떨어진다. 대출 빚만 남았다.

여기서 끝나는 것이 아니다. A라는 학생은 그럴듯한 직장을 잡고 사랑하는 사람과 연애 끝에 결혼을 하고 아이를 낳는다. 직장에서 다양한 교육을 받았고 많은 해외 경험도 쌓았다. 최근 더 나은 직장으로 옮겼다. 하지만 B는 여전히 비정규직 신세를 면치 못했다. 격차는 시간이 흐를수록 점점 더 벌어진다.

과장이 심하다고? 그렇지 않다. 현실이다. 나는 공신 멘토들을 포함해 대학생을 많이 만난다. 집에 당장 쌀이 없는 저소득층 학생들부터 고액과외를 달고 사는 학생까지 정말 수많은 학생들을 만나 왔다. 멘토링이 신기한 건 멘토나 멘티나 같이 나이를 먹는다는 것이다. 나의 멘티였던 학생들이 벌써 대학생이다. 나는 대학생들이 하는 이야기를 그대로 전한 것이다. 최소한 학생인 여러분도 현실은 알아야 한다. 불과 얼마 뒤 여러분들이 겪게 되거나 주변에서 보게 될 그 현실을 말이다.

하루하루가 모여 미래가 된다

/

"오늘 하루 공부한다고 뭐가 달라지나요?"

이렇게 생각하는 학생들이 많을 것이다. '하루'를 대수롭지 않게 생각한다. 그도 그럴 것이 공부는 바로 결과를 보여주지 않는다. 오늘 하루 반짝 공부했다고 다음날 바로 성적이 오르는 것도 아니고, 친구들로부터 인기를 끌 수 있는 것도 아니다. 그래서 대부분 하루의 가치를 잘 모른다.

하지만 오늘 하루가 갖는 가치는 아주 크다. 지금부터 불편한 진실을 한 번 살펴보자. 사회에서 대학을 졸업한 사람과 그렇지 못한 사람의 대우는 어떻게 다를까? 물론 학력 차이에 따라 대우가 달라지는 것은 바람직하지 않다. 그렇지만 우리나라보다 학력이나 학벌을 그리 중요시하지 않는 미국에서도 학력에 따라 대우가 달라진다.

한 통계자료에 의하면 미국의 대졸과 고졸의 1년간 수입 차이는 약 2,500만 원이다. 2,500만 원만 해도 큰돈인데, 딱 1년만 일하고 은퇴하는 것이 아니다. 직장을 잡고 사회생활을 시작하면 적어도 20년 이상은 일한다. 4년만 지나도 대졸과 고졸의 연봉 차이는 1억 원으로 벌어지고, 20년이 지나면 5억 원이 차이가 난다. 은퇴할 때까지의 시간을 계산하면 그 차이는 더욱 더 커진다. 하지만 계산을 단순화하기 위해 20년을 기준으로 생각해 보자.

수능시험을 300일 앞둔 수험생이 있다고 하자. 이 300일을 어떻게 보내느냐에 따라 대입 결과가 달라질 것이다. 즉 300일의 노력이 최소 5억을 좌우한다는 의미다. 이제 5억 원을 300일로 나누면 하루의 가치는 약 160만 원이라는 계산이 나온다.

물론 안다. 어디까지나 평균을 낸 통계치이기 때문에 현실과는 거리가 있다. 우리 사회에는 대학을 가지 않고도 크게 성공한 사람들도 많고, 대학을 졸업하고도 백수로 지내는 사람들도 많다.

또한 대학만 가면 다 잘되는 것도 아니다. 아무리 좋은 대학도 그것만으로는 인생을 책임져 주지 않는다. 그럼에도 굳이 이런 무리한 예를 드는 이유는 여러분이 대수롭지 않게 생각하는 하루의 가치를 보다 분명하게 보여 주고 싶어서이다. 하루의 가치를 돈으로 환산해 보여 주는 것만큼 확실한 것은 없으니까.

대수롭지 않게 여겼던 하루는 이처럼 큰 가치를 가지고 있다. 따라서 우리는 이 하루하루에 집중해야 한다. 이 하루하루가 모여서 100일이 되고, 1년이 되고, 3년이 되고, 결국 행복한 미래를 만든다.

행복한 미래로 단숨에 갈 수 있는 방법은 없다. 에베레스트 산에 오르고 마라톤을 완주하는 사람들을 보라. 그들이라고 날개가 달렸는가? 다리가 여덟 개인가? 아무리 올라야 할 산이 높고, 달려야 할 거리가 멀어도 한 발자국씩 차근차근 내딛고 또 내딛어야 한다. 한 걸음, 한 걸음 다 소중하다. 어느 한 걸음이라도 빠지면 정상에 오를 수도, 완주할 수도 없다. 그렇기 때문에 아무리 힘들어도 끊임없이 움직여, 결국 그 엄청난 곳까지 도달하게 되는 것이다. 마찬가지로 성공적인, 행복한 미래를 꿈꾼다면 우리에게 주어진 하루하루를 소홀히 해서는 안 된다.

우리에게 주어진 건 사실 지금 이 순간뿐이다. 찰나와 같은 이 순간. 우리가 가진 것은 단지 그것뿐이다. 과거도 미래도 우리가 어찌할 수 없는 영역이다. 과거, 이미 지나가서 돌이킬 방법은 죽었다 깨어나도 없다. 미래, 아직 오지도 않은 시간이다. 우리가 바꿀 수 있는 것은 현재뿐. 길게 본다 해도 오늘 이 하루뿐이다.

하루에 모든 걸 걸어 보라. 하루의 가치는 미래를 좌우할 정도로 크다.

복잡하게 생각하지 말고 단 하루라도 온전히 매진해 봐라. 하루라도 최선을 다할 수 있는 사람이면 일주일 열흘도 할 수 있는 사람이다. 그렇게 하루하루 최선을 다해 공부하다 보면 자연스럽게 원하는 미래를 손에 넣을 수 있을 것이다.

이 책을 본 독자들이
'공신 멘토'가 되길 바라며

　10년이 넘는 세월 동안 했던 이야기들을 이 책에 담았다. 그 동안 참 많은 이야기를 했다. 때로는 위로가 되는 이야기를 했고, 어떤 때는 혼쭐이 날 정도의 독설을 하기도 했다. 공부의 의미를 깨닫는 것은 곧 나와 세상을 이해하는 과정이기에 역사는 물론 사회 시스템에 대한 이야기를 할 때도 있었다. 그 많은 이야기들 중 정말 학생들을 변화시키고 공부를 열정적으로 하도록 만들어 주었던 조언들만을 이 책에 담았다.

　이 책은 한참 공부해야 하는 중고생들을 위한 책으로 보일 것이다. 맞다. 하지만 이 책은 중고생들은 물론 대학생, 학부모님, 그리고 공부를 하거나 하고 싶어 하는 모든 분들을 위한 책이기도 하다. 공신닷컴을 운영하면서 공부는 학생들만의 고민이 아님을 실감했다. 공신닷컴에 고민을 올리는 분들은 갓 10대가 된 초등학생부터 65세 할머니, 직장에서 승진을 위해 공부하는 직장인들까지 다양했다. 공부를 열심히 하고 싶은데, 몸이 안 따라 주어 고민하는 모든 분들에게 이 책을 전하고 싶다.

특히 실패 경험이 많고 쉽게 포기하는 분들일수록 더욱 읽어 보았으면 한다. 공부를 잘하는 분이어도 불안하거나 시험이 두려운 분들께는 큰 용기가 될 거라 생각한다. 곁에 두고 의지가 떨어질 때마다 잠깐씩 보면 분명 효과가 있을 것이다. 지금까지 수만, 수십만 명의 학생들이 효과를 경험했던 것처럼.

이 책이 나오기까지는 공신닷컴의 수많은 멘티들의 도움이 컸다. 그분들에게 감사를 전한다. 멘티들은 나에게 큰 도움을 얻었고 인생의 전환점이 되었다고 말해 준다. 아니다. 오히려 그 반대다. 내가 '공부의 신'으로 불리게 된 것도 멘티들이 없다면 불가능했을 것이며, 이 책 또한 수많은 멘토링 과정이 없었더라면 나오지 못했을 것이다. 큰 빚을 졌다. 앞으로 더 많은 분들에게 공부로 꿈을 이룰 수 있게 노력하는 것이 그 빚을 조금이나마 갚는 방법이라 생각한다.

자, 이제 새로운 시작. 공부의, 인생의 전환점을 맞을 준비가 되었는지.

나는 오늘도 꿈을 꾼다. 이 책을 읽은 독자들이 공신 멘토가 되는 꿈을. 멘토에게 도움을 받은 멘티는 다시 멘토가 되고, 그 멘토로부터 또 수십, 수백 명의 멘토가 탄생하고. 이런 나눔의 확산이 결국 세상을 좀 더 아름답게 바꾸지 않을까?

이 책을 통해 여러분들은 반드시 꿈을 이룰 것이고, 꼭 멋진 멘토가 될 것이라 믿는다. 이제 당신은 할 수 있다. 나는 당신을 믿는다. 그리고 나와 공신닷컴의 공신들은 언제나 당신 곁에 있을 것이다. 지금까지 그래 왔던 것처럼. 늘 언제까지나.

강성태

18시간 공부 몰입의 법칙

미쳐야 공부다

초판 1쇄 인쇄 2015년 7월 8일
초판 28쇄 발행 2024년 9월 1일

지은이 강성태
펴낸이 김선식

부사장 김은영
콘텐츠사업본부장 박현미

기획편집 이여홍
콘텐츠사업7팀장 김단비 **콘텐츠사업7팀** 이한결, 남슬기
마케팅본부장 권장규 **마케팅1팀** 박태준, 오서영, 문서희
미디어홍보본부장 정명찬 **브랜드관리팀** 오수미, 김은지, 이소영, 서가을
뉴미디어팀 김민정, 이지은, 홍수경, 변승주
지식교양팀 이수인, 염아라, 석찬미, 김혜원, 백지은, 박장미, 박주현
편집관리팀 조세현, 김호주, 백설희 **저작권팀** 이슬, 윤제희
재무관리팀 하미선, 윤이경, 김재경, 임혜정, 이슬기
인사총무팀 강미숙, 지석배, 김혜진, 황종원
제작관리팀 이소현, 김소영, 김진경, 최완규, 이지우, 박예찬
물류관리팀 김형기, 김선민, 주정훈, 김선진, 한유현, 전태연, 양문현, 이민운

펴낸곳 다산북스 **출판등록** 2005년 12월 23일 제313-2005-00277호
주소 경기도 파주시 회동길 490 **전화** 02-704-1724 **팩스** 02-703-2219
이메일 dasanbooks@dasanbooks.com **홈페이지** dasan.group **블로그** blog.naver.com/dasan_books
종이 (주)신승아이엔씨 **인쇄·제본** 한영문화사 **코팅·후가공** 평창피엔지

ISBN 979-11-306-0581-4 (13370)